LA VÉRITÉ

SUR LA BATAILLE DE

Vionville–Mars-la-Tour

(AILE GAUCHE ALLEMANDE)

PAR

Fritz HŒNIG

Traduit par le Lieutenant LALLEMENT
DU 1er BATAILLON DE CHASSEURS A PIED

PARIS
LIBRAIRIE MILITAIRE R. CHAPELOT ET Cie
IMPRIMEURS-ÉDITEURS
30, Rue et Passage Dauphine, 30

1903

LA VÉRITÉ

SUR LA BATAILLE DE

VIONVILLE—MARS-LA-TOUR

(AILE GAUCHE ALLEMANDE)

PARIS. — IMPRIMERIE R. CHAPELOT ET Cᵉ, 2, RUE CHRISTINE.

LA VÉRITÉ

SUR LA BATAILLE DE

Vionville-Mars-la-Tour

(AILE GAUCHE ALLEMANDE

PAR

Fritz HŒNIG

Traduit par le Lieutenant LALLEMENT

DU 1er BATAILLON DE CHASSEURS A PIED

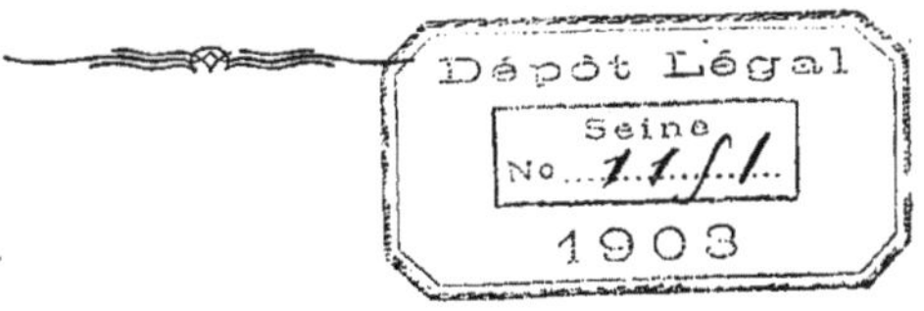

PARIS

LIBRAIRIE MILITAIRE R. CHAPELOT ET Ce

IMPRIMEURS-ÉDITEURS

30, Rue et Passage Dauphine, 30

1903

Fritz Hœnig

Un des ouvrages les plus remarquables de Fritz Hœnig, les *24 heures de stratégie de De Moltke*, a été traduit récemment. Nous présentons aujourd'hui au public français *la Vérité sur la bataille de Vionville-Mars-la-Tour à l'aile gauche allemande*, une des dernières œuvres du fécond écrivain, et l'une de celles où sa méthode se manifeste le plus nettement. Nous espérons que sa *Campagne de la Loire* et ses *Recherches sur la tactique de l'avenir* trouveront à leur tour des traducteurs ; il est presque impossible de suivre le mouvement actuel en matière d'études historiques et tactiques, sans connaître au moins ces œuvres capitales, auxquelles on devra opposer celles de Scherff, de Boguslawski, de Schlichting, etc. Il est bien désirable que, reprenant des traditions interrompues depuis une quinzaine d'années, mais auxquelles chacun veut revenir, nos revues militaires mettent le public français au courant de l'importante discussion dans laquelle ces quatre auteurs ont tenu les premiers rôles; il serait bien heureux aussi qu'il s'en trouvât quelques-uns à leur comparer dans notre littérature contemporaine.

Sans trop prendre parti pour Hœnig dans la lutte acharnée qu'il soutenait contre Scherff, il faut saluer en lui un maître et un initiateur : il nous a révélé tout ce qu'on pouvait utiliser de détails pour l'analyse fructueuse des faits de guerre, analyse qu'il a poussée plus loin que personne et où il a obligé ses adversaires à le suivre. On peut, en employant ses propres méthodes, le contredire et le mettre en défaut, mais en avouant que, sans lui, nous ne saurions pas tirer des combats de 1870 la moitié des enseignements qu'il nous apprend à y découvrir, surtout pour la tactique élémentaire. Les détails du combat dans le ravin de Mars-la-Tour, tels que Hœnig les rapporte dans ses *Recherches* et dans le présent ouvrage, la discussion des combats du 18 août à la droite allemande dans les *24 heures de stratégie de De Moltke,* fournissent les éléments les plus précieux pour toute étude à venir sur la tactique de l'infanterie.

Né en 1848, Fritz Hœnig était arrivé en 1865 au 57e régiment d'infanterie comme enseigne porte-épée, sortant de l'École de cadets de Bensberg. Il fit ainsi la campagne de 1866 ; s'étant distingué à Sadowa, il fut nommé presque aussitôt second lieutenant et décoré de l'Honneur Militaire (Militär-Ehrenzeichen 2. Klasse), En 1870, il est « adjutant » (adjudant-major) au 1er bataillon du 57e, et prend part en cette qualité à la bataille de Mars-la-Tour, où il est grièvement blessé par un éclat d'obus. Il reprend son service le 23 décembre, assiste aux affaires de Saint-Amand, Villechauve, Villeporcher, et reçoit la Croix de Fer de 2e classe. Premier lieutenant en 1873, mais criblé d'infirmités à vingt-cinq ans, il est mis à la retraite en 1876 avec le grade de capitaine, un emploi civil et le droit de porter l'uniforme. Il se met alors à écrire, et fait preuve d'une étonnante puissance de travail et d'une intarissable fécondité.

De 1876 à 1890, il dirige la *Deutsche Heeres-Zeitung*, puis collabore aux journaux *der Tag, die Woche, Berliner-Lokal Anzeiger*. Il écrit (1) : *Die politische und militärische Lage Belgiens und Hollands in Rücksicht auf Frankreich und Deutschland*, 1878. — *Uber die Heranbildung der Einjährig-Freiwilligen zu Reserve-Offizieren*, 1879. — *Die Wehrkräfte Frankreichs im Jahre* 1885. 1879. — *Die Mannszucht in ihrer Bedeutung für Staat,*

(1) *La situation politique et militaire de la Belgique et de la Hollande vis-à-vis de la France et de l'Allemagne*, 1878. — *Sur la préparation des volontaires d'un an au grade d'officiers de réserve*, 1879. — *Les forces militaires de la France en* 1885, 1879. — *La discipline et son importance pour l'État, le peuple et l'armée*, 1882. — *Manuel pour l'enseignement de la gymnastique et des armes aux jeunes gens*, 1882. — *Sur l'armement, l'équipement, l'organisation et l'emploi de la cavalerie*, 1883. — *La division de cavalerie considérée comme corps combattant*, 1884. — *Directives tactiques pour la formation et la conduite de la division de cavalerie*, 1885. — *Le prince Frédéric-Charles de Prusse* (2e édition), 1885. — *Le général d'infanterie v. Obernitz, à l'occasion du 50e anniversaire de son entrée au service*, 1886. — *Olivier Cromwell*, 4 *vol.* 1887-89. — *Histoire de la place de Weichselmünde, jusqu'à l'occupation prussienne*, 1793, 1886, etc.

*

Volk und Heer, 1882. — *Handbuch für den Turn und Waffenunterricht der Jugend*, 1882. — *Uber die Bewaffnung, Ausrüstung, Organisation und Verwendung der Reiterei*, 1883. — *Die Kavallerie-Division als Schlachtenkörper*, 1884. — *Taktische Direktiven für die Formation und Führung der Kavallerie-Division*, 1885. — *Prinz Friedrich Karl von Preussen* (2e édition) 1885. — *Von Obernitz, general der Infanterie, Festschrift zum 50 jährigen Dienstjubiläum*, 1886. — *Oliver Cromwell*, 4 volumes, 1887-89. — *Geschichte der Festung Weichselmünde bis zur preussischen Besitznahme*, 1793, 1886, etc., etc.

En 1881, la publication de *Zwei Brigaden* marquait une date importante dans la vie de Fritz Hœnig et dans l'évolution des études historico-tactiques sur la guerre de 1870. Hœnig raconte et analyse minutieusement les faits dont il a été le témoin à Sadowa et à Mars-la-Tour; il les compare et en tire d'importantes conclusions pour le mode de combat de l'infanterie. Remanié, développé, le même ouvrage reparaît sous le titre de : *Untersuchungen über die Taktik der Zukunft, entwickelt aus der neueren Kriegsgeschichte*, 4e édition, 1894. L'auteur y raconte les combats soutenus par sa brigade, la 28e à Sadowa, la 38e à Mars-la-Tour. Entrant dans les moindres détails, il relève çà et là des erreurs, plus ou moins graves, plus ou moins réelles, du Grand État-Major général, et termine par un exposé des théories tactiques auxquelles le conduit l'analyse minutieuse des événements. Ses conclusions ne diffèrent pas sensiblement de celles que Scherff a présentées dans ses divers ouvrages, et notamment dans les *Kriegslehren*, mais elles revêtent une forme plus simple et sont rendues plus intelligibles : il n'y a plus, selon Hœnig, d'autre formation de combat que la chaîne de tirailleurs. Il faut la constituer assez tôt et assez fortement, puis la nourrir en temps utile et d'une manière suffisante. Les éléments tenus en arrière sont, eux aussi, sur un seul rang non serré. Il n'y a pas d'autre feu possible que celui des tirailleurs (on ne comparera pas sans intérêt ces indications aux ordres du général Chanzy). Plus de formation normale de combat en plusieurs lignes, mais des chaînes qui se suivent, se rapprochent, s'engagent successivement sur la ligne de feux, à mesure que le besoin s'en fait sentir. Le nombre, les distances de ces chaînes successives ne sont naturellement susceptibles d'aucune réglementation.

Scherff nous dira, de son côté, qu'il faut considérer les éléments successifs de la formation comme des renforts à porter en ligne dès que la densité s'affaiblit par suite des pertes ou d'une extension exagérée de la chaîne ; il insistera sur ce que l'initiative de ces mouvements en avant, le choix du moment opportun et de l'endroit propice appartiennent au chef de la petite unité qui se porte en ligne, et non à l'autorité immédiatement supérieure. Il faut que le jeu de ces renforcements successifs soit familier à tous, qu'il y ait, sinon une formation normale de combat, du moins un procédé normal d'engagement à enseigner sur le terrain d'exercice.

Mais si Scherff et Hœnig s'entendent en cela, il n'en est pas de même au sujet de la conduite générale des opérations, et ici nous touchons au point le plus important, à la caractéristique essentielle de l'œuvre d'Hœnig.

Il est aisé de remarquer, aussi bien dans les travaux concernant le XVIIIe siècle que dans l'historique des campagnes récentes, que l'historien officiel allemand est plus soucieux d'élever un monument à la gloire du haut commandement et des états-majors, que d'établir la vérité absolue. Il publie très peu de pièces originales, et il lui est arrivé d'en citer de contestables. Il se trouve conduit ainsi, par la suite, et sous la pression du public, à reprendre en sous-main des travaux qui devaient être définitifs, sans que la seconde version soit entourée de plus de garanties que la première. Combien faudra-t-il de ces approximations successives pour dégager la vérité inconnue ?

Pratiquement, ces procédés ont un objet très compréhensible et peuvent se soutenir. Ils ont été avoués et approuvés explicitement par de Moltke : sans trop défigurer l'histoire, ils développent la confiance, qui est une des forces morales les plus puissantes. Mais Hœnig s'élève énergiquement contre cette doctrine : la vérité, dit-il, sans parler du devoir de l'historien envers son public, est pratiquement bonne à faire connaître. Si la confiance est utile, rien de plus pernicieux dans une armée que la déception, et plus l'espoir aura été grand, plus l'effondrement sera terrible. Avouons donc nos faiblesses, et ne faisons pas attendre l'impossible ! Il faut songer aussi qu'en dehors de la masse, il y a les officiers qui participeront à la conduite des armées, et que ceux-là doivent être éclairés à tout prix. Qu'on leur fasse connaître la guerre véritable, avec les difficultés, les erreurs de chaque jour, qu'on ne peut éviter et qu'il faut réparer. Qu'on ne leur fasse pas croire que tout se passe toujours simplement, qu'il suffit de se laisser aller : il faut que chacun sache combien lourde sera la tâche quotidienne. Les relations de l'état-major ont le tort de faire croire que tout s'est déroulé au gré du commandement, sans accrocs et sans fautes. Il ne faut pourtant pas donner tous les exemples de la guerre comme des modèles parfaits, conserver les méthodes qui ont donné de mauvais résultats ! Hœnig, en officier de troupe mis à même, par ses fonctions spéciales d' « adjutant », de suivre les agissements des grands chefs et des états-majors, souligne les erreurs, s'attaque sans relâche à cette réputation d'impeccabilité que le Grand État-Major général a voulu établir. Qu'il s'agisse du 16 août comme dans les *Zwei Brigaden*, du 18 août comme dans les *24 heures de stratégie*, des opérations sur la Loire, comme dans *Die Gefechte von La Garionnière und Villechauve am 7 januar* 1871 (1891). — *Die*

Gefechte von Ladon und Maizières (1894). — *Der Volkskrieg an der Loire* (6 volumes, 2ᵉ édition : 1894-1897), etc., c'est aux erreurs du commandement et des états-majors qu'il s'en prend.

Mais en Allemagne, comme partout, il n'est pas indifférent de toucher à l'arche sainte. Si l'on ajoute qu'Hœnig n'était pas sans vanité, qu'il était plus ou moins aigri par l'interruption prématurée de sa carrière, que ses attaques étaient parfois plus violentes qu'il ne convenait, sans être toutes également justifiées quant au fond, il est facile de comprendre qu'il se fit beaucoup d'ennemis, et des plus puissants. On ne pouvait guère laisser passer les critiques d'Hœnig, car il avait un très grand nombre de lecteurs. Le combat autour de Saint-Hubert, dans les *24 heures de stratégie*, la débâcle de Mars-la-Tour, dans le présent ouvrage, sont des tableaux d'une vivacité, d'un réalisme extrêmes, et, sans éprouver une sympathie particulière pour ses héros, nous ne pouvons nous empêcher d'en être émus. Qu'on juge du succès de pareilles œuvres dans l'armée allemande, et dans le public même, qui porte là-bas le plus sérieux intérêt à tout ce qui concerne la guerre. Les descendants des personnages critiqués par Hœnig le poursuivirent de leur rancune, et l'autorité supérieure prit parti pour eux. On s'efforça de contraindre Hœnig à un désaveu ou à un duel. Il a raconté les diverses persécutions qu'il eut à subir de ce chef dans une brochure infiniment amusante et caustique : *Mein Ehrenhandel*,

1902. Il y raconte la procédure que les tribunaux d'honneur mirent en œuvre contre lui, l'obstination avec laquelle il se refusa toujours à aller sur le terrain; puis, en tournant la dernière page, le lecteur trouve ce dernier aveu, malicieusement ménagé : « Tout le monde sait, dans les milieux militaires, que je suis borgne de l'œil droit, et incapable d'être pris au sérieux comme combattant. Un reste de paralysie immobilise mon bras gauche, et les doigts de la main gauche ont perdu toute sensibilité; quant à mon œil gauche, il ne voit plus qu'à peine. Quiconque voudrait tirer sur moi n'aurait pas grand mérite à le faire. » D'autres maux torturaient aussi le malheureux, car il mourut le 12 mars 1902 après avoir subi l'opération de la pierre.

Il y a, nous le répétons, quelques erreurs dans l'œuvre d'Hœnig; mais c'est, comme homme, comme historien, comme tacticien, une des figures les plus intéressantes du monde militaire allemand, et ses œuvres sont indispensables à quiconque veut suivre la marche des théories modernes sur la guerre. Aussi avons-nous tenu à en donner une idée sommaire, à appeler sur lui l'attention de nos officiers, en plaçant cette notice en tête d'une traduction qui, nous l'espérons, se répandra bientôt dans toutes les garnisons.

J. Colin,
Capitaine d'artillerie.

PRÉFACE DE L'AUTEUR

Au mois de novembre dernier (1898), parut chez Mittler le 25ᵉ fascicule des Monographies d'histoire militaire, publiées par la Section historique de l'État-Major général. Il avait pour titre : *Le combat de la 38ᵉ brigade d'infanterie et de l'aile gauche allemande à la bataille de Vionville—Mars-la-Tour, le 16 août 1870*. Le lendemain du jour où l'ouvrage avait paru, il en était rendu compte en tous détails par le général von Scherff dans les numéros 99 à 101 du *Militär-Wochenblatt*.

Je ne me proposais pas, tout d'abord, de répondre à ce 25ᵉ fascicule ; je comptais seulement utiliser la relation de l'état-major pour le travail que je préparais sur Vionville—Mars-la-Tour, et en faire la critique. Mais il me fallut changer d'avis en lisant le compte rendu de Scherff, car son ton provocant exigeait une réponse immédiate.

Quoique, dans sa préface, l'état-major cite beaucoup de travaux et d'ouvrages (avec lesquels, d'ailleurs, sa relation et ses documents sont en contradiction), Scherff ne s'occupe, dans le *Militär-Wochenblatt*, que de mon ouvrage : *Deux Brigades* (1), lequel, entre parenthèses, parut en 1881 et non, comme il le dit, en 1882 ; il porte aux nues

(1) *Zwei Brigaden*. Félix, Berlin, 1882.

la relation du 25e fascicule, en loue la consciencieuse exactitude, l'incontestable clarté, en proclame les jugements décisifs, les recherches parfaites, etc., etc., et se croit fondé à soutenir qu'après cela, il ne subsiste plus rien des affirmations primitives de mes *Deux Brigades*, dont le texte a été, comme on peut le voir par comparaison avec la 4e édition des *Recherches* (1), sensiblement modifié par moi-même.

Ailleurs (p. 2613), Scherff m'engage à indiquer mes sources plus clairement que je ne l'ai fait jusqu'ici dans les *Deux Brigades* et les *Recherches*. On s'en est pourtant bien peu préoccupé dans le 25e fascicule. Voilà donc ce qui m'a engagé surtout à publier la présente réponse. Que le lecteur ne craigne pas de voir la discussion se porter sur des objets insignifiants. Je m'en tiendrai aux grandes lignes, sans m'arrêter aux points de détail que je pourrais relever dans le 25e fascicule et dans les articles de Scherff. Une phrase peut bien contenir assez d'erreurs pour exiger tout un volume de rectifications, mais personne ne voudrait le lire. Aussi, pour être lu, ne me suis-je attaché qu'aux grands traits stratégiques et tactiques de cette journée capitale; j'ai publié nombre de documents inédits, et je compte sur la patience du lecteur.

J'ai fait quelques renvois aux plans des sépultures militaires publiés dans le 25e fascicule, et j'ai consacré un chapitre spécial à leur examen critique. Il serait difficile de suivre ma discussion si l'on n'a pas ce fascicule, mais ce ne sera pas le cas le plus général. Après tout, le lecteur pourra passer complètement ce chapitre, où j'ai réuni tout ce qui a trait aux plans en question, de sorte que le récit peut être suivi et le jugement formé, lors même qu'on saute cette partie.

---

(1) *Untersuchungen über die Taktik der Zukunft.* Félix, Berlin, 4e édition, 1894.

Afin que le lecteur connaisse l'ensemble des ouvrages publiés sur la question qui nous occupe, je donne ici la liste des plus importants, par ordre chronologique :

La Guerre franco-allemande de 1870-71, rédigé par la Section historique du Grand État-Major. Le premier volume a paru en 1874 chez E.-S. Mittler et fils. Il avait paru d'abord en fascicules, et celui qui nous intéresse date de 1872.

Mon travail d'hiver sur l'Attaque des hauteurs de Bruville, 19 décembre 1872, apprécié par quatre de mes supérieurs, et approuvé par des témoins du combat. C'est la base de mon livre les Deux brigades.

Historique du 3e régiment d'infanterie de Westphalie n° 16, travail de plusieurs officiers du régiment. Mittler, 1880.

Deux brigades (*Zwei Brigaden*), *Deutsche Heereszeitung*, de septembre à décembre 1881 ; publié à part en 1882. (Fr. Hœnig).

Historique du 8e régiment d'infanterie de Westphalie n° 57, travail de M. Schimmelmann I, lieutenant en 1er au régiment, chez Mittler, 1883.

Recherches sur la tactique de l'avenir d'après l'histoire des dernières guerres (*Untersuchungen über die Taktik der Zukunft*), 1890. Remaniement des Deux brigades, chez R. Felix, Berlin. (F. Hœnig).

La brigade Wedell a Mars-la-Tour, par le lieutenant-colonel Meissner. *Militär-Wochenblatt*, 1891.

La brigade Wedell a Mars-la-Tour, par Fritz Hœnig, août et septembre 1891. *Militär-Wochenblatt*, 1891.

Recherches sur la tactique de l'avenir, troisième et quatrième éditions 1894. R. Félix, Berlin.

Leçons de guerre d'après les exemples historiques des guerres modernes (*Kriegslehren in Kriegsgeschichtlichen Beispielen der Neuzeit*), par W. von Scherff, général d'infanterie, 2e fascicule. Berlin, 1894, chez Mittler.

Mes impressions au combat de Vionville—Mars-la-Tour, le 16 aout 1870 (*Meine Erlebnisse in der Schlacht bei Vionville-Mars-la-Tour*), par L. Schaumann, colonel en retraite. *4e Beiheft* du *Militär-Wochenblatt*, 1895.

JOURNÉES CRITIQUES (*Kritische Tage*), par Georg Cardinal von Widdern, colonel en retraite. Livre II : *La crise de Vionville les 15 et 16 août 1870*. Berlin, 1897, chez R. Eisenchmidt.

MONOGRAPHIES D'HISTOIRE MILITAIRE (*Kriegsgeschichtliche Einzelschriften*), publiées par le Grand État-Major général, Section historique, 25e fascicule. Le combat de la 38e brigade d'infanterie et de l'aile gauche allemande à la bataille de Vionville—Mars-la-Tour, le 16 août 1870. Mittler 1898.

Par suite d'empêchements imprévus, le tirage de ce livre a été retardé de deux mois, et, à ma grande douleur, le général comte de Caprivi est mort pendant cet intervalle ; lui qui, suivant ses propres paroles, comptait le 16 août parmi ses journées glorieuses. On verra, dans l'exposé qui suit, combien il avait le droit de s'exprimer ainsi.

Charlottenbourg, le 12 Février 1899,

FRITZ HOENIG.

ABRÉVIATIONS.

F/16	signifie :	bataillon de fusiliers du 16e régiment.
1/57	—	1re compagnie du 57e régiment.
I/16	—	1er bataillon du 16e régiment.
Batterie II/10	—	2e batterie lourde du 10e régiment d'artillerie.
— 2/10	—	2e batterie légère du 10e régiment d'artillerie.
M.-W.	—	*Militär-Wochenblatt.*
G. E.-M.	—	Grand État-Major.

Les autres abréviations se comprennent d'elles-mêmes.

CHAPITRE PREMIER

Comment on envisageait la situation, le 15 août, à l'état-major général et aux états-majors de la IIe armée et des 3e et 10e corps d'armée.

Remarques préliminaires.

La bataille de Vionville—Mars-la-Tour, du 16 août 1870, est la crise décisive de la guerre contre l'Empire français. Aussi, même sans parler du courage héroïque déployé par les troupes, de la circonspection, de l'audace et de l'activité de presque tous les chefs de la IIe armée, cette journée restera parmi les plus glorieuses de l'année sanglante. Militaires et civils s'en sont aperçus depuis longtemps. Le commandement, à tous les degrés, ne put obtenir le succès que grâce à la concentration en temps utile, du plus grand nombre de forces possible sur le champ de bataille, et ici, en particulier, le succès a été dû au concours généreux et décisif que le Xe corps apporta au IIIe, en cette heure de détresse. Car l'armée du Rhin *était encore devant nous;* le IIIe corps allait la rencontrer le 16, et le Xe corps allait porter secours à ce dernier. Parmi tous nos chefs, un seul avait nettement compris cette situation le soir du 15 août : c'était le lieutenant-colonel de Caprivi. C'est donc à lui que revient la plus grande part de l'honneur et du succès de cette journée.

Dans les premières années qui suivirent la guerre, la bataille de Vionville passa presque exclusivement pour un exploit du seul IIIe corps ; peu à peu, cependant, le rôle décisif du Xe corps fut mis en lumière ; en particulier, ses opérations à l'aile gauche ont donné lieu à maintes discussions après la publication des *Zwei Brigaden*. Cet ouvrage est le premier qui ait attiré l'attention publique sur ce point ; c'est une justice à lui rendre.

Mais les discussions ne devaient pas tarder à s'ouvrir : elles s'annonçaient déjà dans les nombreux jugements portés sur le rôle stratégique du général de Schwartzkoppen pendant cette journée. Ce seul point, entre mille autres moins intéressants, a été rapporté ou interprété de manières bien différentes. Je commencerai donc par examiner les opinions des grands chefs.

Le général von Scherff croit avoir démontré péremptoirement, dans le tome II de ses *Kriegslehren*, le peu de valeur des critiques formulées par Hœnig au sujet de l'arrivée de la 19e demi-division sur le champ de bataille (p. 2588, *M.-W.*, 1898), et il considère avec satisfaction que le 25e fascicule confirme ses dires. C'est précisément ce point qui a besoin d'être éclairci.

La situation, le 15 août, n'était pas nette ; le rôle que les commandants des IIIe et Xe corps allaient avoir à jouer était encore imprévu, et il n'y avait pas communauté de vues entre les grands chefs du parti allemand.

On pensait, d'une façon générale, que l'armée du Rhin était en retraite de Metz sur la Meuse ; mais, dans l'intervalle, se trouvait-elle plus près de Metz que de la Meuse ? Avait-elle parcouru la moitié du chemin ou commencé le passage de la Meuse ? Les opinions variaient à ce sujet, aussi bien que sur les itinéraires suivis par les Français. Il était d'ailleurs évident que l'armée française ne s'engagerait pas sur une seule route si elle voulait marcher vite.

En réalité, cette armée était encore à mi-chemin entre

la Moselle et la Meuse; elle avait engagé le 14 août devant Metz, sur la rive droite, des forces considérables; seul, le commandant de la 5e division de cavalerie, le général de Rheinbaben, avait la preuve que les Français étaient encore aux environs de Metz; il omit d'en rendre compte, nettement et en temps utile, au commandement supérieur.

Opinion du général commandant la IIe armée.

D'après l'ouvrage du G.-E.-M. (I, 526), le général commandant l'armée supposait, le 15 août : *que la retraite rapide de l'armée française sur la Meuse était en train de s'effectuer, et qu'il était par conséquent nécessaire de se mettre, sans plus tarder, à la poursuite de l'adversaire.* Aussi le centre de gravité des opérations pour le 16 août fut-il rapproché de la Meuse dans l'espoir *d'atteindre* l'adversaire *sur cette rivière* (même ouvrage).

On ne peut concilier ces données avec celles du 25e fascicule; le 15 août, en effet, le général Stiehle écrivait, entre autres choses, à de Moltke : « Nous présumons que « les têtes de colonne de trois corps (XIIe, Garde, IVe) « atteindront la Meuse le 17 août; il faudrait que l'aile « gauche, poussée rapidement, arrivât à Bar-le-Duc à la « prochaine étape. L'ennemi semble prendre la route de « Metz, Étain, Verdun comme limite sud de sa zone de « retraite ».

A la date du 16 au matin, il existe un projet d'ordre (qui ne fut jamais expédié) du général en chef, pour le 17 août. Il est ainsi conçu : « S'il ne se produit, comme on « doit s'y attendre, aucun engagement sérieux des IIIe, Xe « et IXe corps avec l'ennemi, le IIIe corps d'armée se « mettra en marche, le 18, dans la direction du Dieue-« sur-Meuse, le IXe vers Fresnes, Génicourt-sur-Meuse;

« ces corps assureront le plus tôt possible le passage de « la Meuse ». On supposait donc tout au plus que ces trois corps auraient devant eux de faibles arrière-gardes.

Le 16 août, à 2 heures de l'après-midi (le compte rendu du IIIe corps, daté de 9 h. 1/2 du matin, était parvenu au haut commandement un peu après 11 heures), le général Stiehle écrivait à de Moltke : « Je crois qu'il est « rationnel de mettre les quatre autres corps d'armée « tranquillement en marche vers la Meuse, entre Bannon- « court et Commercy, de façon à être demain en posses- « sion des passages. Ensuite, il nous faudra *marquer un* « *arrêt* de plusieurs jours pour ne pas déboucher de l'Ar- « gonne dans les plaines de la Champagne avec nos seules « têtes de colonne ».

On ne peut guère conclure de cette lettre que l'on espérait *atteindre* et encore moins *battre* l'ennemi sur cette rivière (la Meuse). Bien plus, il ressort de différents documents, émanant aussi de la IIe armée, que l'on ne pensait qu'à des opérations de marche. On le voit bien d'après l'exposé suivant du 25e fascicule (p. 21 et 22) : « Le haut « commandement s'en tint, jusqu'au 16 août après-midi, « à ceci : la retraite de l'armée du Rhin, depuis la Nied « française jusqu'au delà de la Meuse, avait commencé le « 12, et on n'avait probablement livré combat, le 14, qu'à « une arrière-garde ennemie. En supposant les disposi- « tions pour la retraite de l'armée française judicieuse- « ment prises, l'armée du Rhin pouvait, en faisant des « étapes moyennes, avoir déjà commencé le passage le 15 août ». Les deux versions (*atteindre l'ennemi* et, d'autre part, *marquer un arrêt*) émanant toutes deux de l'état-major général, laquelle est la bonne? Il est facile de deviner l'auteur de cette dernière version : cherchons-le dans les *Kriegslehren* de Scherff. Si, pourtant, le passage de la Meuse avait pu commencer le 15 août, toute l'armée du Rhin pouvait être passée le 16.

En réalité, le haut commandement se laissa entraîner

par une *idée préconçue*, qu'il ne chercha pas à appuyer sur des certitudes, et d'où résultèrent ses opérations stratégiques des jours suivants. Le combat du 16 août lui donna un sanglant démenti.

Les considérations dont s'inspira le haut commandement pouvaient, au surplus, ne pas manquer de justesse : Mac-Mahon battu se retirait à l'intérieur de la France; le danger, pour les Français, était que les Allemands ne missent à profit la séparation de leurs armées. L'armée du Rhin pouvait donc chercher un abri derrière la Meuse par une retraite rapidement menée. La IIe armée, déjà à mi-chemin de Metz, et ayant passé la Moselle, se donnait par conséquent pour mission d'atteindre le plus tôt possible la Meuse et de s'opposer au passage. — La conception du haut commandement ne peut être qu'approuvée, à supposer que l'on connût les projets de l'ennemi. Mais elle pêchait par un point qui en compromettait la justesse : on estimait la mobilité de la troupe et le talent des chefs d'après soi-même, et la comparaison était impossible. On évaluait théoriquement la durée de l'opération d'après la distance à la Meuse, sans savoir d'une façon certaine où en était l'armée du Rhin ; enfin, on admettait avec empressement ce que l'on souhaitait. Combien d'erreurs commet-on à la guerre pour n'avoir pas tenu compte des *résistances passives!* Grisé par le succès de son offensive, le haut commandement voyait trop grand. Son idée préconçue avait pénétré les généraux commandant le Xe corps et la 19e division, qui se trouvaient le 15 août avec le commandant de l'armée à Pont-à-Mousson ; elle gagna peut-être aussi le commandant de la 20e division, mais c'est moins certain; en tout cas, accréditée par ces différents chefs, elle fascina complètement le général commandant la 19e division. Ce dernier, d'ailleurs, faisait tendre tous ses efforts vers ce seul but : être le premier sur la Meuse, comme il avait été le premier sur la Moselle (Voir *Kriegslehren*, II, 178). Ce zèle était certainement très beau, mais il devenait intempestif, car cette direction, grâce à l'influence des résistances passives, allait cesser d'être la bonne.

Parmi les idées du commandant de corps d'armée, il y en avait une qui primait tout : « Gagner la Meuse au plus « vite » Mais le général français n'avait donc pas d'autre solution possible que de courir à la Meuse? Savait-on si Bazaine n'était pas capable d'imaginer un autre plan ? En tout cas, ce que nous *savions*, c'est qu'il commandait une excellente armée ; ne pouvait-il pas laisser passer la Moselle aux Allemands et, s'appuyant à Metz, se jeter avec toutes ses forces sur une de nos ailes, l'anéantir, nous couper de notre base d'opérations, s'emparer de nos convois, de nos approvisionnements en vivres et en munitions, ou au moins les détruire? Était-ce un plan si indigne d'un homme de guerre? Dans une contrée éminemment favorable, avec une ville comme Metz et le passage assuré de la Moselle derrière lui, que pouvait-il arriver de fâcheux à Bazaine, s'il avait été battu en pareille situation? Rien de pis, assurément, que ce qui l'attendait en réalité. En tout cas, les Allemands auraient été obligés de faire un effort considérable pour le battre, de perdre du temps et d'opérer une retraite stratégique; il devenait alors possible aux Français d'attendre Mac-Mahon.

Lorsque j'émis cet avis pour la première fois, dans mon ouvrage : *Vingt-quatre heures de stratégie de de Moltke*, Scherff en fut particulièrement frappé ; il me semble que, parmi les cas stratégiques qu'il discute dans ses *Kriegslehren*, il aurait dû placer celui-ci au premier plan.

Et si (comme il arriva d'ailleurs) Bazaine s'était retiré sous les murs de Metz, dès le 14 août, les Allemands auraient-ils vu clair dans la situation? Les événements des 15 et 16 août ne semblent pas le prouver. Il nous a fallu sacrifier près de 17,000 hommes, le 16 août, pour apprendre où était l'armée du Rhin. Il n'y a pas à dire : le commandant de la IIe armée avait là une raison plus que suffisante de porter ses regards vers Metz, au lieu de se laisser hypnotiser par la Meuse.

Le 25e fascicule est muet sur la raison qui a déterminé le général en chef à assigner aux IIIe et Xe corps, le 15 août à 7 heures du soir, pour le 16, des objectifs de marche distants de 15 kilomètres les uns des autres : Vionville et Mars-la-Tour — Saint-Hilaire et Maizeray. — Si cette mesure a été prise pour fournir *le plus grand effort possible contre la route* (sic) *de Verdun*, comme dit l'ouvrage du G.-E.-M., ce n'est plus une simple opération de marche. Et, par le fait, les deux corps étaient tellement séparés qu'il fallut faire une forte marche, dans l'après-midi du 16 août, pour porter secours de l'un à l'autre. Or, les instructions de de Moltke (du 15 août, 6 h. 1/2 du soir) n'arrivèrent au commandant de corps d'armée qu'à 10 h. 1/2; voici ce qu'elles contenaient : « La victoire « (du 14) ne pourra porter ses fruits que grâce à une « vigoureuse offensive de la IIe armée sur la route de « Metz à Verdun par Fresnes et Étain ; il appartient au « général commandant la IIe armée de la mener de sa « propre initiative, avec tous les moyens dont il dispose ». Le commandant de corps d'armée, supposant ses ordres suffisamment conformes à cette instruction, ne les modifia pas. Il en résulta que le fameux effort des Xe et IIIe corps et des 5e et 6e divisions de cavalerie, projeté pour le 16 août, demeura mal indiqué.

En résumé, il est manifeste que le haut commandement de la IIe armée voit trop grand, se laisse dominer par l'idée préconçue, et ne tient pas ou tient trop peu compte de la portée immédiate des événements. De même que nous le voyons maintenant porter son attention au delà de la Meuse, de même nous le verrons, dans la campagne d'hiver, se laisser hypnotiser par Montargis ; et toujours ses conceptions, provenant d'idées préconçues, se payaient par des milliers de victimes. L'art de la guerre nous a vraiment coûté cher.

Opinion du général commandant le Xe corps.

Revenons au quartier général du Xe corps. Voici ce qu'en dit le 25e fascicule : « Le haut commandement de la IIe armée était persuadé que l'armée du Rhin se retirait rapidement de Metz sur la Meuse, et le commandant du Xe corps partageait cette manière de voir » ; et il précise (p. 13 et 14) : « Le général de Voigts-Rhetz (Xe corps) aurait eu la conviction que l'on ne pourrait atteindre le gros de l'armée ennemie que sur la Meuse et il regardait une rencontre sérieuse aux environs de Metz comme peu probable. » Mais le 25e fascicule ne fournit aucun document à l'appui de cette assertion ! Voici la vérité : Le 15 après-midi, l'attention du général commandant le Xe corps fut attirée peu à peu du côté de Metz par les renseignements de la 5e division de cavalerie. D'autre part, il n'est pas moins certain que ce général n'était pas complètement de l'avis de son chef d'état-major, le lieutenant-colonel de Caprivi ; celui-ci était absolument convaincu que l'ennemi *était encore devant nous.* Il est certain que l'ordre du corps d'armée pour le 16 août, daté de Thiaucourt, le 15 à 11 h. 1/2 du soir, commence par ces mots : « La « retraite de l'armée ennemie sur la Meuse est en cours « d'exécution. La IIe armée la suit ; le Xe corps poursuit « sa marche sur Verdun ». Mais cette rédaction était imposée, car on ne peut pas faire un ordre de corps d'armée qui contredise l'ordre de l'armée.

En étudiant attentivement le texte de l'ordre du corps d'armée, on voit clairement que si Caprivi n'avait pas réussi à faire partager son opinion par le général de Voigts-Rhetz, l'ordre a été rédigé, du moins, de manière à être compris de deux façons différentes (1). L'essentiel, c'est

(1) Dans le texte allemand : « à deux mains ». *(Note du traducteur.)*

que le général de Voigts-Rhetz voulait, le 16 au matin, se rendre près du général de Rheinbaben, et qu'il ne pensa que plus tard à établir son quartier général à Saint-Hilaire. Aurait-il eu cette idée s'il avait pleinement partagé l'opinion du haut commandement et rejeté *a priori* celle de Caprivi ? Certainement non. Voigts-Rhetz sera donc resté dans l'incertitude, le 15 au soir, au sujet des positions de l'ennemi, et le renseignement de Rheinbaben, envoyé de Xonville le 15 août, à 5 heures du soir, et arrivé au Xe corps à 5 h. 1/2, ne pouvait qu'augmenter son incertitude. Il ne contenait rien que le général ne sût déjà, et c'est ce qui fut cause, comme je l'ai déjà dit, qu'on ne le transmit pas en haut lieu (comparer le 25e fascicule, p. 1 et appendice 1). Il mentionnait pourtant qu'à Rezonville on avait vu « des troupes de toutes armes ». Le commandement désigna au Xe corps, comme point de direction pour le 16 août, Saint-Hilaire et Maizeray ; mais Voigts-Rhetz voulait se rendre compte d'abord de ce qu'il y avait dans les environs de Rezonville ; quand il aurait vérifié l'exactitude des indications du commandement en chef et de l'armée, il pourrait se porter sur Saint-Hilaire. En tout cas, il fallait, en prenant ses dispositions pour le 16, tenir compte d'une erreur possible. Les différences d'opinions entre le commandement supérieur et le général commandant le corps étaient donc, le 15 au soir, les suivantes : le premier comptait sur la certitude d'une retraite rapide des Français de Metz sur la Meuse ; Caprivi, au contraire, était convaincu que l'ennemi « était devant nous », et Voigts-Rhetz, à 11 h. 1/2 du soir, commençait à douter fort de l'exactitude d'une opinion qu'il avait peut-être d'abord partagée.

Voigts-Rhetz modifia son projet initial et envoya son chef d'état-major, le lieutenant-colonel de Caprivi, au général de Rheinbaben, avec deux batteries à cheval et le 2e escadron du 2e dragons de la Garde, aux environs de Rezonville, *puisqu'il y avait devant lui un camp ennemi de toutes armes.* — Cette simple phrase montre déjà la différence d'appréciation qui existe entre le haut commandement et le général commandant le Xe corps. Le 25e fascicule (p. 13 et 14), s'appuie néanmoins sur ce changement de dispositions pour démontrer l'entière communauté de vues entre eux deux; c'est une erreur que j'ai déjà relevée. A ce moment, le revirement presque complet des idées du général commandant le Xe corps était accompli, et les causes qui ont déterminé Voigts-Rhetz à envoyer son chef d'état-major sont d'une autre nature et en dehors de la question.

Le colonel Lehmann, pour soutenir Rheinbaben, devait marcher avec une batterie et deux escadrons sur Chambley, avec ordre d'y tenir jusqu'à l'achèvement de sa mission. Le colonel von Lynker devait marcher sur le même point avec son détachement, venant de Novéant, de sorte que la moitié de la 19e division se trouverait ainsi rassemblée à Chambley, en état de parer à tout. L'heure prématurée du départ des deux détachements (4 h. 1/2) nous prouve que le général en chef pensait bien que l'opération ne se bornerait pas à une marche ; différence plus accentuée ici encore entre les vues des chefs. — Si Voigts-Rhetz avait cru n'avoir affaire qu'à une forte arrière-garde de l'armée du Rhin, comment expliquer toutes ces mesures? Il n'ignorait pas, en effet, les objectifs du IIIe corps et de la 6e division de cavalerie (Vionville et Mars-la-Tour) et il aurait jugé ces 30,000 hommes suffisants pour battre une arrière-garde. Or Chambley se trouve au sud de Vionville et de Mars-la-Tour, à égale distance entre ces deux localités, et à environ 5 kilomètres de la route qui les relie : c'était le point d'où l'on pouvait le plus facilement soutenir le IIIe corps.

Le général de Kraatz (20e division) avait ordre de se porter « à 4 h. 1/2 au bivouac » entre Beney et Thiaucourt, avec l'artillerie de corps ; il faut donc comprendre qu'il devait se tenir prêt à tout au nord du Rupt de Mad, sans quoi le mot *bivouac* est inutile. De Thiaucourt à la route de Mars-la-Tour, il y a 17 kilomètres. Les trois quarts du Xe corps vont se porter au milieu de la zone des objectifs du IIIe corps. Ce n'est pas par hasard, et je vois là l'idée sous-entendue de pouvoir, s'il le fallait, soutenir le 16 le IIIe corps avec tout le Xe; la divergence de vues entre le général commandant le Xe corps et le commandement supérieur est ici d'une évidence frappante.

Seul, le général de Schwartzkoppen devait s'avancer jusqu'à Saint-Hilaire avec l'autre moitié de la 19e division et la brigade de dragons de la Garde, pour y « prendre une position d'avant-postes »; il n'y avait donc qu'un quart du corps d'armée qui suivait la direction indiquée par le haut commandement, et encore ce détachement *pouvait fort bien appuyer vers l'est*, si les événements, confirmant l'opinion de Caprivi, venaient à rendre ce mouvement nécessaire. Les mesures ordonnées aux trois quarts du corps d'armée et à l'artillerie ont donc nettement le caractère d'un dispositif préparatoire de combat. On n'a donné aux colonnes que des points de direction provisoires : Chambley et Thiaucourt; le colonel Lehmann n'a pas d'ordre pour les avant-postes, et Kraatz ne doit pousser que des postes détachés (donc de cavalerie) sur Xammes et Vigneulles.

Il en va tout autrement pour le général de Schwartzkoppen : L'établissement de ses avant-postes à Saint-Hilaire, *en poussant sa cavalerie sur Fresnes et la Chaussée*, lui est imposé. Il doit donc regarder Saint-Hilaire comme le but final de sa marche pour le 16 août. Enfin, les généraux de division et le commandant de l'artillerie de corps reçoivent, pour l'intelligence des opérations qu'ils ont à combiner entre eux, l'ordre du corps d'armée tout entier; j'estime donc que le général de Schwartzkoppen aurait dû remarquer la différence entre les mesures préparatoires adoptées pour les trois quarts du corps d'armée et l'artillerie, et celles qui visaient sa mission particulière; du reste, il devait se tenir « en relations par sa droite avec le général de Rheinbaben et le colonel Lehmann ». J'en conclus qu'il était indiqué au général de Schwartzkoppen d'agir de lui-même suivant les circonstances.

Considérons de plus près les buts assignés à cette fraction du Xe corps : Saint-Hilaire sera l'étape pour la colonne; Fresnes et la Chaussée, qui sont assignés à la cavalerie, marquent une position face à la Meuse (Verdun), où l'on peut couvrir les positions *provisoires* de Chambley et Thiaucourt. D'où il suit que Schwartzkoppen devait se considérer comme avant-garde du reste du corps d'armée. Derrière cet écran, le général de Kraatz et le colonel Lehmann pouvaient, au besoin, porter secours au IIIe corps, à Vionville—Mars-la-Tour; si ce n'était pas nécessaire, tous deux étaient couverts, du côté de Verdun, par l'avant-garde de Schwartzkoppen, et il était encore possible de rassembler tout le Xe corps à Saint-Hilaire le 16.

L'ordre du commandement de la IIe armée prescrivait au Xe corps de continuer sa marche jusqu'à Saint-Hilaire et de pousser le plus en avant possible les fractions qui se trouvaient encore dans la vallée de la Moselle. Le commandant du Xe corps a bien fait préparer le cantonnement de son quartier général à Saint-Hilaire, mais cela ne prouve nullement que ses vues aient concordé avec celles du haut commandement; car il fallait bien, ne fût-ce que pour la forme, que le dispositif du Xe corps répondît à l'ordre donné par le haut commandement.

De même, pour ce qui est d'éloigner ses troupes le plus possible de la vallée de la Moselle, le général commandant le corps d'armée ne le faisait que pour la forme; ainsi, le détachement Lynker n'avait, de Novéant à Chambley, que 13 kilomètres; la 20e division, de Pont-à-Mousson à Thiaucourt, que 15 kilomètres; ce n'était pas *le plus loin possible*. On aurait pu presque doubler ces étapes ; enfin, remarquons, pour la 20e division, qu'il ne lui est pas prescrit d'occuper la ville de Thiaucourt : elle doit *bivouaquer* à proximité.

Mais c'est la marche du colonel Lehmann qui démontre d'une façon péremptoire l'erreur du 25e fascicule, quand il parle de communauté de vues entre le haut commandement et le général commandant le Xe corps : Lehmann doit se rendre de Thiaucourt, où il était le 15 au soir, à Chambley avec 4 bataillons, 1 batterie et 2 escadrons du 9e dragons. Tandis que la moitié seulement de la division allait se porter à Saint-Hilaire avec Schwartzkoppen, Lehmann, partant du même point que ce dernier, Thiaucourt, devait marcher sur Chambley, direction complètement opposée, où précisément le colonel von Lynker devait arriver, lui aussi, venant de Novéant avec 2 bataillons, 1 batterie et 2 escadrons du 9e dragons. Si Voigts-Rhetz (Caprivi) n'avait voulu que fournir ainsi un soutien à la 5e division de cavalerie, Lehmann était tout à fait superflu, car, comme soutien, les troupes du colonel von Lynker étaient largement suffisantes, sans compter encore que la marche du IIIe corps sur Mars-la-Tour était connue du Xe. Il est donc impossible de soutenir que le général commandant le Xe corps a envoyé sans réflexion, sans but et sans motif, le colonel Lehmann dans une direction diamétralement opposée à celle prescrite, et de plus dans la zone d'opérations du IIIe corps. Toutes ces mesures ont été prises ainsi et non autrement, parce que Caprivi était convaincu que l'ennemi *était encore devant nous*, et avec l'intention manifeste d'avoir dans la main les trois quarts du corps d'armée pour pouvoir les porter rapidement au secours du IIIe corps. C'est ce qui explique aussi le choix de la position d'attente de Thiaucourt pour la 20e division et l'artillerie de corps. Thiaucourt était le point extrême où l'on pouvait porter cette masse, pour qu'elle fût encore à même de soutenir le IIIe corps. Chaque pas de plus dans la direction de Saint-Hilaire aurait rendu plus difficile d'intervenir en temps utile. Ce plan ne se trouva en défaut, du reste, que sur un seul point.

Le colonel von Lynker trouva sa route occupée par le IIIe corps, et dut, par suite, marcher derrière lui ; puis, quand celui-ci fut engagé, Lynker se mit à la disposition de son chef, sans plus s'occuper du but de sa marche.

Ce dispositif comportait donc la possibilité de rassembler, le 16 août, le Xe corps, soit à Mars-la-Tour, soit à Saint-Hilaire, selon les circonstances. C'est un chef-d'œuvre de stratégie et de diplomatie : il était vraiment *à deux fins*, et il a du reste parfaitement réussi. C'est grâce à cette double conception que le IIIe corps n'a pas été anéanti et que le 16 août a été la journée décisive de la guerre. Les dispositions prises concordent, quant à la forme, avec les plans du commandement supérieur ; mais le fond révèle une manière de voir exactement opposée ; il en est résulté que la situation, presque désespérée, et en tout cas compromise, a été sauvée. Ce point est désormais indiscutable.

Je ne disconviendrai pas que la phrase suivante de Caprivi, dans le journal de marche du corps d'armée, ne concorde pas littéralement avec ce qui précède : « Les dis-« positions prises pour cette journée étaient conformes « aux instructions du haut commandement, sans que l'on « pensât qu'il y aurait à marcher sur la forêt d'Argonne. « Le général commandant le corps d'armée s'inspira seu-« lement du rapport de la cavalerie, où il était dit qu'elle « aurait peut-être besoin d'un soutien d'infanterie ». Mais, par contre, mon interprétation trouve aussi sa confirmation complète dans le même journal : « La division de « cavalerie, lit-on plus loin, d'après la disposition prise « le 15 à la suite d'un entretien de son général avec le « chef d'état-major du corps d'armée, fut chargée de se « porter en avant jusqu'à ce qu'elle eût des données « exactes sur la *position* de l'ennemi (on ne croyait donc « guère à une *marche* de l'ennemi), ce qui était de la plus

« haute importance. Son Excellence le général comman-
« dant le corps d'armée avait déjà insisté plusieurs fois
« sur ce point auprès du divisionnaire ; il fallait enfin
« arriver à un résultat : il fallait savoir si l'ennemi était
« en marche sur Verdun, comme le *supposait* le haut
« commandement, ou si, comme le général de Rhein-
« baben *en avait la conviction*, toute l'armée française
« était toujours sous Metz ».

Je ferai encore remarquer que le rapport de Caprivi, du 21 août 1870, ne s'accorde pas littéralement avec les renseignements du 25e fascicule.

Enfin, Caprivi a écrit le 9 août 1895 à Skyren : « ... La
« bataille eût été vraisemblablement une défaite si je
« n'avais pas vu la situation plus exactement que le haut
« commandement et le corps voisin, le IIIe, et si je n'avais
« fait partager mon opinion par mon général. On croyait
« l'ennemi en retraite sur l'Argonne, alors que j'étais
« absolument convaincu qu'il était *encore devant nous*.
« Nous ne pouvions exécuter à la lettre l'ordre du haut
« commandement qui nous dirigeait sur l'Argonne ; mais
« je pris un dispositif tel, qu'on pouvait l'interpréter de
« deux manières différentes, et que, si ma manière de voir
« se trouvait justifiée, la plus grande partie du corps
« d'armée pouvait rapidement entrer en ligne sur le plateau de Vionville-Tronville ».

J'ai déjà dit à peu près la même chose dans le *Militär-Wochenblatt* de 1891. Ce n'est pas ce qui a pu influencer Caprivi qui, tout le monde le sait, n'a jamais altéré la vérité. J'espère donc avoir réfuté toutes les affirmations contraires du 25e fascicule sur ce sujet.

Quoique ayant agi presque à contre-cœur, je devais cette réfutation à l'histoire aussi bien qu'à moi-même, car la lettre de Caprivi a pour elle non seulement sa bonne foi, mais la vérité même. Cet exemple prouvera qu'un général, en engageant sa responsabilité dans de pareilles conditions, n'a rien à redouter de la lumière !

Nous allons voir, à l'autre aile, se passer à peu près la même chose, bien qu'à ce quartier général il y eût, dès le début, communauté de vues entre le général en chef et son chef d'état-major ; Caprivi, lui, eut à gagner son général à son opinion.

Ce qu'on pensait au quartier général du IIIe corps d'armée.

Ignorant encore complètement le combat du 14 août, le prince Frédéric-Charles avait donné ce même jour, à 6 heures du soir, l'ordre au IIIe corps de s'avancer le 15 jusqu'à Cheminot (1). Quand cet ordre parvint au général Alvensleben, il venait de recevoir des comptes rendus sur l'issue du combat de Colombey-Nouilly, qu'il expédia aussitôt à de Moltke et à Frédéric-Charles (2); on était encore au 14. Comme les rapports de la 6e division de cavalerie disaient, en outre, que les Français se retiraient sur la rive gauche de la Moselle, Alvensleben crut devoir agir de lui-même et résolut de passer la Moselle le 15. Dès 6 h. 1/2 du matin, le 15, il exposa par écrit son projet, avec les motifs à l'appui, au prince Frédéric-Charles et à de Moltke (3).

Le général Alvensleben et son chef d'état-major, le colonel de Voigts-Rhetz, connaissaient bien Metz et ses rues tortueuses ; aussi, ce dernier surtout, avait-il la conviction que si l'ennemi s'était encore battu le 14 vers 10 heures du soir, à l'est de la ville, il ne pouvait, le 15,

---

(1) 7 kil. 500 à l'est de la Moselle.

(2) Le texte de ce rapport est malheureusement perdu. Et ce n'est que là que l'on pourrait découvrir les raisons pour lesquelles le haut commandement de la IIe armée resta convaincu, jusqu'au 16 août, que nous n'avions combattu, le 14, qu'avec une arrière-garde, etc. (25e fascicule, p. 21 et 22).

(3) *Einzelschriften*, 18e fascicule, p. 529.

avoir traversé la place, franchi la Moselle et le canal, et s'être avancé bien loin dans la direction de Verdun avec de grosses masses de troupes à travers le pays très coupé de la rive gauche.

Sans attendre la réponse à son rapport de 6 h. 1/2, Alvensleben fit avancer la 5e division de Vigny, par Sillery, sur Corny et Novéant, et la 6e par Bouxières-sous-Froidmont sur Champey, où un pont était en construction sur la Moselle.

L'artillerie de corps et la 6e division de cavalerie devaient suivre la 5e division.

Opposé complètement à cette manière de voir, de Moltke admettait encore l'hypothèse *d'un nouveau combat sur la rive droite de la Moselle.* Il se décida alors, ce qui pouvait avoir de graves conséquences, à mettre le IIIe corps pendant quelque temps à la disposition du grand quartier général. La notification de cette mesure arriva le 15 août, à 6 h. 1/2 du matin, au commandant en chef de la IIe armée, qui aussitôt prescrivit au IIIe corps de suspendre sa marche sur Cheminot, de se mettre au repos et de faire la soupe ; cet ordre venait de partir, quand Frédéric-Charles reçut le compte rendu écrit par Alvensleben à 6 h. 1/2 du matin ; afin de faire cesser toute incertitude, il fit parvenir à 9 h. 1/2 à Alvensleben une seconde instruction, lui faisant connaître qu'il n'était pas autorisé à faire franchir la Moselle à son corps d'armée, et qu'il fallait y renoncer pour cette journée (15 août).

Le corps d'armée avait reçu cet ordre au moment où la tête de la 5e division atteignait la Seille à Sillegny, et lorsque celle de la 6e avait déjà dépassé Cheminot et atteint Bouxières-sous-Froidmont. Le général Alvensleben fit arrêter la marche, mais il envoya aussitôt une seconde demande, dans laquelle il insistait, encore une fois, sur l'urgence de la traversée de la Moselle et sollicitait l'autorisation de l'effectuer. Avec le compte rendu officiel, le colonel de Voigts-Rhetz envoyait au prince Frédéric-

2

Charles une lettre personnelle conçue dans le même sens que celle de son général. Malheureusement le texte de ces deux documents est resté secret; on doit admettre cependant qu'ils exprimaient l'avis d'Alvensleben et de Voigts-Rhetz sur la lenteur probable de la retraite de l'ennemi pendant la traversée de Metz (voir plus haut), et le désir d'attaquer les Français partout où on les trouverait. Le général Alvensleben ne pouvait se résoudre à donner à l'ennemi un jour de délai qu'on ne retrouverait pas. (*Einzelschriften*, p. 530.)

D'autre part, comment expliquer que Frédéric-Charles, même avant d'avoir reçu ces deux lettres, sachant personnellement l'ennemi en pleine retraite, ait voulu s'immobiliser jusqu'au 16 août ! Il y a là une véritable lacune.

Entre temps, de Moltke avait pu se persuader que les Français « étaient vraisemblablement déjà (!) en pleine retraite sur Verdun », et il remit par télégramme, à 11 heures du matin, le IIIe corps à la disposition du prince. Cette mesure eut certainement pour effet de confirmer Frédéric-Charles dans son « idée préconçue ». Sur les demandes réitérées du IIIe corps d'armée, il lui donna, à 2 heures de l'après-midi, l'ordre de se remettre en marche; mais on ne devait marcher le 15 que jusqu'à la Moselle, pour effectuer le passage le 16. Nous connaissons l'ordre envoyé au Xe corps (p. 7). Alvensleben reçut l'ordre du prince Frédéric-Charles à 3 heures de l'après-midi ; il prescrivit néanmoins de reprendre la marche et de passer la Moselle. Le IIIe corps s'ébranla donc vers 6 heures du soir, et à 2 heures du matin il se trouvait sur la rive gauche du fleuve. Pendant le passage, Frédéric-Charles vint à la 6e division et donna l'ordre au général de Buddenbrock de « se mettre en route le matin de bonne heure dans la direction de Gorze, pour atteindre les convois de l'ennemi en retraite (1) ».

(1) *Einzelschriften*, 18e fascicule, p. 535.

Il est évident que le général commandant le IIIe corps, en opposant énergiquement sa manière de voir à l'idée préconçue du commandement supérieur et, en outrepassant les ordres qu'il recevait, a rendu inévitable le choc du 16 août; mais le combat était déjà engagé quand Alvensleben se rendit compte qu'il était aux prises avec toute l'armée du Rhin; jusque-là, il croyait n'avoir devant lui que l'arrière-garde de cette armée.

Résumé général des opinions.

Passons en revue les différentes opinions, de la droite à la gauche : Alvensleben était persuadé que l'ennemi, le 15 au soir, « ne pouvait avoir gagné beaucoup de terrain dans la direction de Verdun ».

De Moltke croyait encore possible *un nouveau combat le 15 août sur la rive droite de la Moselle.* Puis le grand état-major se serait rangé à l'avis d'Alvensleben. — Le 15, à 11 heures du matin, de Moltke pensait que, vraisemblablement, les Français étaient déjà en pleine retraite sur Verdun. Il leur était donc difficile, le 15 au soir, d'avoir gagné *beaucoup de terrain dans la direction de Verdun.*

Le commandant en chef de la IIe armée croyait, le soir du 15 août, pouvoir *encore atteindre le 16 les convois de l'ennemi en retraite* (malgré les objections, restées secrètes il est vrai, du général commandant le IIIe corps), et comptait *sur une retraite rapide de l'armée du Rhin vers la Meuse.*

Au quartier général du Xe corps, le général en chef partageait, au début, la manière de voir du commandement supérieur, d'après laquelle les Français *battaient rapidement en retraite sur la Meuse*, tandis que son chef d'état-major était convaincu que l'ennemi *était encore devant nous*, c'est à dire sous Metz. Voigts-Rhetz avait repoussé peu à peu l'idée préconçue du haut commandement et, vers 11 h. 1/2 du soir, s'était rangé à l'opinion de son chef d'état-major. Quant au général de Rheinbaben, il a toujours apprécié la situation comme celui-ci, mais il ne l'a pas fait connaître en temps utile.

Opinion du général de Schwartzkoppen.

Le général de Schwartzkoppen s'était assimilé l'idée préconçue du commandant en chef, de la retraite accélérée de l'ennemi sur la Meuse (*Relation du G. E.-M.*, I, 536), pendant la marche de Thiaucourt sur Saint-Hilaire, à tel point qu'il croyait les Français « déjà en train de passer la Meuse au-dessous de Verdun » (*G. E.-M.*, I, p. 602), et cette idée préconcue devint la règle de conduite de tous ses actes jusqu'au moment où il recut l'ordre de gagner le champ de bataille.

Ainsi donc le lieutenant-colonel de Caprivi est le *seul entre tous les grands chefs* (*Grand État-Major général, commandement en chef de la IIe armée, états-majors des IIIe et Xe corps*), qui ait jugé avec exactitude la situation de l'ennemi. Étant donnée l'influence de la bataille du 16 août sur la suite de la campagne, cette constatation a une grande valeur. Le général de Schwartzkoppen, au contraire, était fasciné par l'idée préconçue du haut commandement; c'était lui pourtant qui constituait, à proprement parler, le détachement d'aile et qui pouvait devenir l'œil, l'oreille, la tête et l'épée du commandement. Car c'est là vraiment le rôle des avant-gardes stratégiques.

Mais puisque, comme nous l'avons démontré, le lieutenant-colonel de Caprivi avait, le 15, dès 11 h. 1/2 du soir, la conviction que l'ennemi *était encore devant nous*, puisque les dispositions du commandant de corps d'armée, qui s'était rangé presque entièrement à cet avis, étaient prises dans ce sens, est-il vraisemblable que Voigts-Rhetz, pendant sa courte rencontre avec Schwartzkoppen, le matin du 16 août, ne lui ait même pas laissé entrevoir la situation des Français?

Voici ce que dit le 25e fascicule (page 22) pour justifier le général de Schwartzkoppen qui, entendant le canon, a continué sa marche et même fait faire la soupe :

« D'autres officiers généraux partageaient aussi cette « opinion, que l'armée française avait rapidement effectué « sa retraite au delà de la Meuse, et qu'il n'était plus pos- « sible de l'atteindre sur la rive droite ; ainsi, par exemple, « le général de Kraatz, *avant de recevoir des nouvelles « directes du champ de bataille*, croyait que le bruit de la « canonnade qu'on entendait venait de la Ire armée, qui « bombardait la place. » On ne nous dit pas quels sont *les autres* grands chefs. Au surplus, je renvoie à la relation du *G. E.-M.*, page 525, où on lit : « Le bruit de la canonnade « avait, pendant la marche, fait envoyer des patrouilles « d'officiers vers le Nord ; un communiqué du lieutenant- « colonel de Caprivi, qui venait du champ de bataille, « *confirma le général de division de Kraatz dans la résolu- « tion qu'il venait de prendre de porter toute sa division de « ce côté* ». Ainsi, l'état-major général se contredit encore et, d'ailleurs, j'aurai bien souvent l'occasion de demander quel est l'état-major qui a raison. Au reste, si la Ire armée avait été en train de bombarder la place, cela ne prouvait nullement qu'il ne fallait *plus compter atteindre l'armée française de ce côté de la Meuse*. Et, par surcroît, cette phrase fournit une nouvelle contradiction, car d'après l'ouvrage du *G. E.-M.* (I, 536), on espérait « encore atteindre l'adversaire sur ce fleuve » (la Meuse). Et pourtant le 25e fascicule se fonde, pour tous ces faits, sur les données du grand état-major.

CHAPITRE II

Les Personnalités.

J'ai déjà essayé, dans *Der Volkskrieg an der Loire*, d'esquisser le portrait de quelques-uns des personnages dont j'ai à parler ici : Constantin Alvensleben, le général de Voigts-Rhetz (dans le 2e livre), le prince Frédéric-Charles, de Kraatz, Stiehle, Caprivi (dans le 6e). Pour l'intelligence des événements qui vont suivre, il est indispensable d'étudier de plus près les acteurs de ce drame.

Le général de Schwartzkoppen.

Le général von Scherff était alors à l'état-major de la 19e division. Schwartzkoppen, qui était intellectuellement inférieur à son chef d'état-major, acceptait toutes ses idées, et était assez habile pour paraître conserver son libre arbitre. On m'a assuré que les relations entre Schwartzkoppen et Scherff étaient excellentes. Le général avait une science militaire solide, il était expansif et loquace, mais d'une culture intellectuelle étroite et incomplète, quoique ayant beaucoup de lecture. Comme il arrive souvent pour de tels hommes, il se pliait très facilement à la supériorité morale de ses subordonnés, quand ils lui étaient entièrement dévoués, et lui montraient, en dehors du service, de la déférence et de la soumission; il admettait plus difficilement la supériorité de ses chefs ou de ses égaux.

Le général de Schwartzkoppen était vaniteux. Il attachait une grande importance aux formes, son penchant à la jalousie était connu. Il montrait, pour les troupes qu'il commandait ou avait commandées, une préférence non dissimulée. S'il avait remporté des succès avec elles, sa prédilection devenait de l'aveuglement. Il était, avec raison, fier du brillant fait d'armes de sa brigade (la 27e) à la prise de Problus (3 juillet 1866) et avait une sympathie visible pour le 16e régiment, quoiqu'il n'eût fait que peu de choses en comparaison du 50e. Cette sympathie était, d'ailleurs, payée de retour. Il ne voulut jamais faire valoir l'importance du succès remporté par la 28e brigade à Problus : la 27e avait tout fait. Le général Hiller s'en est souvent plaint à moi, et ce cœur si noble, cet homme si simple, si modeste, si réservé dans son attitude, le fit toujours dans les termes les moins violents.

En dehors de ses qualités spéciales et de son activité, le général inspirait la sympathie; il était aussi doué d'un courage personnel peu commun, c'était un vrai héros (justice que je pourrais rendre, d'ailleurs, à tous les généraux prussiens). J'ai observé, pendant les deux campagnes, son grand courage, et ses succès de guerre devaient fatalement le placer parmi les partisans de l'offensive à outrance. Schwartzkoppen était le parfait général d'attaque, mais de l'école que l'on appelait alors celle de l' « unité encadrée », de sorte qu'il préférait la formation en ligne à la formation en profondeur; mais il lui fallait des troupes solides dans l'un et l'autre cas. Il rejetait le pas gymnastique pour l'assaut, aussi bien que ce que nous appelons maintenant la marche par bonds, et je trouvai beaucoup d'intérêt à l'entendre donner un jour, après une manœuvre, son avis sur ce sujet. La marche par bonds avait pourtant déjà été pratiquée à la 2e/57 par le capitaine, aujourd'hui général, von Legat, alors, en 1863, mon commandant de compagnie, tacticien malheureusement peu connu et qui avait le pressentiment de l'avenir. C'est avec un vrai plaisir que je saisis l'occasion de lui rendre cet hommage, car c'est à cet esprit si ouvert et si cultivé que je dois ma passion pour l'art de la guerre. Malheureusement, cette école fut alors de courte durée. Legat avait été, d'ailleurs, instruit dans la Garde, et il était bien en avance sur son temps comme tacticien. Ce que l'on nomme maintenant d'un mot si expressif « la marche par bonds », Legat l'appelait « la course de tirailleurs ». Il la commençait à 500 mètres, ce qui correspondait aux armes d'alors.

Un jour, la compagnie dont j'ai parlé s'exerçait à l'assaut, sous le capitaine Hohenhausen, en faisant la « course de tirailleurs ». Schwartzkoppen fit cesser l'exercice et dit à peu près ce qui suit : « Je suis formellement opposé à ce « qu'on fasse coucher les hommes pendant l'attaque. Mon « opinion est fondée sur l'expérience de la guerre (à « cette époque, Hohenhausen n'avait pas encore vu le « feu). Une fois les hommes couchés, il est difficile de les « reformer en tirailleurs, et, en tout cas, ils se relèveraient « sans aucune cohésion. Le décousu de cette course de « tirailleurs enlève au choc toute sa force. On arrive à « l'assaut goutte à goutte, pour ainsi dire, et l'on est « battu.

« L'assaut est, avant tout, un acte de violence. Des « troupes en formation serrée peuvent se coucher, dans « certains cas, sans trop d'inconvénients. La seule raison « qui puisse justifier cette manière de faire coucher les « hommes, c'est l'essoufflement; or, le souffle peut se « développer par l'exercice en vue du combat, comme les « muscles des jambes en vue de la marche.

« *L'assaut est un mouvement continu jusqu'au contact* » « (et ici sa voix devenait particulièrement vibrante) ; aussi,

« n'y a-t-il qu'une ressource : la rapidité. Celui qui croit « pouvoir se coucher une demi-douzaine de fois sous le « feu est dans l'erreur; à la 6e fois, le chef n'a plus en « mains que le sixième de sa troupe, tout le reste lui a « glissé dans les doigts. On en vient à la horde, et, — « poursuivait-il en plaisantant, — on sait bien qu'une fois « l'assaut réussi, ce sont toujours les derniers arrivés qui « ont été les héros de l'affaire. Mais on réussit rarement « avec de tels procédés. »

Le général de Schwartzkoppen poussait très loin cette méthode d'instruction. Ainsi, par exemple, au milieu de l'assaut, il faisait sonner « halte-là », passait devant la troupe, rectifiait l'alignement, les distances, enfin les plus petits détails de la manœuvre. Un jour, en 1868, pendant une manœuvre, je l'ai vu sauter de cheval, prendre le fusil d'un des hommes de mon peloton et montrer aux officiers et à la troupe, en prenant la position de croiser la baïonnette, quelle devait être l'attitude et la physionomie de l'homme de cœur, résolu au mouvement « en avant ». Ensuite il mena lui-même la charge — lui, général de division ! — et je ne fus pas peu surpris de voir cet homme, en véritable hercule, nous faire immédiatement après un petit discours de quelque durée. Quand il eut fait ses observations, il passa en revue toute la compagnie (2e/57) formée en ligne de tirailleurs, baïonnette au canon, et examina si chaque homme était bien dans le mouvement en avant, de manière à donner l'impression « qu'il voulait pourfendre son adversaire ».

Pour la marche à l'assaut, on devait s'exercer à une vitesse que je n'avais encore vue nulle part, et non seulement sur la place d'exercice, mais en franchissant blocs de pierre et troncs d'arbre pendant 600 ou 800 mètres sans interruption. Une fois il nous parla, à ce propos « du prodige de Mentana »; cela donne la note du tacticien. Il s'assurait toujours, avec la même sévérité méticuleuse, qu'on observait la direction quand on donnait l'assaut dans la vaste plaine de Hanovre. Il indiquait toujours d'avance un objectif et désignait le point de direction.

Le général était très matinal, et visitait presque chaque jour à cheval une des troupes de son commandement. Son action sur l'instruction, en particulier pour développer l'ardeur et la vitesse dans l'attaque aussi bien que les qualités morales, se faisait sentir jusqu'à chaque homme individuellement, et si vraiment le moral de la troupe repose sur la valeur des commandants de compagnie, l'influence de Schwartzkoppen a été considérable. L'assaut de la 38e brigade aux hauteurs de Bruville montre bien ce qui a fait le plus d'impression, entre autres détails. La dignité imposante de son attitude ne manqua pas d'impressionner le moindre troupier; il leur dit quelques mots brefs et énergiques, et j'eus toujours l'impression que le soldat, quoiqu'il le craignît beaucoup à cause de sa sévérité dans le service de place, l'estimait et avait la plus grande confiance dans sa valeur. J'avais pu en faire l'observation dans mes théories aux hommes sur les héros de la Patrie.

Schwartzkoppen avait été blessé au bras, en 1849, pendant la campagne du Schleswig, et on disait que, depuis, il était coquet de sa blessure. Et, du reste, cette blessure ne lui allait pas mal, car on savait de lui des faits d'armes étonnants. Je me fis raconter un jour quelques traits de la vie de Schwartzkoppen par un soldat de 2e année. C'était un gaillard des bords du Rhin, et quand je lui demandai : « d'où savez-vous tout cela? » il me répondit, dans son dialecte rhénan : « De cheu nous ». Schwartzkoppen était de ces hommes qui ont besoin d'affection; on a dit depuis qu'il avait soif de popularité, mais je ne l'ai jamais remarqué. Il possédait, au même degré que le courage et la conscience, un extraordinaire esprit d'ordre : jamais une lettre privée ne restait huit jours sans réponse. Il écrivait volontiers, d'un style abondant et coulant. J'ai lu des lettres de lui qui respiraient la sincérité, l'attachement, l'affection; il était toujours prêt à rendre service avec complaisance. Son style reflète toujours les plus belles qualités du cœur, mais la tournure de sa phrase n'a rien qui, par son esprit, s'élève beaucoup au-dessus de l'ordinaire.

Un officier dont la tenue n'était pas à l'ordonnance excitait toujours son mécontentement; il proscrivait formellement les mains non gantées, les monocles, une coupe de barbe non réglementaire; lui-même était toujours habillé réglementairement. Une malignité du sort voulut que deux des colonels (16e et 57e) (Brixen et Cranach), qui furent sous ses ordres, fussent renommés pour leur mépris des formes extérieures. On pouvait les voir dans la rue, pendant les grandes chaleurs, avec la tunique déboutonnée; tous deux, étroitement liés, n'étaient pas ennemis de la dive bouteille. Schwartzkoppen était d'une tempérance extraordinaire. Les conflits ne tardèrent pas à se produire. Les joyeux colonels ne cessaient de faire ce qui était défendu et non réglementaire.

Le général de Schwartzkoppen voyait de très près la troupe et, par suite, trouvait beaucoup de fautes à relever. Ce n'était guère du goût des deux colonels, car il en résultait maintes punitions. Un jour, le général apparut pendant que j'étais de grand'garde. Il vérifia tout très minutieusement, rectifia le clairon qui n'était pas à sa place, dit que le poste avait pris les armes trop tard, et que j'étais trop près dudit poste. Là-dessus, le général m'ordonna de faire faire à gauche à la garde. Je pensai que cela dépassait ses attributions, et je crus devoir lui répondre, du ton le plus respectueux : « D'après ma con-« signe, je ne dois recevoir d'ordres que de mon comman-« dant ou de l'officier de garde qui me commande. » Ce que vous devez, poursuivit le général, c'est faire à gauche. Je le fis, naturellement, puis restai immobile. « Prenez-« donc exactement votre distance ! » Là-dessus, je fis de nouveau front et mesurai ma distance, qui n'était pas absolument exacte. Le général vit là un acte d'insubordination et me porta une punition. Il y eut, par la suite, entre lui et le colonel von Cranach, une explication dans laquelle, pour terminer, celui-ci lui dit : « Excellence, si « vous en usez ainsi, je vais faire donner à chaque officier « un mètre avec son sabre. » Je ne fus pas puni. Je tiens ce propos du lieutenant-colonel de Roell, qui avait également pris mon parti.

Malgré cet incident, Schwartzkoppen fut toujours très aimable pour moi, fit mon éloge ostensiblement, à la suite de deux manœuvres, et apprécia favorablement mon travail d'été.

Lorsque je revins de mon stage de professeur adjoint à l'École de gymnastique et que mon brevet me fut donné, le colonel de Cranach me dit : « Savez-vous qui vous « avez particulièrement satisfait ? » Non, répondis-je. « Le « général de Schwartzkoppen. Il vous le dira au prochain « échange du mot d'ordre, mais je dois, en outre, donner « connaissance de votre brevet au corps d'officiers.

« Je ne sais si cela a été fait, car je reviens juste« ment de permission, mais le général m'a fait part de sa « satisfaction en ajoutant ces mots : « Je n'ai jamais lu un « brevet plus brillant ».

J'ai conclu de tout cela que le général ne gardait jamais rancune, ce qui, d'ailleurs, n'est pas l'avis de tout le monde. On a très différemment apprécié Schwartzkoppen : les uns, à cause de sa sévérité et de ses exigences en marche, l'appelaient : « Le général policeman » ; d'autres le considéraient comme un tapageur et un faiseur ; d'autres le traitaient de comédien. Sa haute idée de lui-même le rendait certainement quelque peu prétentieux. Il avait des tendances à l'arbitraire, mais ne reculait pas devant une responsabilité. Il se décidait vite, mais changeait aussi vite sa résolution, selon l'influence d'autrui ou l'impression du moment. Il raisonnait bien, mais son raisonnement ne sortait pas d'un cercle étroit et manquait de vues d'ensemble. Ce n'était pas un chef, dans l'acception du mot, c'était un bon général de brigade, entraînant par son exemple, un parfait général de champ de bataille. S'il n'avait pas d'idées personnelles, il était du moins très actif, travailleur infatigable et esclave de la discipline. Il était doué d'une mémoire remarquable des personnes et des choses et il ne vivait presque que pour le service.

Était-il sincère?... je l'ai entendu contester; mais son amour-propre excessif ne fournit aucune présomption à cet égard. On a dit aussi qu'il était fort pour les arguments après coup, je n'en ai jamais eu la preuve. Qui pourrait, au surplus, lui en vouloir de défendre opiniâtrement ses actions? Il ne posait pas pour le grand manieur d'hommes : les longues étapes qui précèdent le 16 août lui furent imposées par des circonstances exceptionnelles et, au reste, il s'occupait beaucoup de ses hommes.

Les rapports entre le général de Voigts-Rhetz et Schwartzkoppen étaient froids. Ces deux caractères ne sympathisaient pas, tandis que Voigts-Rhetz avait pour le général de Bose une véritable admiration. J'ai observé très attentivement ces trois hommes, qui, plus tard, allaient devenir plus ou moins célèbres : Voigts était le naturel, l'absence de prétention, l'amabilité et la simplicité mêmes sur son célèbre cheval andalou (une attention délicate de Krupp pour le promoteur de son canon). Il était alors déjà assez fort et se déplaçait difficilement, mais toujours d'humeur égale, jamais en colère. Le mince Bose, élégant comme un jeune cavalier, plutôt sur la réserve, boutonné et monosyllabique, tranchant et aigu dans tous ses mouvements, au reste, un des cavaliers les plus audacieux et les plus endurants que j'aie jamais vus, et, avec cela, observateur avisé comme jamais Voigts n'en eût rencontré dans les rues de Hanovre; enfin, en troisième lieu, Schwartzkoppen, déjà décrit. Il est rare de voir trois hommes de cette trempe groupés pendant une année.

Le capitaine von Scherff.

Le capitaine von Scherff était alors peu connu ; on savait seulement qu'il avait été 2e officier d'ordonnance du général de Beyer, et on se racontait que c'était un philosophe qui avait beaucoup appris. Des quelques rapports de service que j'eus personnellement avec lui, en particulier à Puttelange, j'ai gardé le souvenir d'un officier aimable et allant; au combat de Vionville—Mars-la-Tour, j'ai remarqué son activité constante aux côtés de Schwartzkoppen ; j'ai entendu dire ensuite que, dans la campagne d'hiver, il s'était peu fait aimer à la division et que, peu après Mars-la-Tour, la confiance qu'on avait en lui avait subi un rude échec. Le jugement de Cranach sur lui est frappant, quoique très réservé et indulgent. Je n'ai pas su de Cranach sur quoi il le basait. Scherff a tenu, à la bataille de Beaune-la-Rolande, des propos qui auraient pu indisposer Cranach, mais cela ne serait pas une explication suffisante. Voici ce que dit Cranach : « Scherff a agi avec inconsé« quence, a trop parlé et sur trop de choses pour un offi« cier d'état-major, dont la vertu principale doit être l'im« pénétrabilité ». C'est incontestable, mais personne ne peut vaincre son tempérament, et Scherff a beaucoup de tempérament. Scherff était travailleur, brave et intimement convaincu de la valeur de l'offensive. Personnellement, son intervention en faveur de Schwartzkoppen m'a indisposé, même s'il ne s'apercevait pas qu'il plaidait sa propre cause.

Depuis la guerre de 1870-71, il n'y a peut-être pas un officier qui n'ait rien lu de Scherff ; car il s'est occupé de presque toutes les branches de l'art de la guerre, et dans tous ses écrits on retrouve les mêmes traits : il se maintient dans l'idée une fois exprimée ; possède un inépuisable talent d'argumentation, beaucoup d'habileté à relever les points faibles des autres pour en tirer avantage ; dans les discussions scientifiques, on lui prête de l'entêtement à sauver une idée une fois qu'elle est émise. Je crois que l'on confond avec une ardeur à convaincre qui lui sied bien. Mais Scherff n'est pas seulement un esprit subtil : il a beaucoup d'idées et il en change. La souplesse d'imagination, la mobilité d'esprit, la vivacité et la fantaisie peuvent cependant présenter du danger, en ce sens qu'il est difficile de séparer, dans les événements et leurs causes, ce qui est réel de ce qui a été ajouté après coup. Les raisonnements faits au cours de l'action perdent leur forme primitive dans les discussions qui s'engagent sur les événements ; les réflexions postérieures et l'analyse des événements brouillent et noient les vues primitives. On discute d'ailleurs les événements dès qu'ils ont eu lieu, et c'est ce qui rend l'impartialité si difficile à conserver même dans les comptes rendus.

Le danger de mêler ainsi des réflexions très postérieures avec les idées qu'on a eues sur le moment, apparaît dans tous les cas d'apologie personnelle, et Scherff s'est trouvé dans cette situation, ainsi qu'il ressort de ses articles des nos 99-101 du *Militär-Wochenblatt*, où il défend, comme c'est son droit, ses conceptions et ses dispositions (c'est-à-dire celles de Schwartzkoppen). Je crois Scherff incapable de déguiser la vérité dans des choses aussi graves, même pour se défendre, et je me fais un devoir de lui rendre cette justice. Naturellement, pour me faire une opinion sur lui, en écartant le souvenir de tout ce qui s'était passé entre nous, il me fallait bien recourir aux avis émis par d'autres ; je ne pouvais probablement pas juger Scherff impartialement comme officier d'état-major, comme chef, ni comme tacticien, en raison de l'admiration qu'il m'inspirait comme écrivain. Scherff avait, avant 1870, étudié beaucoup la théorie de la guerre, et il possédait à fond la science des grandes opérations. Du reste, ses principes tactiques sont basés principalement sur l'expérience qu'il a acquise pendant la guerre de 70-71, en particulier à l'attaque de la 38e brigade, le 16 août, et à la défense de Beaune, le 28 novembre. Comme chef, il ne manque pas d'envergure, ses exercices de régiment et de brigade avaient commencé par de longs développements, mais n'ont jamais eu de conclusion. Comme chef d'état-major, la profusion de ses idées a dû lui nuire.

Je pourrais terminer par un jugement concis : c'est un « donneur de conseils... après coup », sans que je veuille m'attribuer la paternité du mot.

Le 1er aide de camp de la division était le capitaine Eggeling; le 2e, le lieutenant en premier de Bermuth. Eggeling était insignifiant au point de vue moral, et un peu lourd au point de vue physique. Bermuth, qui était du 16e régiment, était cousin de Scherff, personnage tranquille et silencieux. Toujours prêt à arranger les choses, d'un caractère doux, connaissant bien son métier, actif et esclave du devoir, c'était un bon aide de camp, un excellent camarade et un homme de valeur.

Le général de Wedell.

Le général de Wedell était aimable et modeste, humain pour les hommes et bon camarade pour les officiers. Il passait plutôt pour chef capable que pour brave soldat. Il a commandé la 78e brigade jusqu'à la fin de l'année 1870, sans que ses qualités de chef pussent ostensiblement se faire jour. Cependant, malgré l'échec de Mars-la-Tour, il n'a rien perdu en considération. C'était un général populaire, respecté et aimé de la troupe ; il savait gagner les hommes par ses façons simples. Il parlait sans l'ombre de prétention, racontait avec humour, souvent même avec une pointe d'ironie ; quoi qu'il arrivât, il partageait en campagne le sort de ses officiers.

Physiquement, il était jeune; c'était un beau type de

militaire, toujours à son poste. Son officier d'ordonnance, le lieutenant de Kalbacher, n'avait aucun don particulier, et paraissait cependant très suffisant et blasé. C'est souvent ce qui rend les relations difficiles avec les officiers d'ordonnance. Il fut blessé le 7 octobre et ne prit plus part à la fin de la guerre.

CHAPITRE III

La Marche sur Saint-Hilaire.

Heure du départ de Thiaucourt.
Réapprovisionnement.

D'après la relation du Grand État-Major (I. 594), la 19e demi-division quitta Thiaucourt à 7 heures du matin; l'heure de l'arrivée à Saint-Hilaire n'est pas mentionnée.

L'historique du 16e donne (page 266) : 6 heures, et vers midi; celui du 57e (page 77) : 6 heures, et près de midi; le colonel Lehmann (pages 193-195) : 7 heures, et 11 heures passées; Hœnig (1) (pages 69-70) : 5 h. 1/2, et un peu après 11 heures; le 25e fascicule (page 19) : 6 heures, et 11 heures, et il ajoute en note : « Les heures données dans « les comptes rendus du combat et les journaux de marche « oscillent entre 5 h. 1/2 et 6 h. 1/4. Les troupes restèrent « longtemps sous les armes (?) avant de rompre; et il y « eut une distribution partielle des approvisionnements « divisionnaires, de sorte que la mise en marche n'eut lieu « que vers 6 h. 1/4. » Pourquoi donc alors la relation du Grand État-Major nous donne-t-elle 7 h. du matin? On

---

(1) D'après l'ordre du corps d'armée pour le 16 août, daté du 15 (11 h. 1/2 du soir), le général de Schwartzkoppen devait partir à 5 heures du matin, de Thiaucourt.

ne s'est donc pas basé sur. les comptes rendus de la journée et les journaux de marche ?

Je suis obligé de demander encore une fois quel est l'état-major qui a raison.

La 19e demi-division avait passé la nuit au sud de Thiaucourt, à l'ouest de la route de Saint-Hilaire, sur le versant droit du Rupt de Mad, ruisseau très encaissé, roulant alors pas mal d'eau. La colonne de vivres resta pendant la nuit près de la grand'route, les voitures parquées sur la droite, car, à leur arrivée, l'obscurité empêcha de rouler à travers champs. Pour économiser du temps, les compagnies du 57e s'approchèrent de la colonne de vivres. On commença à distribuer les vivres du 1er bataillon du 57e à 4 h. 3/4 ; j'étais préposé à la surveillance. Pour le 16e, les vivres furent distribués sur le lieu même du bivouac. Mais cela demanda un certain temps. De plus, les cavaliers et de nombreux chevaux des voitures de l'état-major, que l'on menait boire au Rupt de Mad, au pont de Thiaucourt, encombraient la route, de sorte que le chargement et le déchargement étaient très difficiles.

Le 1er élément du 57e se mit en marche à 5 h. 1/2 du matin (1) à ma montre.

Le repos à Woël dura une bonne demi-heure. Je l'ai

---

(1) L'ordre de la 19e division a été lancé de Thiaucourt le 16 août, à 3 heures du matin. D'après Scherff (*Kriegslehren*, II, 56), son expédition a dû traîner en longueur « une bonne heure ». Il se serait donc produit une erreur dans la convocation des plantons chargés de porter l'ordre, pour que l'on n'ait rompu de Thiaucourt qu'à 7 heures.

La 19e division, cependant, n'a guère souffert de cette perte de temps, puisqu'elle était tout près de Thiaucourt. Elle pouvait se mettre en marche aussitôt l'ordre reçu. En tout cas, l'heure que je donne est à peu près exacte. Les distances le montrent : on a fait 22 kilomètres jusqu'à 11 heures, avec une halte à Woël. L'ordre de la division portait bien les heures de départ prescrites par le général en chef, et le retard de trois heures et demie dans l'expédition de l'ordre de la division ne peut s'expliquer par les causes invoquées plus haut par Scherff.

encore vérifié dernièrement. Le 3e aide de camp du Xe corps, le capitaine von Lessing, aujourd'hui général, a bien voulu me communiquer une lettre assez longue qu'il eut le temps d'écrire à son père pendant cette halte, et après laquelle il eut encore le temps de dormir. Pendant le repos, je fus chargé d'envoyer chercher de l'eau pour les hommes à Woël. Au reste, ce ne fut pas une distribution partielle qu'on fit. Les troupes avaient consommé tous leurs vivres, même le café, au bivouac de Pont-à-Mousson, et reçurent toutes, le 16 au matin, une journée de vivres.

Jugement porté par le 25e fascicule.

Je ne veux pas encore entreprendre de discuter en détail si le général de Schwartzkoppen, dès qu'il a entendu une violente canonnade, aurait mieux fait de marcher au canon de sa propre initiative que de continuer sur Saint-Hilaire. Je ne pourrais au surplus que répéter en ce moment mon opinion, qui est connue.

Le colonel Schumann écrit (p. 163 de ses *Erlebnisse*) : « A Woël, le général de Voigts-Rhetz se porta sur la « droite..., mais nous continuâmes à marcher tranquille- « ment sur la route de Verdun. » Je trouve là un avis conforme au mien, et qui, du reste, a été encore exprimé ailleurs, quoi qu'en disent les *Kriegslehren* de Scherff. Mais le 25e fascicule trouve bon d'émettre le jugement suivant (p. 20) : « On a attaqué, dans les *Untersuchungen* « *über die Taktik der Zukunft*, le général de Schwartz- « koppen ; ces attaques sont basées sur l'ignorance des « projets et des vues des généraux commandant l'armée, « le Xe corps et la 19e division. Elles ont été dûment réfu- « tées par le général von Scherff, alors officier d'état- « major de cette division, dans ses *Kriegslehren*. »

Ces messieurs prennent le mot « attaque » dans un sens tout à fait anormal, c'est évident ; mais l'autorité qui a écrit le 25e fascicule n'est pourtant pas un tribunal infaillible et sacré : n'a-t-elle pas, maintes fois, pour certains détails rapportés d'après des actes officiels, rétracté aujourd'hui ce qu'elle avait publié hier ? Je l'ai déjà prouvé et le prouverai encore. Quand le 25e fascicule nous dit que « *un témoin isolé n'est pas à même de donner une « image exacte d'un combat* », il ne fait que rappeler une vérité connue de tous ceux qui se sont occupés d'histoire militaire.

Un auteur est toujours assujetti aux progrès de la documentation au moment où il écrit, et celui qui arrive le dernier, et qui peut mettre à profit tous les matériaux existants, a un énorme avantage sur ceux qui ont dû créer quelquefois de toutes pièces, plus ou moins exactement, lesdits matériaux. Mon livre est intitulé *Recherches ;* le mot suffit par lui-même à exprimer mes intentions.

Stratégie de l'idée préconçue.

La façon dont le général von Scherff, vingt-quatre ans après les événements, les expose dans ses *Kriegslehren*, pour motiver et justifier la conduite de son général (et la sienne propre), n'est vraiment pas très méritoire : il connaissait toutes les discussions qui avaient eu lieu, mais ce qui lui est impossible, aujourd'hui même, c'est de déclarer quels sont, parmi les raisons et raisonnements qu'il peut invoquer au bout de vingt-quatre ans, ceux qui ont vu le jour à l'époque, et combien de ses raisonnements d'alors se retrouvent exactement dans ses *Kriegslehren*. Schwartzkoppen a réfléchi, c'est bien certain ; mais il est non moins évident que ses réflexions et ses délibérations ne sont pas sorties du cadre de la fameuse idée préconçue stratégique de l'état-major de la IIe armée. Il n'y a pas de plus mauvaise stratégie que celle de l'idée préconçue. Il est vrai que celle-ci n'a pas pris naissance chez le général de Schwartzkoppen, mais à l'état-major de la IIe armée.

Une idée préconçue ne ressemble en rien à un calcul de stratégie fait au cours des événements : elle est établie pour ainsi dire mécaniquement ; l'autre, au contraire, est de l'art pris sur le vif ; il change avec les événements, utilise l'imprévu, l'inespéré !

Depuis quand est-on sûr d'éviter toute faute dans la conduite des armées ? Combien de fois l'exécution d'un plan, d'une opération bien conçue n'est-elle pas dérangée par les retards, les bouleversements, les accidents de toute sorte ? L'art pratique de la guerre n'est très souvent que l'utilisation habile des accidents qui dérangent les projets, parfois bien conçus, de l'adversaire.

Le général de Schwartzkoppen se laissa guider par une conception des mouvements de l'ennemi conforme à l'idée préconçue du Grand État-Major. Il ne considéra pas assez ou même ne s'avisa aucunement que, par suite des circonstances, les plans conçus avaient pu être modifiés et remplacés par d'autres mieux appropriés ; ce fait est loin d'être rare dans les grandes opérations de guerre, l'histoire nous le montre ; c'est presque la règle. Constantin von Alvensleben, le colonel de Voigts-Rhetz et le lieutenant-colonel de Caprivi, eux aussi, connaissaient l'idée préconçue du haut commandement. Mais ils se dégagèrent de ses entraves et revinrent ainsi sur la vraie piste, que l'on avait perdue, non seulement à la IIe armée, mais aussi au Grand État-Major général ; voilà, en action, le véritable art de la guerre. Affranchis des chaînes de l'idée préconçue, ils combattirent malgré elle et gagnèrent la bataille.

Si le 25e fascicule entend approuver la conduite du général de Schwartzkoppen, qui n'était qu'un reflet de l'idée préconçue du commandement de la IIe armée, s'il rejette mes conclusions, il faut alors que ce même tribunal blâme le général von Alvensleben, le colonel de Voigts-Rhetz et le lieutenant-colonel de Caprivi, qui ont résisté à l'influence du haut commandement et ont foulé aux pieds sa doctrine, pour le salut de la patrie. Il devrait blâmer le général comte de Brandenburg, le général de Kraatz, les colonels Lehmann et de Lynker qui tous, sans ordre, marchèrent au canon et s'y déterminèrent avant d'en recevoir l'ordre. Ne serait-ce pas de la logique la plus stricte ?

Erreurs de Scherff.

Scherff expose ce qui suit dans ses *Kriegslehren :*
« Schwartzkoppen, en entendant le son du canon, ne crut « pas seulement qu'il venait de la reconnaissance du « lieutenant-colonel de Caprivi, mais en rapprocha ces « diverses circonstances que la place de Metz était encore « fortement occupée par l'ennemi ; que la 5e division de « cavalerie, le 3c corps d'armée et la 37e brigade avaient « été envoyés par ordre supérieur dans une direction qui « rendait plausible un combat d'artillerie avec le camp « de toutes armes aperçu la veille à Rezonville (20,000 « hommes) ».

Schwartzkoppen était donc le seul, à ce moment, à connaître certains faits : faits qui, d'ailleurs, n'ont pas été révélés depuis, car ils n'ont jamais existé. Le seul rapport auquel Scherff puisse faire allusion est ainsi conçu :
D'après un renseignement récent, de l'infanterie « s'avance dans la direction de Vionville, et à Rezonville « se trouve un grand camp de toutes armes.

« Vionville, le 15-8-70, 5 heures du soir.

« Signé : RHEINBABEN.

« Arrivé le 15-8-70, à 5 h. 1/2 du soir. »

Il semble en outre très douteux que Caprivi ait fait part du contenu de ce rapport, soit au capitaine von Scherff, soit au général de Schwartzkoppen. Les troupes allemandes dont il est question plus haut (30,000 hommes), auraient été insuffisantes, du reste, pour tenir tête à l'ennemi, sans le secours de Schwartzkoppen. Enfin, comme je l'ai dit, la conclusion de Scherff ne s'appuie sur rien de positif.

Il y a une deuxième erreur dans le livre II, p. 181. Il prétend que la dépêche du général Alvensleben au prince Frédéric-Charles, qui signale l'ennemi en retraite vers le Nord, est de *10 h. 1/2* du matin : or, elle est de *9 h. 1/2*! Enfin, Scherff (livre II, 182, 183 et 186) ne fait pas ressortir l'analogie de la situation de Schwartzkoppen avec celle du général de Kraatz et du comte de Brandenburg, des colonels Lehmann et de Lynker, qui, eux, se sont, de leur propre initiative, mis à marcher au canon. Schwartzkoppen aurait dû faire de même ; il soutient au contraire qu'il a interprété parfaitement son rôle en se tenant prêt à aller chercher, dans la direction d'Étain et de la Meuse, l'ennemi qu'il n'avait pas trouvé à Saint-Hilaire, qu'il ne pouvait, sur sa seule responsabilité, abandonner cette direction (divergente), uniquement parce qu'il entendait sur *ses derrières (!) et sur son flanc droit* cette canonnade, dont l'absence l'eût étonné autant que sa subite explosion. Il en arrive à cette conclusion : que « si le général de Schwartz- « koppen a agi autrement que le général de Kraatz, tous « deux ayant atteint le gîte d'étape prescrit, le chef de la « 19e division s'est comporté d'une manière aussi parfaite « et raisonnable que le chef de la 20e, simplement parce « que tous deux se trouvaient, par rapport au combat « engagé à Vionville, dans une situation tout à fait diffé- « rente ». Que le général de Schwartzkoppen ait réfléchi, je ne le mets pas en doute ; mais qu'il ait agi au mieux et d'une façon parfaite, non. Le comte de Brandenburg se trouvait, même pour Scherff, dans la même situation que Schwartzkoppen, et il a agi tout à fait différemment.

Si Schwartzkoppen se préparait à chercher l'ennemi dans la direction *d'Étain à la Meuse*, il aurait dû justement garder, dans ce but, le comte de Brandenburg avec lui. Mais Schwartzkoppen n'avait aucun ordre d'aller chercher l'ennemi sur la direction d'Étain à la Meuse; il devait, conformément à l'ordre complémentaire du 16 août (8 heures du matin), auquel je reviens, « pousser sa cavalerie de Saint-Hilaire et Maizeray sur la route de Metz à Verdun, par Étain ». Donc, en admettant les dires de Scherff, le général de Schwartzkoppen aurait encore, à mon avis, aussi mal interpellé cet ordre que celui du corps d'armée du 15 août (11 h. 1/2 soir), et, comme nous le verrons plus loin, l'instruction du général de Voigts-Rhetz au sujet de la retraite sur Thiaucourt.

Dernièrement encore, Scherff a écrit dans le n° 99 du *M. W.* que « la marche au canon » dépend des circonstances! Ah! pauvres collégiens que nous sommes! Que de choses nous avons encore à apprendre! Voici ce qu'il dit: « Il y a lieu d'établir nettement qu'à l'état-major de la « 19e division, l'opportunité de la marche au canon a été « discutée et fut vivement repoussée; on ne peut, en effet, « la justifier pour se porter en arrière que quand, d'après « les circonstances, la canonnade paraît inexplicable. « Cela n'était pas le cas dans l'affaire qui nous occupe ».

Scherff ne pouvait donner une confirmation plus absolue de l'idée qui fascinait le général de Schwartzkoppen, à savoir: « Que l'armée du Rhin était déjà en train d'effectuer son passage de la Meuse ». Je ne veux d'ailleurs pas discuter tous les exemples que Scherff a exposés dans ses *Kriegslehren*. Je pourrais, au reste, en citer encore d'autres, et il y a longtemps que Clausewitz a observé qu'à la guerre, la plupart du temps, c'est le cas sur lequel on n'a pas compté qui se présente. Mais je renvoie au chapitre I, d'après lequel « le général com« mandant l'armée du Rhin n'avait qu'une seule « manœuvre à tenter; de sorte que, prétend Scherff, « d'après les circonstances, la canonnade était très expli« cable, et le général de Schwartzkoppen ne devait pas y « attribuer d'autre importance..... » qu'elle n'en avait réellement, pourrait-on ajouter.

Du reste, le son du canon ne s'entendait pas sur les derrières, mais bien sur le flanc droit, et de plus, dans la direction de marche de l'armée du Rhin. Enfin, il y a une raison primordiale pour envisager la marche au canon d'une autre manière; la bataille du 16 août en est un exemple : quand on est soi-même avant-garde d'une armée. A quel indice plus certain qu'une canonnade intense l'avant-garde peut-elle reconnaître la présence de l'ennemi, surtout si le bruit se prolonge et augmente d'intensité, même s'il vient d'une direction inattendue? C'est là, évidemment, que sont les masses.

On a rarement un renseignement certain à la guerre. Tout ici manquait de certitude : le combat l'a montré. La supposition que l'armée du Rhin avait commencé son passage de la Meuse depuis le 15 août était encore une conception du général de Shwartzkoppen (Scherff), une exagération fantaisiste de celle du commandement de la IIe armée. Aucun rapport, aucune nouvelle, aucun indice d'aucune espèce n'avait confirmé cette « hypothèse ». On ne fait pas la guerre avec des hypothèses, ou bien on va à l'encontre du but, et en fait, on agit comme Schwartzkoppen et Scherff, on s'éloigne du canon pour marcher dans la direction diamétralement opposée.

Ordre complémentaire de 8 heures du matin.

A Woël, il se produisit un incident qui devait indiquer au général de Schwartzkoppen la décision à prendre :

Le haut commandement avait envoyé, à 8 heures du matin, au général de Voigts-Rhetz, son ordre complémentaire, dans lequel on lit : « Nous savons, par un ren-« seignement (1), que la retraite ennemie s'effectue prin-« cipalement par la route de Metz à Verdun par Étain.

« Votre Excellence est priée de pousser sa cavalerie « jusqu'à cette route. (2) » Le porteur ne put trouver le

(1) Non par un rapport.

(2) L'ordre du prince Frédéric-Charles est cité dans le cahier 18, p. 538, des *Einzelschriften*.

général en chef, qui avait quitté Woël à cheval en s'écartant sur la droite; mais, comme le pli pouvait contenir d'importantes prescriptions pour la 19e division, il fut ouvert par le capitaine von Scherff. On ne peut trouver dans cet ordre complémentaire une confirmation de l'idée dont le général de Schwartzkoppen était hanté. Au contraire, d'après les vues du commandement, il allait de soi, évidemment, de comprendre dans sa zone d'avant-garde cette route d'Étain, que l'on voyait presque à l'œil nu de Maizeray ; et, pour cela, Schwartzkoppen ne manquait pas de cavalerie. Au surplus, cet ordre complémentaire était erroné ; mais Frédéric-Charles, en l'écrivant, ne suppose déjà plus que Schwartzhoppen stationne à Maizeray-Saint-Hilaire, autrement le mot *pousser sa cavalerie* ne signifierait rien. On ne peut trouver dans cet ordre ni un mot ni une indication prescrivant à Schwartzkoppen, le 16 août, de continuer sa route vers la Meuse au delà de Maizeray.

Quoique cet ordre complémentaire ne contînt en rien la justification de l'hypothèse inexacte qu'il avait faite, puisqu'il n'y était pas parlé de l'avant-garde placée sous ses ordres, Schwartzkoppen y trouva une raison de plus pour se porter le plus vite possible à la Meuse. Du moins, on ne peut expliquer autrement la phrase de la page 20 du 25e fascicule : « Schwartzkoppen, *dès son arrivée à* « *Saint-Hilaire, avait la conviction absolue qu'il faudrait,* « *dans l'après-midi, demander de nouveaux efforts aux* « *troupes* ». Et quand Scherff, dans les *Kriegslehren*, aussi bien que dans le nº 99 du *M. W.* 1898, nous a dit : « *La* « *canonnade entendue sur les derrières (?) était très expli-* « *cable et Schwartzkoppen ne conçut aucun doute sur son* « *origine* » ; c'est que les *nouveaux efforts* de l'après-midi devaient avoir comme but, non de marcher au canon, mais de s'en éloigner pour se diriger vers la Meuse. Scherff l'a démontré lui-même dans ses *Kriegslehren.*

On voit là un exemple des fatales conséquences d'une

idée préconçue. La guerre en présente rarement de semblables, et c'est pourquoi il doit servir d'enseignement.

Le haut commandement suppose seulement l'armée du Rhin accélérant sa retraite vers la Meuse ; le général de Schwartzkoppen la voit déjà, le 15, *opérant son passage* de la Meuse, et toutes ses pensées sont orientées dans ce sens. Ainsi se développent les idées préconçues, à mesure qu'elles s'éloignent de leur source.

Rapport du comte de Brandenburg.

Peu de temps après la réception de l'ordre complémentaire, Schwartzkoppen reçut le rapport suivant de Brandenburg :

Saint-Hilaire, 16 août, 10 h. 1/2.

« Je marche avec la brigade sur Labeuville, dans la « direction de Rezonville, où on entend le canon. Un « escadron reste à Marcheville. »

Le 25e fascicule ajoute en note explicative : depuis 10 heures, le son du canon n'avait cessé *d'aller en augmentant.*

Schwartzkoppen conserva l'état-major et le 4e escadron du 2e dragons de la Garde, pour pouvoir se conformer à l'ordre complémentaire du prince Frédéric-Charles que, dans sa prévoyance, le comte de Brandenburg avait exécuté d'avance. Mais si Schwartzkoppen avait les regards constamment tournés vers la Meuse, que voulait-il y faire seul avec une brigade d'infanterie et deux escadrons de cavalerie ?

Il continua, le cœur léger, sa marche sur Saint-Hilaire, tandis que depuis la moitié de la marche, on entendait à l'est le bruit de plus en plus intense de la canonnade.

Les détachements Lehmann et Lynker.

D'après l'ordre de Schwartzkoppen (16 août, 3 heures

du matin), le colonel de Lynker devait quitter Novéant à 4 h. 1/2. De Thiaucourt à Novéant, il y a 15 kilomètres à vol d'oiseau. Cette distance permettait bien juste de partir à l'heure dite. D'après les *Kriegslehren* de Scherff (t. II, p. 51 et 55), Lynker ne reçut cet ordre que tardivement, de sorte que quand il voulut se mettre en route (historique du 78e, p. 46), la 5e division était déjà en marche sur Gorze.

Lynker ne quitta donc Novéant qu'à 8 h. 1/2 ; pendant sa marche, entendant le canon, il résolut de ne pas se conformer à l'ordre de la division qui lui donnait Chambley comme objectif, et envoya son officier d'ordonnance au général commandant la 5e division, pour lui annoncer qu'il allait entrer en ligne et se mettait à sa disposition.

Le général de Schwartzkoppen n'eut connaissance de cette détermination que bien plus tard. Lynker, tout comme le comte de Brandenburg, prenait donc la décision de courir au canon en abandonnant l'objectif de marche fixé ; et cela sans savoir si le 3e corps était aux prises avec une arrière-garde ou avec toute l'armée du Rhin ; ignorant même si son concours était souhaité, s'il était utile.

Le colonel Lehmann agit de même dans les mêmes circonstances : arrivé vers 9 h. 1/2 près de Chambley, et pensant y attendre le colonel de Lynker, il entendit les coups de feu tirés au nord-est. Aussitôt (d'après l'historique du 91e, p. 141), il fit reprendre la marche et, vers 10 heures, il envoya un rapport au général de Voigts-Rhetz. Donc Lehmann agit aussi à l'encontre de l'ordre reçu ; il ne resta pas en position d'attente à Chambley, et n'attendit pas l'arrivée du colonel de Lynker. Et il prit sa détermination sans savoir si le 3e corps avait devant lui tout ou partie de l'armée du Rhin.

Lorsque Voigts-Rhetz lui-même envoya à Schwartzkoppen l'ordre de 11 h. 1/2, il savait aussi peu que Lehmann, Lynker, Kraatz et Brandenburg si le 3e corps était aux prises avec une fraction ou avec la totalité de l'armée du Rhin ; or, chacun des éléments du corps d'armée avait une mission différente. Tous ils l'abandonnèrent d'après une seule et même considération ; sans attendre aucun ordre, ils marchèrent au canon ; Lynker se rattacha même aux troupes d'un autre corps d'armée. Si Schwartzkoppen a cru devoir agir autrement, je ne comprends pas comment il a pu approuver le comte de Brandenburg de s'être ainsi éloigné ; il aurait dû strictement rester à Saint-Hilaire, puisque Schwartzkoppen voulait s'y trouver prêt pour de nouveaux efforts sur la Meuse dans l'après-midi ; tout au moins fallait-il y laisser quelques fractions quand se produisit l'événement, imprévu pour lui, qui l'appelait sur le champ de bataille.

Conclusion.

Je n'ai naturellement pas l'intention d'attaquer Schwartzkoppen ; il s'en est tenu à la manière de voir du haut commandement, et la marche sur Saint-Hilaire avec sa reconnaissance sur la route de Metz à Étain en découle. Il est couvert par la lettre de l'ordre qu'il a reçu. Mais la marche du général de Schwartzkoppen était à proprement parler une opération stratégique de couverture avec toutes ses conséquences. On pouvait donc très bien allier l'exploration du côté de la route Metz-Étain avec un changement de direction immédiat pour marcher au canon.

Le général de Schwartzkoppen pouvait détacher à cet effet un des deux escadrons qui lui restaient et garder l'autre avec lui, s'il prévoyait que le comte de Brandenburg allait lui glisser dans les doigts. Schwartzkoppen ne s'exposait à aucun danger, et le principe fondamental de l'art militaire est de chercher à battre l'ennemi.

On devait donc marcher sur lui et non, comme on l'a fait, dans la direction opposée. Or, nous savons aujourd'hui par Scherff que la marche au canon « *face en arrière*

« (c'est *sur son flanc* qu'il faudrait dire) *ne se justifie que* « *quand, d'après les circonstances, la canonnade paraît* « *inexplicable, et ce n'était pas le cas* ». Le général de Schwartzkoppen, ayant une explication suffisante de la canonnade, ne bougea pas. Seulement *l'explication suffisante* était fausse : voilà le malheur !

D'après cette théorie de Scherff, on peut demander ce qu'aurait fait le général de Schwartzkoppen si aucun ordre ne l'avait appelé sur le champ de bataille ? Puisque le son du canon était si facile à *expliquer*, Schwartzkoppen serait resté à Saint-Hilaire ; il aurait agi de même si aucun ordre n'était venu lui prescrire de continuer la marche sur la Meuse.

J'estime également que le bruit de la canonnade, augmentant continuellement, aurait dû déterminer le général de Schwartzkoppen à rendre aussitôt compte des événements à son chef hiérarchique, qu'ils fussent ou non compatibles avec les hypothèses admises.

C'était évidemment le devoir d'un chef d'avant-garde d'envoyer, comme nous l'avons vu faire au général de Kraatz, des patrouilles d'officiers dans la direction du canon. Les avant-gardes doivent voir, entendre et rendre compte : ce n'est pas là de la grande stratégie.

Scherff ne veut pas admettre (p. 180, 1er livre des *Kriegslehren*), l'opinion exprimée dans mes *Recherches*, où je prétends que des patrouilles d'officiers étaient nécessaires. Était-il donc interdit de croire qu'on pouvait se tromper ? Schwartzkoppen n'avait pas d'autre moyen que les patrouilles d'officiers, pour acquérir une certitude sur la cause de la canonnade. Mais comme il croyait être absolument sûr de cette cause, l'opportunité des patrouilles d'officiers n'a même pas été examinée.

Scherff essaie de nous prouver, après coup, que si Schwartzkoppen en eût envoyé, elles n'auraient pu rentrer à Saint-Hilaire qu'après l'arrivée de l'ordre de 11 h. 1/2 de Voigts-Rhetz, que nous mentionnerons plus tard ; cette mesure eût donc été superflue. Il arrive pourtant, dans de pareilles circonstances, que le chef de l'avant-garde agit au mieux, utilise les moyens que l'art de la guerre met à sa disposition. Ce qu'il ne peut voir lui-même, ses organes doivent le voir pour lui. Il ne peut, de prime abord, être certain qu'ils se montreront suffisants. Mais, au moins, il peut se dire qu'il n'omet aucun moyen de se renseigner le plus vite possible. Et même si Schwartzkoppen ne croyait pas avoir de doutes sur la cause de la canonnade, il devait considérer comme un devoir des plus importants de changer ses présomptions en certitudes, le plus tôt possible, par ses propres investigations, puisque justement il devait « prendre les avant-postes ». Et si, comme le dit Scherff dans ses *Kriegslehren* et dans le 25e fascicule, Schwartzkoppen était, « dès (!) *son arrivée au bivouac de Saint-Hilaire, persuadé que l'après-midi allait demander de nouveaux efforts* » ; il était d'autant plus indiqué d'envoyer de bonne heure ces patrouilles d'officiers. Les *nouveaux efforts* ne se seraient certainement pas produits avant le retour de ces officiers, car Schwartzkoppen se donna le temps de faire la soupe ! Du reste, des patrouilles de cette sorte peuvent s'égarer toute une journée. Elles peuvent faire des détours et du chemin inutile avant de trouver la personne à qui elles feront leur rapport; elles peuvent même ne jamais la trouver, comme dans le cas présent, où personne ne savait où était allé le général de Voigts-Rhetz. Il faut remarquer que le porteur du rapport de Lehmann devait d'abord chercher le général de Voigts-Rhetz sur les chemins de traverse. Il aurait d'ailleurs pu ne pas le trouver du tout ou au moins le trouver encore plus tard. En tout cas, le général de Schwartzkoppen aurait pu, par des patrouilles d'officiers, savoir encore à temps ce que valaient ses suppositions, c'est-à-dire s'il ne se méprenait pas sur la cause de la canonnade.

CHAPITRE IV

Bivouac à Saint-Hilaire et marche au champ de bataille.

On fait la soupe à Saint-Hilaire.

D'après l'ordre précité du corps d'armée, le généra de Schwartzkoppen devait prendre une position d'avant-postes à Saint-Hilaire, pousser de la cavalerie sur Fresnes et sur la grand'route, et se relier à droite avec le général Rheinbaben (5e division de cavalerie) et le colonel Lehmann (37e brigade). Le commandant de corps d'armée pensait prendre son quartier général à Saint-Hilaire.

Cet ordre prescrivait donc d'atteindre Saint-Hilaire et d'y prendre les avant-postes. Il n'y a pas un mot capable de faire prévoir que le général pourrait avoir une autre mission à remplir dans l'après-midi ; on aurait beau analyser le texte aussi minutieusement que possible, que rien ne pourrait s'interpréter dans ce sens. Les *Kriegslehren* et le 25e fascicule affirment que Schwartzkoppen « avait, *dès* (!) son arrivée à Saint-Hilaire, *la certitude que l'après-midi demanderait de nouveaux efforts des troupes* ». Or, on n'a aucune espèce de preuve, soit écrite, soit verbale, datant de l'époque même, pour appuyer ce dire.

Nous sommes en présence d'une affirmation absolument gratuite, impossible à vérifier.

Les ordres de détail donnés de Saint-Hilaire par Schwartzkoppen n'ont nullement le caractère d'une préparation des troupes à de nouveaux efforts dans cette journée. Lui-même et l'état-major de la division cantonnèrent à Saint-Hilaire, et le lieutenant de Lessing, alors 3e officier d'ordonnance du commandant du Xe corps, y prépara aussi le cantonnement de Voigts-Rhetz et de son état-major. Tout cela ne ressemble pas à un *repos* temporaire. La relation du Grand État-Major nous dit qu'arrivé à Saint-Hilaire, le général ne croyait pas encore avoir lieu de changer la direction qui avait été prescrite pour sa marche, et qu'il avait prévu une prise de position (au sud de Saint-Hilaire, ajouterai-je). Il suffisait alors, dans ce pays tout plat, d'un simple service de patrouilles de cavalerie poussées sur les grandes routes, à portée de la vue; au lieu de s'en contenter, on mit les troupes au bivouac, et le camp fut entouré, d'après le dispositif de bivouac réglementaire, d'un cordon de sentinelles, qui nous paraissait bien inutile. De plus, le major de Wehren (II/57), établit, ce qui prit beaucoup de temps, un réseau complet d'avant-postes. Il vint saluer, devant moi, le lieutenant-colonel de Rœll, et il ne semblait pas croire alors que les avant-postes dussent être bientôt relevés; au contraire, il considérait sa mission comme devant durer toute la journée, puisqu'il demandait au lieutenant-colonel de Rœll de le faire relever le soir même, pour que son bataillon pût se reposer à son tour. Enfin, je me trouvais de semaine comme adjudant-major pour aller prendre l'ordre de la brigade, et quand je demandai à l'adjudant-major du régiment où et quand se ferait le rapport, il me répondit : « ce soir, à Saint-Hilaire ». Tout cela montre éloquemment qu'à cette heure (11 h.), le général de Schwartzkoppen ne pensait qu'à rester à Saint-Hilaire.

Scherff prétend que le fait d'avoir bivouaqué à Saint-

Hilaire est une preuve que, le 16 août, Schwartzkoppen voulait se tenir prêt pour d'autres événements, « car « sans cela, dit Scherff, il aurait fait cantonner les troupes, « comme on le faisait dans toutes les marches ». Toujours les *Kriegslehren* (II, 185). Là encore Scherff fait erreur : les troupes ont bivouaqué du 7 au 8 août à Rohrbach; ensuite, après un jour de repos, le 9, elles ont bivouaqué encore, du 10 au 11, à Puttelange, puis on marcha du 12 après-midi jusqu'au 13 au soir, avec une courte pause pendant la nuit près de la route, et on fit la soupe à midi, à Delme. Dans la nuit du 14 au 15 août, il y eut alerte, et on bivouaqua encore à Pont-à-Mousson. L'après-midi du 15, nouveau bivouac à Thiaucourt; il semble donc que le bivouac était devenu la règle, et l'argument de Scherff tombe par là-même.

Le 25e fascicule prétend (p. 20) que le projet du général de division de continuer la marche était « connu au moins « en partie de la troupe », et il en donne comme preuve une note écrite par le capitaine Schultze le 16 septembre 1870 : « On devait faire la soupe très rapidement « et reprendre la marche sans retard. Puis un nouvel « ordre arriva d'accélérer la soupe le plus possible pour « se trouver tout prêt à partir dans une heure. » Dans quelle direction Schwartzkoppen voulait-il donc *marcher sans retard?* Il avait entendu le son du canon depuis 10 heures et reçu le rapport du comte de Brandenburg rendant compte de sa marche vers l'est. Et Scherff a démontré dans ses *Kriegslehren* et dans le *M. W.* (1898, nos 99-101) que le canon n'attirait nullement Schwartzkoppen, parce qu'il s'en expliquait très clairement la cause. Si Schwartzkoppen voulait seulement reposer un peu ses troupes en faisant la soupe, pourquoi n'en donna-t-il pas l'ordre dès la réception du rapport de Brandenburg? Celui-ci avait laissé à Saint-Hilaire un détachement de cavalerie; il aurait tout naturellement servi de couverture à Schwartzkoppen. Il ne survint aucun nouveau motif pour se porter subitement dans la direction du canon au moment de camper et, s'il voulait se porter sur la Meuse, il n'y avait pas à se presser. Les troupes pouvaient donc faire leur soupe tranquillement, puis fournir encore une étape; il n'y avait pas de raison pour presser l'heure de la soupe. Il ne reste plus alors qu'une explication, peut-être peu motivée, mais favorable au général : c'est que Schwartzkoppen, depuis qu'il entendait le canon, se demandait ce qu'il devait faire. Il en vint à se résoudre à marcher jusqu'à Saint-Hilaire, y faire la soupe et attendre de nouveaux ordres; seulement, il est difficile de concilier cela avec la présence de tout un bataillon aux avant-postes. Rien de plus facile que de justifier après coup le littéral des dispositions stratégiques. Mais je n'insiste pas davantage. Je respecte naturellement trop la faculté de critique du lecteur pour essayer d'imposer ma manière de voir. Mais, à mon avis, il manquait au général de Schwartzkoppen le génie, la « divination », le flair qui fait le véritable homme de guerre.

Le colonel Schaumann écrit, page 195 de ses *Erlebnisse:* « Tout à coup retentit, dans la direction de Vionville, une « canonnade si violente que le sol semblait trembler sous « nos pieds. Je sautai rapidement à cheval et courus au « général de Schwartzkoppen qui, appuyé à sa fenêtre, « me cria : « Donnez l'ordre aux chefs de corps de faire « boire leurs hommes; dans un quart d'heure au plus « tard, je ferai prendre les armes! » Pourquoi ce changement d'idée? Le bruit du canon à l'Est n'était pas une nouveauté ; Scherff nous a montré, du reste, que la pensée du général n'était pas tournée du côté du canon, mais du côté de la Meuse ! Il est probable que Schwartzkoppen était encore hésitant. Pourtant, il fit prendre les armes quelques minutes après le départ de Schaumann. Quelle fut donc la cause de cette détermination? Dans l'intervalle, Schwartzkoppen avait reçu du général de Voigts-Rhetz *l'ordre* de se mettre en marche.

Dans ses *Kriegslehren* (II, 181), Scherff s'élève contre les expressions dont je me sers dans mes *Untersuchungen* : « Malgré la gravité de la situation, les troupes reçurent « l'ordre... de faire la soupe ». Et il estime que le général Alvensleben ne s'étant aperçu de la *gravité de la situation* qu'à midi, il était impossible au général de Schwartzkoppen, qui était bien plus éloigné, de s'en apercevoir auparavant.

C'est du Scherff tout pur.

La troupe a un instinct sûr pour comprendre ce que j'appelle la gravité de la situation. C'était d'ailleurs, à ce moment, la préoccupation de tous les officiers. Or, le troupier ne trouvait pas qu'il fallût faire la soupe pendant que, depuis plus d'une heure, on entendait vers l'Est le grondement continu du canon, qui augmentait de minute en minute.

Tous éprouvaient le même sentiment : on cogne fort là-bas, nous devons y courir au plus vite. J'en ai eu l'impression très nette.

Mais, à l'état-major du général de Schwartzkoppen, on était très tranquille sur la cause de cette canonnade ; nous l'avons vu par les explications de Scherff dans ses *Kriegslehren* et dans le *M. W.* (1898, n°s 99-101) ; par suite, personne ne pensait que l'on pouvait se tromper sur sa véritable cause. Pourtant, à la guerre, il y a tant d'incertitude que l'on ne doit jamais compter comme certain ni prendre pour base un fait qu'on n'a pu vérifier réellement de ses propres yeux ou confirmer par des comptes rendus, renseignements ou rapports, etc. Schwartzkoppen a pris pour une certitude un fait qui n'était rien moins que sûr, et les événements lui ont donné tort.

Au reste, l'infanterie ne fut pas seule à comprendre le danger de la situation ; on le pressent déjà d'après la manière d'agir de Brandenburg. Les paroles que j'ai rapportées plus haut, de Schaumann, le prouvent encore. Il ne pouvait plus maîtriser son anxiété et alla trouver le général de Schwartzkoppen. Il comprit la soupe moins que personne. Et si, par hasard, nous constations qu'Alvensleben a éprouvé la même angoisse? (ce qui, d'ailleurs, d'après mes informations, n'a pas été : Alvensleben resta toujours tranquille, calme, satisfait, mesuré et contenu). Je ferais alors une différence essentielle entre les causes de ces émotions : celle d'Alvensleben n'aurait pu provenir que de la connaissance certaine de la situation qu'il voyait très exactement; et la nôtre, au contraire, avait pour cause l'*ignorance des événements*, tandis qu'on nous faisait faire la soupe !

L'ordre du général de Voigts-Rhetz est ainsi conçu :

ORDRE DE MOUVEMENT.

« Le 3e corps est engagé au nord-est de Chambley ; la « 19e division appuiera immédiatement à droite sur Jon- « ville et portera secours à ce corps d'armée partout où « elle pourra.

« Hauteurs de Jonville, 11 h. 1/2.

« Signé : VOIGTS-RHETZ. »

On ne peut savoir au juste l'heure à laquelle Schwartzkoppen reçut cet ordre, car, dans la précipitation où l'on se trouva, on oublia de mettre le cachet de réception. De Jonville à Saint-Hilaire, il y a cinq bons kilomètres; Schwartzkoppen peut donc avoir reçu l'ordre vers 11 h. 55. Le 25e fascicule (p. 22) nous donne comme heure midi. Le Grand État-Major, au contraire (I.-603), un peu après midi.

Quel est l'état-major qui a raison ?

Scherff dit dans les *Kriegslehren* (II, 161) que deux officiers d'ordonnance successivement ont porté verbalement le même ordre du général de Voigts-Retz de se mettre en marche immédiatement sur Chambley, pour se joindre au colonel Lehmann et soutenir le IIIe corps. Quant à l'ordre écrit du général de Voigts-Rhetz, qui est bien différent, il n'en est pas question. Si Scherff est capable de commettre une erreur au sujet d'un écrit de cette importance, combien plus facilement peut-il se tromper sur le sens des raisonnements et réflexions faites au moment même! Non seulement il est capable d'omettre que le général de Schwartzkoppen reçut un ordre *écrit*, mais il rend le sens de cet ordre d'une façon très inexacte ; car il ne s'y trouve pas un mot spécifiant que Schwartzkoppen doit joindre le colonel Lehmann à Chambley ou marcher sur Chambley.

Le général de Voigts-Rhetz s'était dirigé vers Jonville avant d'avoir entendu le canon ; nouvelle preuve *qu'il portait son attention plutôt sur Metz que sur la Meuse*. C'est à Jonville, vers 10 heures, d'après le 25e fascicule, qu'il entendit le premier coup de canon ; il serait donc resté longtemps en observation, au moins une heure et demie, avant d'envoyer l'ordre à Schwartzkoppen. Et encore, ce ne fut qu'après avoir reçu du colonel Lehmann un compte rendu fait à Chambley à 10 heures ; ce compte rendu est le suivant :

Chambley, le 16 août 1870, 10 heures du matin.

« 3e corps engagé dans direction nord-est de Chambley.
« 5e division de cavalerie sur Sponville. Détachement
« Lynker pas encore à Chambley à 10 heures. Il marche
« dans la direction de la gauche du IIIe corps.

« Signé : LEHMANN. »

Sans considérer à qui est envoyé le rapport de 10 heures de Lehmann, on peut regarder comme une chance que le général de Voigts-Rhetz l'ait reçu, étant données les circonstances. Car, d'après ce que nous lisons dans les *Kriegslehren* de Scherff (p. 26, 27, 29) sur les idées en cours à l'état-major de la 19e division, le compte rendu de Lehmann n'eût jamais décidé le général de Schwartzkoppen à marcher au champ de bataille ; il l'eût raffermi, au contraire, dans sa supposition que sa mission était du côté de la Meuse. Ce rapport ne parle, en effet, que d'un engagement pour lequel Schwartzkoppen eût considéré le IIIe corps et la 37e brigade comme bien suffisants. Ce n'est d'ailleurs pas le rapport de Lehmann qui pouvait faire comprendre au général de Voigts-Rhetz l'importance du combat.

Depuis son envoi, une heure et demie s'était écoulée, et c'est surtout le bruit de la canonnade, augmentant sans cesse, qui a déterminé, à 11 h. 1/2, l'ordre à Schwartzkoppen. Il est probable que le général de Voigts-Rhetz conclut de ces mots : « Détachement de Lynker pas encore à Chambley à 10 heures », que celui-ci était aux prises avec l'ennemi.

Aucun compte rendu n'arriva de ce côté ni au général de Voigts-Rhetz, ni au général de Schwartzkoppen, ni au colonel Lehmann. C'est assez surprenant, car Lynker avait deux escadrons de dragons à sa disposition, et devait se relier à Lehmann.

Le 25e fascicule ne cherche pas à éclaircir cette question, ce qui ne serait pourtant pas superflu. En tous cas, le général de Schwartzkoppen entendit, aussi bien que Voigts-Rhetz, augmenter le bruit de la canonnade. Il y avait de quoi le déterminer, lui aussi, à se porter au secours du IIIe corps. Mais Schwartzkoppen n'éprouva en rien l'inquiétude que certainement le général de Voigts-Rhetz ressentit intérieurement. Il attendait un ordre, et cet ordre de 11 h. 1/2, d'ailleurs, ne lui apprit absolument rien de plus que ce qu'il supposait, comme Scherff l'a exposé dans les *Kriegslehren* (p. 26, 27, 29). Aussi Schwartzkoppen dut-il le considérer comme vraiment intempestif. Mais c'était un ordre.

Il y a une phrase du rapport qu'il faut remarquer : « *Le détachement de Lynker n'est pas encore à 10 heures à Chambley.* » D'après les dispositions prises, il aurait dû être arrivé à cette heure-là ; il était donc à présumer que le colonel de Lynker s'était décidé de lui-même à marcher au canon : ce qui, du reste, était vrai. Le rapport de Lehmann mit une heure et demie pour arriver à Voigts-Rhetz ; vu l'urgence, c'est plus de temps qu'il n'en faut pour faire dix kilomètres. Je suppose donc que le porteur a dû se tromper de chemin.

Si Voigts-Rhetz a écrit les mots « appuyer de suite à droite », c'est qu'il ne croyait pas que Schwartzkoppen fût arrivé à Saint-Hilaire dès 11 h. 1/2, mais qu'il se trouvait aux environs de Doncourt-aux-Templiers. L'estimation de Voigts-Rhetz était assez juste.

Départ de Saint-Hilaire.

Le général de Schwartzkoppen, au reçu de la dépêche de 11 h. 1/2, fit prendre les armes et marcha, non pas sur Jonville, mais par Labeuville sur Mars-la-Tour (1).

C'est cette décision que le 25e fascicule (p. 23) représente comme très méritoire de la part du général, et il en donne le motif : « C'est que Schwartzkoppen devait mar-« cher plus vite sur la grand'route que par les mauvais « chemins de traverse qui menaient à Jonville ». Il n'y avait donc que des chemins de traverse de Saint Hilaire à Jonville ? Et le général von Scherff reparle naturellement

---

(1) D'après la relation du Grand État-Major, I, 603, le départ de Saint-Hilaire eut lieu à 12 h. 1/2. — D'après les *Kriegslehren*, II, 175, à 12 h. 1/2. D'après les *Recherches*, p. 73, à 12 heures. — D'après le 25e fascicule, c'est à 12 h. 1/4 que la reprise de la marche était commencée, et à 12 h. 1/2 que toute la demi-division était en marche. Les militaires savent bien qu'entre la sonnerie de la marche et le moment où toute une demi-division est en mouvement, il se passe plus d'un quart d'heure. Donc, ma donnée de midi serait exacte. En tout cas, on n'explique pas pourquoi Schwartzkoppen, qui a reçu l'ordre de 11 h. 1/2 à midi, diffère encore un quart d'heure pour faire prendre les armes; c'est ce que conteste aussi la version Schaumann. Mais l'ordre en question a dû arriver à Schwartzkoppen avant midi. (*Voir plus haut.*)

de ce fameux *mérite* dans le *M. W.* (99, 1898) avec une nouvelle satisfaction. Mais, d'après la situation, il aurait dû simplement s'apercevoir que Schwartzkoppen ne pouvait pas agir autrement. La supposition du général de Voigts-Rhetz n'était plus exacte quand son ordre arriva. Schwartzkoppen était depuis près d'une heure à Saint-Hilaire. Retourner alors en arrière par Jonville, on ne pouvait même pas y songer, car c'eût été une perte de temps évidente, et il fallait aller vite. Au surplus, le comte de Brandenburg avait rendu compte qu'il passait par Labeuville, c'est-à-dire par la grand'route, et ce général était devant Schwartzkoppen.

Le 25e fascicule nous dit ensuite que « peu de temps « avant d'arriver au contact, on rencontra le lieutenant de « Hindenburg, porteur du rapport du colonel Lehmann, « disant que sa demi-brigade s'avançait sur Tronville et le « bois de Tronville, formant l'aile gauche de la ligne alle- « mande, et qu'un renfort lui était nécessaire, car il avait « en face de lui des masses ennemies considérables ». Hindenburg avait rencontré en chemin le général de Voigts-Rhetz, qui le chargea de dire à Schwartzkoppen « qu'il eût « à se porter rapidement au secours de l'aile gauche ». Il eût été bon de rapporter textuellement le rapport de Lehmann. Le colonel Lehmann était arrivé (historique du 91e, p. 142) vers 11 heures à Tronville. Il s'y arrêta à l'ouest du village et attendit les ordres du général Alvensleben, auquel il avait fait annoncer son arrivée. Il est probable que le rapport de Lehmann est parti de Tronville un peu après 11 heures. Le 25e fascicule aurait dû mentionner l'heure de départ et l'heure d'arrivée. On y lit que le général de Schwartzkoppen était « déjà résolu avant « la rencontre de Hindenburg, et sur sa propre responsa- « bilité, à prendre la grand'route ». Ceci est, une fois encore, en désaccord avec l'ouvrage du Grand État-Major, et tous deux ont pourtant puisé aux mêmes sources. Or, dans le premier, on lit (I, 603) : « Le chemin direct pour

« y aller (Chambley) passe par Jonville et Xonville.
« Comme on apprit entre temps, par de nouveaux « rapports, que le colonel Lehmann était vigoureusement « engagé au nord de Tronville, on choisit la grand'route « de Mars-la-Tour. Elle devait aboutir à l'aile gauche de « la ligne de bataille, ou, dans le cas où l'ennemi l'aurait « déjà franchie, sur son flanc ou sur ses derrières ».

On peut encore demander, après cela, quel est l'état-major qui a raison?

Schwartzkoppen se colle à la colonne.

J'attire l'attention sur une nouvelle divergence entre le 25e fascicule, qui ne parle que du rapport Hindenburg, et le Grand État-Major, qui en mentionne d'autres. On lit dans le 25e fascicule : « L'état-major de la 19e division, « chevauchant en tête de colonne, aperçut facilement, « pendant la route entre Labeuville et Suzemont, les « positions de l'artillerie ennemie ». Je me dis alors que Schwartzkoppen n'aurait pas dû se tenir à la tête de la 19e division. Les éléments de l'exploration doivent voir et renseigner de bonne heure, mais il faut aussi que le chef donne ses ordres à temps, et pour cela il doit prendre autant d'avance que possible sur sa troupe. Du reste, c'était la place du général de Wedell : qu'avaient à faire ensemble le brigadier et le divisionnaire en tête de la troupe?

Schwartzkoppen devait devancer sa colonne; c'était indiqué depuis longtemps, car il devait chercher à avoir, le plus tôt possible, des nouvelles de la 37e brigade. Elle faisait partie de sa division, ainsi que les autres fractions (artillerie et 9e dragons). Schwartzkoppen, d'après le 25e fascicule, ne savait pas, en recevant l'ordre de 11 h. 1/2, que le colonel Lehmann et le colonel de Lynker ne s'étaient pas conformés à son ordre de 3 heures du matin. C'est un peu avant de prendre sa formation de rassemblement, que Schwartzkoppen apprit la marche de Lhemann sur Tronville et le bois de Tronville. Renseignement précieux, à la vérité, mais insuffisant pour servir de base aux ordres de détail à donner ; d'ailleurs, la situation pouvait changer. Schwartzkoppen aurait pu se délivrer de toutes ces incertitudes en se portant lui-même plus en avant ; il aurait agi sagement en se joignant au 4e escadron de la Garde, qui avait été poussé en avant, et en prenant le plus vite possible le contact direct avec son supérieur hiérarchique. Cet escadron lui aurait servi d'escorte, puis de service de reconnaissance. Il semble que c'était ce qu'il y avait de mieux à faire, puisque Schwartzkoppen savait que sa direction de marche le conduisait sur l'extrême gauche de la ligne. Pour la colonne, le 3e escadron de dragons était largement suffisant. Mais Schwartzkoppen se colla à sa troupe, et, à partir du rassemblement, en fut réduit aux comptes rendus et aux renseignements de seconde main. Il avait toujours été, pourtant, un partisan de l'offensive, mais le général de division s'était fait volontairement général de brigade. Le général ennemi Ladmirault, dans une situation identique, agit bien différemment.

Schwartzkoppen projette l'attaque de Ville-sur-Yron.

Quand le 3e aide de camp du commandant du corps d'armée, lieutenant Lessing, qui arrivait de Saint-Hilaire, se présenta au général de Schwartzkoppen, celui-ci le chargea de lui envoyer des renseignements. Il sentait donc bien la nécessité de se faire renseigner de bonne heure, mais Schwartzkoppen n'avait rien trouvé de mieux, ni de plus simple. Lessing galopa donc vers Mars-la-Tour et constata « que d'importantes fractions ennemies se trouvaient non loin au Nord, dans la direction de Bruville (1) ».

(1) Cardinal von Widdern, II, 227.

Il essuya le feu de leurs éclaireurs, et les chevaux de main du général en chef, qu'il avait avec lui, s'échappèrent. Schaumann, dans les *Erlebnisse*, page 197, nous apprend que plus tard, quand il se mit en batterie, ces chevaux chargèrent devant lui. Cela donne à peu près l'heure de la reconnaissance de Lessing.

Schwartzkoppen aurait dû se rendre le plus vite possible sur le terrain, car toutes les mesures à prendre étaient subordonnées à l'occupation éventuelle de Mars-la-Tour par l'ennemi. S'il n'avait pu se rendre compte du terrain sur la carte, il avait du moins, au nord de ce village, à l'endroit où les batteries prirent position plus tard, une très belle vue (1) sur toute cette partie du champ de bataille. Il fallait donc commencer par s'y rendre. Enfin, Mars-la-Tour se trouvait sur la direction de marche de Schwartzkoppen et commandait tous les passages sur le ruisseau qui vient de Puxieux, en particulier le défilé de la grand'route. Ce que Lessing observa, Schwartzkoppen aurait pu le voir par lui-même s'il avait filé en avant, et il se serait orienté. Si, en approchant de Mars-la-Tour, ses dragons d'escorte avaient reçu des coups de feu, Schwartzkoppen n'aurait certes pas pu se rendre au point dont nous parlons ; mais, précisément, ce ne serait pas arrivé. Schwartzkoppen ne savait pas encore, après le déploiement, si Mars-la-Tour était occupé ou non par des Français, car, d'après le 25e fascicule (page 35), il fit faire, un peu après 4 heures, une conversion à gauche aux 2e et 1er bataillons du 16e *pour nettoyer le village*. Si Schwartzkoppen, comme le soutient le fascicule, avait eu l'idée d'entamer le combat sur Ville-sur-Yron, il fallait d'abord, pour s'y décider, être sûr que Mars-la-Tour n'était pas occupé par les Français, et Schwartzkoppen resta justement dans l'incertitude sur ce point jusqu'après 4 heures. Ces considérants, les seuls admissibles, rendent douteux

(1) Schaumann, dans ses *Erlebnisse*.

que pendant la marche sur Suzemont, Schwartzkoppen ait formé le projet d'attaquer Ville-sur-Yron. Mais je ne veux pas épuiser ici cette discussion ; je la reprendrai dans le chapitre VII.

Si Schwartzkoppen avait précédé sa troupe, trouvant Mars-la-Tour inoccupé, n'aurait-il pas choisi un autre terrain de rassemblement ? Avant tout, il aurait pu s'emparer, bien plus tôt qu'il ne le fit, d'un point d'appui tactique, et il aurait, par là même, constitué le soutien le plus solide du reste du Xe corps, dont il aurait protégé le flanc. Avoir devant soi un village de l'importance stratégique et tactique qu'avait alors Mars-la-Tour (toujours d'après le 25e fascicule) et le laisser inoccupé pendant une heure, voilà certes une grosse faute tactique, puisqu'on avait la possibilité de s'en rendre maître une heure plus tôt, sans résistance. Les Français pouvaient encore, pendant le rassemblement de la 38e brigade et le repos qui suivit, se couvrir sur Greyères et se jeter dans Mars-la-Tour. Alors il n'y aurait pas eu d'attaque des hauteurs de Bruville, et Schwartzkoppen aurait été forcé de reprendre Mars-la-Tour et d'y épuiser ses forces. Si le 25e fascicule avait voulu approfondir ce point, il y aurait trouvé un sujet de discussion plus intéressant que les bois de Tronville.

Il était inadmissible de laisser inoccupé un village dont les chemins d'accès par le nord étaient masqués à la partie sud (c'est-à-dire à nous), et de perdre son temps dans le voisinage, pendant une heure, en rassemblements et préparatifs de combat, pour l'attaquer finalement par les deux côtés à la fois ; il fallait, avant tout, s'assurer d'un si bel objectif. Ceci montre bien que Schwartzkoppen aurait dû se porter lui-même très en avant, et dès qu'il aurait vu Mars-la-Tour inoccupé, y jeter le premier bataillon dont il pouvait disposer. Les autres fractions auraient, sous cette protection, continué leur marche au sud du village, dont la grande face est précisément tournée de ce côté.

Schwartzkoppen abandonne l'idée de marcher sur Ville-sur-Yron (d'après le 25e fascicule).

On lit dans le 25e fascicule (p. 24) : « Des blessés reve-
« nant en arrière racontèrent que le colonel Lehmann
« avait beaucoup de peine à se maintenir dans le bois de
« Tronville, et que l'irruption de l'ennemi sur la chaussée
« étant à craindre d'un moment à l'autre, l'entrée en ligne
« de la demi-division devenait absolument nécessaire ». D'après la page 23, ce fait se serait produit entre Suzemont et Labeuville. J'ai pu questionner en toute tranquillité, comme j'en avais reçu l'ordre de mon chef, tous les blessés que l'on rencontrait. C'est à Suzemont que je vis les premiers; comme mon bataillon se trouvait à la queue de la colonne, ils ne pouvaient avoir déjà rencontré, à mi-chemin entre Labeuville et Suzemont, Schwartzkoppen, qui marchait en tête! Du reste, tous sans exception me dirent simplement que *cela allait mal.* Certes l'intelligence de nos hommes était grande, mais je prétends qu'un simple fusilier n'a pas pu juger si « l'irruption de l'ennemi sur la chaussée était à craindre ». Nous avons rencontré seulement deux officiers blessés, mais bien plus tard. Du reste, aucun d'eux ne faisait partie de la brigade Lehmann ; tous étaient du IIIe corps.

D'après le 25e fascicule, l'avis donné par quelques dragons qu'ils avaient vu un nuage de poussière dans la région de Ville-sur-Yron, aurait contribué, avec les dires précédents, à déterminer Schwartzkoppen à renoncer à son projet d'attaquer Ville-sur-Yron; il envoya alors le 5e escadron du 2e dragons de la Garde pour s'éclairer dans cette direction, mesure bonne quoique tardive (1).

(1) Je dois encore faire remarquer à ce sujet, que Schwartzkoppen ne pouvait avoir de renseignements d'aucune cavalerie; le 25e fascicule ne mentionne aucun rapport de cavalerie. Il n'y a pas de document en ce qui concerne le renseignement des dragons.

Comme je le prouverai bientôt dans le chapitre VII, jamais Schwartzkoppen n'a conçu ce plan sur le terrain. On peut déjà s'en rendre compte d'après ce que je viens d'exposer.

Ordre de marcher sur Tronville.

Schwartzkoppen aurait dû songer de très bonne heure, entre Labeuville et Suzemont, à occuper le village de Mars-la-Tour. Il n'y a même pas pensé une fois sur le terrain, et resta comme toujours avec sa troupe. Un peu avant 3 heures, il paraît (25e fascicule, p. 24) que le lieutenant de Hirschfeld lui apporta, à l'entrée ouest de Suzemont, l'ordre du commandant de corps d'armée « de se diriger par Puxieux sur Tronville, à l'aile gauche de la ligne de combat ». Y a-t-il une pièce à l'appui? Si elle existe, pourquoi ne la cite-t-on pas? Il est surprenant que le Grand État-Major ne fasse pas mention de cet ordre important. De plus, il écrit textuellement (I, 604) : « *à* « 3 *h.* 1/2, *le général de Schwartzkoppen était arrivé avec* « *la pointe de son avant-garde à Suzemont* ». D'après le 25e fascicule (p. 24), c'est *un peu avant* 3 *heures*, à l'ouest de Suzemont, que Hirschfeld s'est acquitté de sa mission auprès de Schwartzkoppen. Ici encore la question se pose : Quel est l'état-major qui a raison?

Nous possédons deux documents d'après lesquels l'heure donnée *(Hirschfeld)* doit être tout à fait fausse. D'après un rapport du 17 août 1870, c'est à 2 h. 1/2 passées que Schwartzkoppen fit son rassemblement au sud-est de Suzemont et c'est seulement à 3 h. 1/4 qu'il rendit compte au général en chef de son intention de marcher sur Ville-sur-Yron (25e fascicule, p. 27, notes). Comment Schwartzkoppen aurait-il pu faire ce rapport s'il avait reçu par Hirschfeld, un peu avant 3 heures, l'ordre dont il est question !?

Enfin la relation du Grand État-Major (I, 604) est encore

en contradiction avec le 25e fascicule. Voici ce qu'on y lit : « Mais l'examen du terrain mit hors de doute..... « qu'il fallait établir rapidement la liaison avec l'aile « gauche dans la direction de Tronville. Et pour assurer « la liaison avec le reste du corps d'armée, le F/16 fut « porté sur la droite vers la ferme de Mariaville (!?) »

Quel est l'état-major qui a raison ? D'après le 25e fascicule, Schwartzkoppen a reçu un ordre (Hirschfeld); d'après le Grand État-Major, il a agi de lui-même après examen du terrain ?

Schwartzkoppen laisse Mars-la-Tour inoccupé pendant le rassemblement.

En supposant exact l'ordre Hirschfeld, la façon d'agir de Schwartzkoppen serait complètement incompréhensible. Il pouvait, de Suzemont, ou bien atteindre Tronville par Mars-la-Tour, ou bien passer au sud de Mars-la-Tour. Qu'il ne traversât pas cette localité, on peut l'admettre, mais devant marcher sur Tronville et se décidant à passer au sud de Mars-la-Tour, on ne peut s'expliquer pourquoi il laissa inoccupé ce village dont la plus grande lisière s'étendait face au Sud, c'est-à-dire sur son flanc gauche. Si Schwartzkoppen a reçu l'ordre (Hirschfeld), il devait aussi vite que possible jeter le bataillon F/16 dans Mars-la-Tour et non sur la ferme de Mariaville (Puxieux). C'est seulement par ce dispositif ou un autre semblable que sa marche de flanc de Suzemont au sud de Mars-la-Tour jusqu'à Tronville aurait été couverte à bonne distance et au seul point tactique important. Il me semble que c'est indiscutable ?

Et si, comme le dit le 25e fascicule (voir plus loin chapitre V) après avoir fait prendre à sa demi-division la formation préparatoire de combat à 2,300 mètres au sud-ouest de Mars-la-Tour et 1200 mètres de Suzemont, Schwartzkoppen attendit une heure entière avec tout son monde, étant donnée l'attente impatiente du commandant de corps, c'est qu'il n'avait pas compris les intentions de Voigts-Rhetz ou qu'il ne craignait pas de lui désobéir. Il n'y a pas d'autre explication.

Peut-on dire, en effet, que cet arrêt d'une heure près de Suzemont assure *rapidement la liaison* dans la direction de Tronville ? Je ne peux, avec la meilleure volonté du monde, me ranger à cet avis. Aussi je ne crois pas que Schwartzkoppen ait pu méconnaître à ce point la situation, ni qu'il ait voulu enfreindre l'ordre. Mais je tire déjà de là une preuve qu'il ne fit pas son rassemblement à 2,300 mètres du sud-ouest de Mars-la-Tour. Si l'on veut l'admettre, malgré tout, il n'y a plus alors qu'une explication à donner : c'est que Schwartzkoppen ait cru qu'il aurait à attaquer Mars-la-Tour. Le détachement du F/16 sur la ferme Mariaville, qu'il résultât d'un ordre ou d'une initiative personnelle, était bien superflu pour marcher sur Tronville ; il ne peut se justifier que de cette façon, et correspond très bien à un projet d'attaque sur Mars-la-Tour. Mais je doute fort qu'en l'interprétant ainsi, on serve la cause du général de Schwartzkoppen.

Conclusion.

En tout cas, voici ce qu'on pourrait toujours dire et qui reste établi : le général de Schwartzkoppen rassembla sa division (que cette formation ait été prise à 2,300 mètres de Mars-la-Tour ou à 1200 mètres de Suzemont) sans avoir aucune idée de l'étendue de la position ennemie, sans savoir si Mars-la-Tour était occupé, sans être sûr qu'il ne le serait pas pendant ou après son rassemblement. Aucune des conditions d'une formation rationnelle de rassemblement n'était remplie ! Les vagues renseignements que Schwartzkoppen reçoit sur la position de l'ennemi ne lui sont fournis que bien plus tard (comparer avec le Grand État-Major général, I, 607), quand il se rencontre avec Voigts-Rhetz, c'est-à-dire plus d'une heure et demie après. (3 h. 1/2 à Suzemont — un peu après 5 heures à Mars-la-Tour.)

On peut être certain que si Schwartzkoppen s'était porté en avant avec le 4e escadron du 2e dragons de la Garde, puis, comme c'était son devoir suivant moi, s'était rendu auprès du général de Voigts-Rhetz dont il pouvait recevoir les indications les plus sûres, il se serait trouvé à l'entrée en ligne de la tête de sa demi-division très suffisamment éclairé pour lui envoyer à temps des ordres raisonnés. C'est toujours ce qu'il y a de plus rapide et de plus sûr en pareille circonstance. Les deux généraux auraient pu s'entendre sur ce qu'il y avait à faire pour arrêter les progrès de l'aile droite ennemie, c'est-à-dire sur l'emploi de la cavalerie. Le rappel du 1er dragons de la Garde au sud-est de Mars-la-Tour eût été évité, Schwartzkoppen l'ayant très judicieusement envoyé vers Ville-sur-Yron. Si jamais une entière communauté de vues et d'idées avec le commandant en chef est indispensable, et s'il est un cas où elle doit se faire le plus vite possible, c'est bien dans ces batailles de rencontre, et surtout pour les mesures à prendre à l'aile où se produira la décision tactique (et même, comme ici, stratégique).

Or la meilleure manière d'opérer cet échange de vues est que les grands chefs puissent discuter de vive voix : la discussion mûrit les idées ; ce que l'un saisit immédiatement, peut n'avoir pas été compris par l'autre. Il semble que Schwartzkoppen qui, nous le savons, était fasciné au plus haut degré par l'idée que l'armée du Rhin passait la Meuse, ne devait pas pouvoir retarder d'une minute le moment où il saurait quels événements le rappelaient dans la direction exactement opposée ; et dans ce but, il devait, avec toute la vitesse possible, courir trouver Voigts-Rhetz. Or, on ne peut pas prétendre qu'il se soit particulièrement pressé. Il reçut l'ordre de quitter Saint-Hilaire à midi, et il ne rencontra le général de

Voigts-Rhetz qu'après 5 heures (encore était-ce par hasard), donc cinq heures plus tard, et cela dans des circonstances pressantes, et n'ayant à franchir qu'une distance de 15 kilomètres : c'est impardonnable.

Scherff dit dans ses *Kriegslehren*, et on peut le lire également dans le fascicule 25 qui l'a reproduit, que *la vitesse de marche de Saint-Hilaire au champ de bataille ne pouvait être aussi grande que le matin, à cause de la marche précédente et de la forte chaleur de la journée.* C'est une réflexion théorique faite après coup. Je ne m'en laisse pas raconter sur des faits que j'ai vécus moi-même. On marcha si vite au champ de bataille qu'aucun des chevaux des officiers d'infanterie ne pouvait suivre au pas. Mon cheval avait un très bon pas, et je dus pourtant le laisser trottiner à plusieurs reprises pour rester à ma place. Le colonel Schaumann appelle cette étape « *plutôt une course* ou un bond » qu'une marche : c'est la vérité. Le désir d'aller à l'ennemi stimulait tout le monde. Cette marche vers le champ de bataille ressembla en réalité à *une chasse à courre*, puisque, grâce aux jambes des hommes, les erreurs du commandement n'eurent pas de conséquences. C'est peut-être encore une des raisons qui empêchèrent Schwartzkoppen de devancer la colonne.

CHAPITRE V

Lieu et heure du déploiement de la 38e brigade.

D'après le 25e fascicule (p. 25), c'est à 3 heures que la 38e brigade aurait commencé son rassemblement à 1200 mètres de Suzemont et 2,300 mètres de Mars-la-Tour. Le lieu et l'heure sont de la plus haute importance pour l'étude de l'attaque qui suivit : Il faut donc que j'y insiste.

Le compte rendu du combat de la 19e division, daté du 17 août, dit : « Le général de Schwartzkoppen fit serrer « la brigade au sud de la chaussée dans un vallon favo- « rable. Il était un peu plus de 2 h. 1/2 ». Comment cela peut-il s'accorder avec ce que dit le 25e fascicule (p. 24), que le lieutenant de Hirschfeld apporta au général de Schwartzkoppen, un peu avant 3 heures, et près de l'entrée ouest du village de Suzemont, l'ordre de marcher sur Tronville ?

Le compte rendu du corps d'armée, rédigé le 22 août 1870, dit ceci : « *Vers 3 heures, la brigade Wedell arriva* « *avec sa pointe au nord-ouest du bois la Dame, se déploya,* « *et, après un repos indispensable, se remit en marche* « *à 4 heures du soir* ». Le repos suit ici le déploiement ; il n'est donc pas douteux que l'on a voulu entendre, par *déploiement*, la *formation préparatoire au déploiement.*

Tout cela signifie que le général en chef, présent depuis longtemps sur le champ de bataille, attendait impatiemment l'arrivée de Schwartzkoppen et qu'il a dû noter aussi exactement que possible le lieu et l'heure de son entrée en ligne.

Pourquoi donc, dans son rapport du 17, le général de Schwartzkoppen a-t-il omis toute indication sur le lieu? Ses expressions, beaucoup trop vagues, ne fournissent aucune base à la discussion. Il en résulte que Schwartzkoppen ne peut être invoqué ici. Il en est autrement du commandant de corps d'armée. Le bois la Dame n'existait plus en 1870, mais se trouvait encore sur la carte au 1/80000 dont se servait l'état-major français (comme nous) et était situé à environ 150 mètres au sud-ouest de la ferme de Mariaville. C'est là probablement qu'il faut placer le point de rassemblement, et la chose est établie par un témoin certainement impartial; car le 22 août 1870, le commandant de corps d'armée n'était pas influencé par le 25e fascicule. D'après le rapport de son commandant, la batterie II/10 aurait fait halte à 3 h. 5 au nord-est du Bois-la-Dame. Le 25e fascicule a fait suivre le mot nord-est d'un point d'interrogation, je n'en vois pas la raison. En tout cas, ce rapport constitue encore un témoignage impartial, et la vérité pourrait peut-être bien se trouver entre les deux. Quoi qu'il en soit, ce serait bien d'accord avec mes *Untersuchungen*, où, à la page 81, je donne comme heure de la formation 3 h. 1/2, et comme point (p. 80) environ 100 mètres sud-ouest de Mars-la-Tour (1). Depuis l'entrée en ligne de la tête jusqu'au complet rassemblement, il faut bien compter au moins 20 minutes.

Mon travail d'hiver 1872 plaçait le rassemblement « au sud de Mars-la-Tour ». Personne n'y avait contredit, bien

(1) L'ouvrage de l'état-major général donne, I, 604 : à 3 h. 1/2, entrée en ligne de la pointe, près de Suzemont.

que ce travail fût destiné à servir à la rédaction de l'historique. C'est ce qui ressort de l'appréciation portée par l'un de mes chefs hiérarchiques : « Malgré....., ce travail témoigne de sérieuses réflexions, d'efforts méritoires ; la vie du régiment y est racontée en termes émouvants, et ce ne sera pas une faible contribution à l'historique ».

Comme à cette époque il n'avait paru aucun rapport complet des corps de troupe, je m'étais fait faire des narrations ou donner des renseignements par les acteurs même du combat (lieutenant Hummel, capitaine Warendorf, capitaine Hohenhausen, etc., etc.). Quand mon travail eut été noté par mes quatre supérieurs hiérarchiques, il fut encore lu par le capitaine baron de Bernewitz, les lieutenants Hummel et Hilken, et jusqu'à l'automne 1873. rectifié d'après leurs critiques. Plus tard, le major de Wehren, ainsi que son adjudant-major, le lieutenant Kropp, m'ont donné des renseignements sur les incidents de Saint-Hilaire.

Le colonel Schaumann avait écrit, dans ses *Erlebnisse* (p. 197), que le point de rassemblement était à 1000 mètres de la lisière sud du village (Mars-la-Tour). Je lui fis observer qu'il devait y avoir une petite erreur, et lui expliquai d'où provenait mon croquis ; Schaumann me répondit dans le numéro du 2 septembre 1895 : « En ce qui concerne mon récit de la page 197, je crois que j'aurais « dû dire plus exactement : Notre position faisait front au « nord-est (devant nous, et en demi à droite, Tronville ; « en demi à gauche et presque sur notre flanc, Mars-la-« Tour) et se trouvait à 1000 pas au moins de la lisière sud « du village en question ». La phrase la plus importante est celle-ci : « Je n'ai vu personnellement que..... et ensuite « je me portai en avant avec le général de Schwartzkoppen « vers ces hauteurs, sur lesquelles les colonnes, arrivant « successivement, furent rassemblées en formation serrée ; « c'est là, je pense, qu'on déploya les drapeaux ».

Schwartzkoppen a rapporté qu'il avait pris sa formation

de combat dans un *vallon;* d'après Schaumann, ce fut sur une *hauteur* et, puisqu'il y était à cheval à côté de Schwartzkoppen, il ne peut pas y avoir d'erreur. Cette reconnaissance en avant n'aurait du reste pas été nécessaire si, comme le 25e fascicule essaie de le démontrer, on avait fait le rassemblement à 1200 mètres de Suzemont. Je dois aussi faire observer que je n'avais échangé jusqu'ici aucune lettre avec Schaumann, ni eu aucun rapport avec lui. Ces trois sources, qui confirment le point et l'heure que je donne dans mes *Untersuchungen*, me paraissent vérifier suffisamment mes affirmations.

Le 25e fascicule (appendice VI) remarque que « *d'autres* « *témoins oculaires* opinent aussi pour ma manière de voir » mais il omet de les nommer. C'eût été pourtant nécessaire, car il n'y a que la personnalité qui donne de la valeur aux renseignements. D'ailleurs « ces *autres témoins oculaires* » viennent confirmer ma version.

Récemment, M. V. de Mülbe (3/57) m'a encore envoyé un croquis qui renforce mon assertion, d'après lequel le rassemblement aurait eu lieu plus près de Mars-la-Tour que de Suzemont.

Le 25e fascicule écrit (p. 25 et 26) : « En septembre 1870, « la division, la brigade et les régiments plaçaient tous « le point de rassemblement sur la rive droite du ruis- « seau qui vient de Xonville, coule vers l'Yron, et s'y « jette en dessous de Suzemont; le 57e à 1 kilomètre « à l'est de ce ruisseau. » Ce serait, d'après le 25e fascicule, ce qui approcherait le plus de la vérité. Mais, sur le plan 2, la dernière explication est donnée comme historique ! Les croquis du combat, faits en septembre 1870, que l'on trouve dans l'appendice VI, sont conformes au renseignement précédent. Le 25e fascicule s'appuie du reste sur les *Kriegslehren* (II) de Scherff, d'après lesquelles le détachement du F/16 sur la ferme de Mariaville est une preuve de l'exactitude du point et de l'heure qu'il donne. Et pourtant, ce bataillon dit, dans le compte rendu de sa mission : « Le rassemblement n'était pas encore terminé, « quand le bataillon reçut l'ordre de M. le général de divi- « sion de Schwartzkoppen de marcher tout de suite sur « une ferme en pierre se trouvant dans la direction de « Puxieux, et de l'occuper; à mi-chemin il reçut de la « *même autorité l'ordre de marcher sur Puxieux* ». Du point donné par le 25e fascicule, plan 2, et prétendu « historique », jusqu'à la ferme de Mariaville, il y a 1500 mètres; la moitié est donc de 750 mètres. Puisque le F/16 reçut le contre-ordre de Schwartzkoppen après avoir fait la moitié du chemin, il a donc pu s'écouler, entre les deux ordres, environ quatre ou cinq minutes. Par suite, il me paraît évident que Schwartzkoppen s'aperçut vite que la ferme de Mariaville était trop près pour former la liaison entre le Xe corps et le point donné comme lieu de rassemblement, *ce point* dont je parle dans mes *Recherches*, dont parlent la batterie II/10, le général commandant le corps d'armée et *beaucoup d'autres encore;* aussi fit-il pousser le bataillon de fusiliers jusqu'à Puxieux. Si, au contraire, le rassemblement s'était fait là où l'a placé le plan 2 du 25e fascicule, il n'y aurait pas eu de raison pour changer la disposition prise. Ces deux ordres de Schwartzkoppen, sur lesquels les *Kriegslehren* et le 25e fascicule veulent se baser, ne s'accordent donc pas avec l'interprétation de ces deux ouvrages, et viennent confirmer mes dires sur le lieu et l'heure. Je puis donc dire que les conclusions de ces deux auteurs sont inexactes.

Le rassemblement était terminé à 3 h. 1/2, et son emplacement était donc à environ 1200 mètres de Mars-la-Tour et 2,300 de Suzemont. Pour moi, il est impossible que je fasse erreur, car ce singulier rassemblement s'est gravé dans ma mémoire. Le village, en demi à gauche sur notre flanc, s'allongeait tout blanc et brillait de l'éclat du soleil qu'il reflétait sur nous. Je ne pouvais me débarrasser de cette pensée : Qu'arriverait-il si, tout à coup, l'artillerie française occupait Mars-la-Tour et nous canonnait ici, dans cette malheureuse position de rassemblement? J'éprouvai un vrai soulagement quand on quitta cette place si dangereuse. D'ailleurs, mon commandant éprouva les mêmes inquiétudes.

CHAPITRE VI

La formation de rassemblement des troupes.

Les contradictions constantes entre des relations officielles, provenant pourtant des mêmes sources, éclatent d'une façon frappante si l'on prend pour exemple cette seule journée et, en particulier, la *formation préparatoire de combat.*

Le 25e fascicule dit (p. 16) : « Dans la formation préparatoire, le régiment n° 16 se trouvait en première ligne, « le 2e bataillon à gauche du 1er. Le 57e était derrière le « bataillon de fusiliers à l'aile droite, les compagnies de « pionniers derrière l'infanterie. Les comptes rendus du « combat de la brigade, des deux régiments, des 1er et « 2e bataillons du 16e, et le *Journal de marche* du bataillon « de fusiliers du 57e, disent très expressément que le « 16e régiment, dans la formation préparatoire, était devant. » Et, du reste, dans les croquis de combat faits par la division et la brigade en septembre 1870, ce régiment est représenté en première ligne de la brigade rassemblée.

En ce qui concerne les comptes rendus du combat je crois pouvoir faire observer que les compagnies envoient leur rapport aux bataillons, qui les envoient aux régiments, ceux-ci aux brigades et ainsi de suite, que par conséquent, les chefs se basent sur les données des subalternes ; il en résulte que si les erreurs peuvent être rectifiées, elles peuvent également passer sans avoir subi le contrôle nécessaire, depuis le bas de l'échelle jusqu'aux pièces signées par les grands chefs et, de là, dans l'histoire.

Le croquis du rapport de la division, sur lequel s'appuie la relation du 25e fascicule, provient de Scherff, alors capitaine. Cet officier a fait ensuite, pour l'état-major, le récit du combat de la 38e brigade ainsi que le croquis qui s'y trouve (I, 604). Je place l'un à côté de l'autre le croquis de l'ouvrage du Grand État-Major et celui du 25e fascicule pour qu'on les compare.

Ouvrage du Grand État-Major :		*25e fascicule, plan 2 :*		
F/57	I/57	II/16	I/16	+ + Batteries
Batterie II/10 +	Batterie 2/10 +	I/57	F/57	2/10 II/10 1 R/G
I/16	II/16	2e, 3e cies Prs du 10e B.		

Nota : II/57 près de Saint-Hilaire.
F/16 près de Mariaville Ferme.

Il est inexplicable que le même historien militaire, travaillant sur les mêmes documents, soit arrivé à des résultats aussi différents et incompatibles. Et je suis obligé encore une fois de demander quel est l'état-major qui a raison.

Dans mes *Untersuchungen*, on trouve (p. 81) le croquis suivant :

I/57	F/57	P/X
Batterie II/10 +	Batterie 2/10 +	
II/16	I/16	

F/16 à la ferme de Mariaville.

Mon croquis est du 17 août 1870 et résulte de mon observation personnelle. Je n'avais, dans la formation préparatoire, aucune troupe devant moi; le pasteur Stuckmann se tint juste devant moi pendant son discours, je le vois encore quand il revint au galop de Tronville; comme adjudant-major, ma place était derrière le bataillon et, tout près, derrière moi, j'avais la tête des chevaux d'une batterie. Les controverses ne sont donc pas encore élucidées; Scherff, dans ses *Kriegslehren*, page 187, donne mes croquis comme exacts; en note, il en explique le motif. « L'ordre des bataillons, de gauche à droite (comme plus « haut) est donné exactement par Hœnig, page 81; comme « on peut le voir par la suite dans l'ouvrage de l'état- « major, page 604, les régiments sont inversés. » Suivent les explications motivées.

Conclusion.

Le croquis du combat de la division, de septembre 1870, est du capitaine Scherff; celui du Grand État-Major provient sans doute de lui; et tous deux ne sont pas semblables. Dans les *Kriegslehren* enfin, Scherff déclare mes croquis exacts et en explique la raison.

Le 25e fascicule, de son côté, puisant aux mêmes sources officielles, arrive à un tout autre dispositif. Or, j'ai vu nettement les 2e et 1er bataillons du 16e obliquer derrière le 57e après Mars-la-Tour; on ne pourra donc pas me blâmer quand je soutiens que mon croquis est le premier qui ait été absolument exact.

Mais si la rédaction officielle se dément elle-même d'une façon aussi évidente pour des cas aussi simples, combien devient-il plus difficile au lecteur de se former une opinion, au milieu des démentis si compliqués que donne le 25e fascicule à l'ouvrage de l'état-major, tant au sujet de la conduite tactique du combat que des mouvements de troupes, des chocs successifs, des attaques des lignes? C'est encore sur tout cela que j'ai à me prononcer.

CHAPITRE VII

L'attaque de la 38me brigade.

(Voir les croquis I-V.)

Je n'ai pas l'intention d'exposer encore une fois l'attaque de la 38e brigade ; je n'en rappelle que les points les plus remarquables.

Le service de découverte de la cavalerie allemande jusqu'à 3 heures de l'après-midi.

D'après le 25e fascicule, le comte de Brandenburg arriva à « 1 heure de l'après-midi dans la région de Mars-la-Tour, « et autorisa sa batterie à cheval à se rallier à la brigade « Barby quand celle-ci s'avança de Tronville sur Bru- « ville ». Vers 1 h. 1/2 après midi, le 4e escadron du 2e dragons de la Garde rencontra Brandenburg. C'est donc à cette heure-là que Schwartzkoppen aurait pu se trouver de sa personne à Mars-la-Tour et c'est là, comme je l'ai démontré, qu'il aurait dû être. Des patrouilles de cette cavalerie remarquaient, depuis 1 h. 1/2, de la cavalerie ennemie à Ville-sur-Yron (brigade de France). Le général français qui la commandait, le général du Barail, avait, de son côté, pendant sa marche par Frianville sur Ville-sur-Yron, remarqué des nuages de poussière sur la route de Labeuville à Mars-la-Tour et, en conséquence, conclu avec justesse à la marche de troupes ennemies sur Mars-la-Tour. Il les observa de loin à la ferme Lagrange et envoya ensuite des reconnaissances sur elles. Le comte de Brandenburg s'élança sur les groupes ennemis aux environs de Ville-sur-Yron, mais vers 2 h. 1/4 il dut rappeler ses postes avancés, car l'artillerie ennemie était entrée en ligne sous la protection d'une forte cavalerie. C'était la division de cavalerie Legrand arrivée au sud-ouest de Bruville.

A qui le comte de Brandenburg, qui dépendait du Xe corps, a-t-il envoyé les renseignements? Qu'a-t-il envoyé? Le 25e fascicule ne donne là-dessus aucun éclaircissement.

A droite du comte de Brandenburg se trouvait depuis 1 heure du soir le général von Barby avec sa brigade; le 13e régiment de dragons avait été poussé jusqu'au sud de Bruville. A 1 h. 1/2, la batterie de Brandenburg ouvrit le feu sur les hauteurs avoisinant le chemin Bruville, bois de Tronville. Cinq batteries ennemies répondirent. C'est le moment du déploiement des 3e et 4e corps français entre Saint-Marcel et Bruville. Le général Ladmirault était, dès midi, dans cette dernière localité, ayant devancé son corps d'armée (comparez avec Schwartzkoppen). Depuis 1 h. 1/2, le général von Barby observait personnellement les progrès de toutes les armes ennemies, de Jouaville par Doncourt sur Bruville. Barby a-t-il rendu compte de ses observations, et à qui? Le 25e fascicule ne le dit pas non plus. A 2 h. 1/4 passées, Barby évacua lentement les hauteurs au sud de Bruville et se reporta dans la région à l'ouest de Tronville. La batterie de la Garde appuya au sud-ouest de Mars-la-Tour du côté du comte de Brandenburg. Tous ces mouvements étaient terminés à 2 h. 3/4.

Pendant ce temps, le général Ladmirault avait recueilli des renseignements sur la marche des Allemands (Schwartzkoppen) venant de la direction de Suzemont, et porté sur la ferme de Greyères la division de cavalerie Legrand, sous la protection de deux batteries à cheval.

A 3 heures, un officier de l'état-major de Rheinbaben, le capitaine von Heister, envoya de lui-même à Tronville, aux généraux de Voigts-Rhetz et Rheinbaben, ce renseignement, « qu'un nouveau corps français était en marche sur la ligne Bruville-Saint-Marcel », ce qui était à peu près d'accord avec les faits. Le 25e fascicule estime (p. 11) que « *notre cavalerie a parfaitement rempli sa mission d'explo-* « *ration à ce moment et que le résultat de ses observations* « *arriva vite à la connaissance des autorités intéressées* ». On ne pourrait émettre ce jugement que si le 25e fascicule, comme je l'ai réclamé dans le *M.-W.* de 1891, avait publié les renseignements fournis par Brandenburg et Barby entre 1 h. 1/2 et 3 heures. Comme cela n'a pas été fait, on peut mettre en doute l'existence de ces renseignements, ou bien il doit y avoir des raisons spéciales pour les garder secrets.

Avoir su à 3 heures à Tronville ce qui s'était passé une heure et demie auparavant à 3,000 mètres au Nord, ce n'est pas ce qu'on peut appeler un « *renseignement rapide* ».

Si Schwartzkoppen s'était comporté comme son adversaire Ladmirault, il aurait constaté personnellement que la physionomie de la bataille changeait depuis 1 h. 1/2.

La cavalerie allemande, au lieu de rester en observation, ce qui, d'après le 25e fascicule (p. 11) était rendu possible par l'inaction de l'adversaire, cessa justement son service d'exploration au moment où il serait devenu nécessaire, de sorte que tous les grands chefs allemands, à cette aile, restèrent dans l'ignorance des mouvements de l'ennemi, et que, même plus tard, il n'est venu à l'idée de personne d'envoyer des patrouilles d'officiers quand on eut pris le contact avec l'ennemi. Voilà qui est plutôt surprenant.

Le général Ladmirault ne supposait pas que, sur la route que devait suivre l'armée du Rhin, une seule brigade allemande avait pu arriver de l'Ouest sur le champ de bataille. Il estimait (en quoi il se trompait) que dans cette direction il aurait à tenir tête à d'importantes masses allemandes; c'est là la cause de son échec, alors que par le fait il était presque victorieux et aurait pu obtenir un succès décisif. C'est cette disposition qui lui fit, avant le moment décisif, accepter la loi de l'adversaire et se tenir, dans l'ensemble, sur la défensive, malgré une offensive momentanée, étant dominé par la préoccupation de s'assurer avant tout un flanquement sûr du côté et au nord de la ferme de Greyère.

Aussi, vers 2 h. 3/4, c'est-dire au moment où Schwartzkoppen était à Suzemont, fit-il porter les 25 escadrons français, 4 batteries et 5 bataillons de la brigade Pradier, sur son flanc gauche, dans la direction des fermes Greyère et la Grange.

On ne peut pas exiger de Schwartzkoppen qu'à 2 h. 3/4 il ait su, vu ou prévu ce mouvement. Pourtant l'ordre complémentaire du 16, 8 heures du matin, lui enjoignait de reconnaître la route d'Étain, et l'ordre de 11 h. 1/2 du général de Voigts-Rhetz ne l'affranchissait pas de ce devoir. S'il avait bien envisagé sa mission, il aurait également envoyé de bonne heure ses reconnaissances dans la direction des fermes de Greyère et la Grange. Mais on sait que Schwartzkoppen avait, depuis Saint-Hilaire, confié toute son exploration à Brandenburg. Rien ne restait donc plus sous son action immédiate. De même que Schwartzkoppen, qui marchait dans la direction de la Meuse, avait été rappelé, de même les Français, que l'on supposait aussi en route vers la Meuse, avaient pu faire demi-tour vers l'Est. Ce n'était pas le cas, mais cette supposition était très vraisemblable. Et, pour cette raison, Schwartzkoppen aurait dû hâter la marche de sa colonne de manière à faire rentrer sous son action la masse de cavalerie qui lui avait échappé avec Brandenburg.

Il pouvait également, pendant la marche d'approche, n'envoyer que le 5e escadron du 2e dragons de la Garde de Suzemont sur Ville-sur-Yron. Qu'a observé cet escadron? On n'en sait rien. A-t-il donné un seul renseignement à Schwartzkoppen? A ce moment, un peloton du 7e hussards français s'avança jusqu'à Mars-la-Tour et de là se mit à charger dans la direction du « point de contact » mentionné dans les *Untersuchungen*, page 81.

Pendant que commençait le rassemblement de la 38e brigade (après 3 heures), Ladmirault avait déjà occupé, avec trois bataillons du 98e, la ferme Greyère ; plus au Nord étaient vingt-deux escadrons qui avaient refoulé le comte de Brandenburg et ses cinq escadrons au sud-ouest de Mars-la-Tour. Le 5e du 2e dragons de la Garde se trouvait à ce moment au sud-ouest de Ville-sur-Yron.

Schwartzkoppen ne s'aperçoit pas de l'extension de l'aile ennemie.

Quand Schwartzkoppen arriva sur le champ de bataille (3 heures) (1), notre cavalerie avait cessé son exploration ; les mouvements faits par l'ennemi, et dont je viens de parler, restèrent donc inconnus de Schwartzkoppen. Mais on pouvait croire qu'il allait tout mettre en œuvre pour savoir, par ses reconnaissances, tout ce qu'il n'avait pu voir lui-même depuis qu'il avait commencé à prendre sa formation de combat, en particulier jusqu'où s'étendait l'aile droite de l'ennemi ; car tout en dépendait. Il avait d'ailleurs le 1er régiment de dragons de la Garde sous la main. Nous lisons dans le 25e fascicule que « Ladmirault, pendant le rassemblement de Schwartzkoppen, « avait renforcé les trois bataillons du 98e, à Greyère, par « deux bataillons du 64e ; de sorte que quand Schwartzkoppen donna à la 38e brigade l'ordre d'attaquer (si « tard) les hauteurs situées à l'est de Mars-la-Tour, il « avait presque toute une brigade ennemie et vingt-quatre

---

(1) D'après le rapport de Schwartzkoppen du 17 août 1870, il était 2 h. 1/2 passées.

« escadrons sur son flanc ». Et Schwartzkoppen n'en savait rien ! Deux simples patrouilles d'officiers seraient bien arrivées à voir quelque chose et (toujours d'après le 25e fascicule) le général de Schwartzkoppen disposait de une heure quarante minutes pour s'éclairer dans un rayon de 4,000 mètres ! C'est une omission dont le 25e fascicule ne peut pas blanchir Schwartzkoppen et sur laquelle sont basées trois de mes principales critiques dans les *Untersuchungen :* 1° Le général de Schwartzkoppen donna l'ordre d'attaque sans être fixé sur l'extension de l'aile droite ennemie ; 2° il ne fit rien pour se renseigner sur ladite extension ; enfin et 3°, cette omission est devenue, par la suite, capitale : la 38e brigade prit un faux point de direction, de sorte qu'au lieu d'attaquer en flanc, c'est elle qui fut débordée. Sur tous ces points, les *Untersuchungen* ont cause gagnée, et pourtant je n'ai rien écrit de nouveau. L'ouvrage du Grand État-Major avait depuis longtemps exposé tous ces faits.

Ordre d'attaque du général commandant le corps d'armée.

La 38e brigade avait pris sa formation de combat quand Schwartzkoppen reçut l'ordre suivant :

« Général commandant le Xe corps. Rapport reçu à « 3 h. 1/2. (Erreur d'écriture : 3 h. 1/4). — (C'est celui où « Schwartzkoppen disait vouloir marcher sur Ville-sur- « Yron.) Le général de Kraatz est à proximité du champ « de bataille, sa division de cavalerie sur l'aile gauche. « L'aile droite ennemie est très menaçante ; portez-vous « contre elle à l'attaque pour nous dégager. Je fais « appuyer le mouvement par toute la cavalerie.

« Hauteurs de Tronville, 3 h. 23.

« Signé : VOIGTS-RHETZ. »

« Lehmann est engagé ! »

Le rapport de Schwartzkoppen où il est question de marcher sur Ville-sur-Yron est de 3 h. 1/4. Il s'est donc passé huit minutes entre son arrivée et cet ordre, qui a été marqué du cachet de réception de la division à 3 h. 3/4 devant Suzemont. De la hauteur de Tronville au point d'où est parti le rapport de Schwartzkoppen, il y 5 kilomètres. Même sans tenir compte des difficultés de transmission, ce fait paraît extraordinaire (1). L'ordre du général de Voigts-Rhetz, qui était certainement pressé, mit vingt-deux minutes pour franchir la même distance. Qu'est-ce que cela signifie? Quoi qu'il en soit, le rapport de 3 h. 1/4 de Schwartzkoppen met en défaut tout le récit du 25e fascicule, où il est dit que Schwartzkoppen aurait renoncé au projet d'attaquer Ville-sur-Yron, sur les rapports de blessés rencontrés et de la cavalerie. Car le 25e fascicule nous dit que la formation préparatoire fut prise à partir de 3 h. de l'après-midi (p. 26).

Donc, le projet d'attaquer Ville-sur-Yron n'a pas existé seulement en arrivant à Suzemont : il subsistait encore pendant le rassemblement (peut-être même n'a-t-il été conçu qu'à ce moment et Schwartzkoppen n'en fut-il détourné que par Hirschfeld, c'est-à-dire par l'ordre de 3 h. 23). Maintenant que j'ai établi ce point, il reste encore à se demander pourquoi Schwartzkoppen a fait son rassemblement au sud de la grand'route et en faisant face à Tronville, s'il voulait marcher sur Ville-sur-Yron.

La rencontre de Hirschfeld avec Schwartzkoppen n'est pas relatée exactement dans le 25e fascicule. Je l'ai déjà prouvé.

L'ordre de 3 h. 23 ne donne aucune indication sur l'extension de l'aile droite ennemie. Il est probable que Voigts-Rhetz croyait que le général placé à cette aile stra-

(1) Comparer avec les données établies relativement à l'ordre de 11 h. 1/2 du général de Voigts-Rhetz, page 34.

tégiquement importante l'aurait repérée lui-même, d'autant plus que Schwartzkoppen avait marché au champ de bataille sur la ligne de retraite présumée de l'ennemi.

Cette supposition du général de Voigts-Rhetz n'était pas exacte, comme nous le savons. Schwartzkoppen était à ce sujet dans la plus complète ignorance. A plus forte raison, cet ordre ne comprend-il aucun renseignement sur le point où Lehmann était engagé et sur un plan d'attaque concerté de la 20e division et de la 38e brigade. Du reste, il n'est ni clair, ni complet. Si Schwartzkoppen s'y est mépris, il a porté la peine de n'avoir pas cherché plus tôt à joindre le général de Voigts-Rhetz.

D'après son propre rapport du 17 août 1870, il était 2 h. 1/2 passées lorsque Schwartzkoppen fit prendre la formation de combat, et, d'après le 25e fascicule et les *Kriegslehren*, le compte rendu de 3 h. 1/4 ne peut être considéré que comme une demande, car Schwartzkoppen faisait dépendre l'exécution de son projet de l'assentiment du général. Il se passa huit minutes, puis vingt-deux, jusqu'au retour de la réponse, de sorte qu'il était 3 h. 3/4 quand elle revint. Mais quoique Schwartzkoppen sût qu'il devait se porter à l'attaque de l'aile droite ennemie, l'ordre de 3 h. 23 ne contenait rien sur le point d'attaque à choisir; il y avait donc encore beaucoup d'inconnu. Par malheur, les *Kriegslehren* et le 25e fascicule ont omis de consigner textuellement le rapport de 3 h. 1/4 de Schwartzkoppen. N'aurait-il été transmis que verbalement? Sinon, on aurait dû le publier comme pièce à l'appui. Si l'on veut excuser la perte de temps par l'attente, puis par les allées et venues, on peut encore demander pourquoi le général de Schwartzkoppen, quand il se décida au rassemblement, ne donna pas le commandement au général de Wedell et ne se porta pas de suite auprès du général de Voigts-Rhetz? Si ces deux chefs s'étaient rencontrés, on aurait économisé beaucoup de temps, et non seulement les doutes et les incertitudes qu'a produits l'ordre de 3 h. 23

auraient été évités, mais, chose capitale, le mouvement offensif que préparait le général de Voigts-Rhetz pouvait être combiné entre la 20e division et la 38e brigade.

Voilà donc la réponse à ce que demande Scherff dans ses *Kriegslehren :* Le général de Schwartzkoppen aurait-il dû faire demander à la 20e division si elle était prête à agir de concert avec lui? Mais c'était certainement le devoir de Schwartzkoppen de s'expliquer nettement et personnellement avec le général de Kraatz sur la façon d'exécuter au mieux les intentions du général de Voigts-Rhetz. Un tel accord est toujours à souhaiter; il devient une nécessité formelle quand les éléments qui doivent prendre l'offensive arrivent de différents côtés.

Du point de rassemblement désigné dans le 25e fascicule, à Ville-sur-Yron, il y a 4 kilomètres à vol d'oiseau; de Ville-sur-Yron aux deux arbres au nord du vallon, 3 kilomètres. L'attaque de Schwartzkoppen avant l'heure et demie qui s'est écoulée n'aurait eu aucun résultat. Il semble très naturel que Voigts-Rhetz ait rejeté cette idée, c'est toujours chose difficile qu'une attaque combinée. Mais on aurait pu tout combiner vite et facilement par une simple entrevue des chefs.

Si l'on a égard à toutes ces considérations, les conclusions du 25e fascicule, page 36, semblent bien invraisemblables. On y lit : « De ce qu'on savait que l'ennemi « n'avait pas occupé Mars-la-Tour, il résultait évidemment « que l'aile droite de l'adversaire était constituée par les « batteries établies sur les hauteurs au nord-est de Mars-« la-Tour ».

C'est là une étrange conclusion. Ensuite, quelques lignes plus loin : « *Comme on peut s'en rendre compte d'après le « terrain, l'entrée en ligne de la brigade Pradier ne pouvait « être vue de Mars-la-Tour* ». Or, cette brigade était stationnée au sud de Greyère et bien loin à l'ouest de la susdite artillerie. Enfin, on lit encore (p. 37) : « On ne se dou-« tait pas que l'ennemi pût encore disposer de forces si

« considérables en arrière de ce que l'on regardait jusque-là « comme son aile droite ». (*Relation de Schwartzkoppen sur le* 17 *août* 1870.)

Comment allier tout cela? On trouve ensuite un long commentaire de Scherff pour expliquer les intentions de Schwartzkoppen, commentaire fait, à ma connaissance, vingt-quatre ans plus tard.

Premiers ordres de Schwartzkoppen.

A 4 heures de l'après-midi, d'après mes *Untersuchungen*, la 38e brigade partit du sud-ouest de Mars-la-Tour; d'après le 25e fascicule, c'est à 3 h. 3/4 du sud-est de Suzemont ; d'après l'ouvrage du Grand État-Major, à 4 heures, du même endroit, dans la direction de Tronville. Pendant cette marche en avant, une batterie était à gauche du I/57 ; l'autre à sa droite, jusqu'à ce que toutes deux, après avoir franchi l'affluent de l'Yron qui vient de Puxieux, prissent le trot pour se porter en avant vers Vionville. La cause de ce mouvement me resta alors inconnue.

Le général de Schwartzkoppen envoya en avant, entre temps (25e fascicule), vers Mars-la-Tour, le capitaine von Scherff pour chercher le comte de Brandenburg, lui apprendre que la brigade d'infanterie allait s'avancer sur cette localité et lui donner l'ordre de s'avancer à l'est de Mars-la-Tour avec la brigade de dragons, de façon à soutenir à gauche l'attaque qui allait être faite sur l'aile droite ennemie. (Tout cela se serait encore passé avant 4 heures).

Au même moment, le bataillon de fusiliers du 16e reçut la mission de chercher *à se relier au régiment dans la direction de Mars-la-Tour* (25e fascicule). Cet ordre trouva le F/16 près de Puxieux (le bataillon a dû se mettre en marche au commencement du rassemblement; il aurait donc mis presque une heure à faire 3 kilomètres ?).

De toutes ces dispositions, la dernière seule fut exécutée. Le 1er dragons de la Garde fut bientôt rappelé, comme il a été dit, par un ordre du général de Voigts-Rhetz, et prit position au sud-est de Mars-la-Tour. Le 4e escadron du 2e dragons de la Garde conserva la direction prescrite par Schwartzkoppen.

Peu de temps après, le général de Schwartzkoppen (25e fascicule, p. 25) fit appuyer à gauche le bataillon de fusiliers du 16e régiment qui se trouvait en première ligne de la brigade pour nettoyer et occuper le village qui, d'après les rapports des pointes des dragons de la Garde, devait être occupé par l'ennemi. (Il s'agit de Mars-la-Tour.) C'est un peu après 4 heures.

Le 57e continua son mouvement sur Tronville et le général de Schwartzkoppen doit lui avoir prescrit (25e fascicule, p. 37) « de s'avancer dans le vallon qui s'étend le « long et au sud du village, à environ 500 mètres ». Je peux jurer qu'aucun ordre de cette nature n'est parvenu au I/57.

Reportons-nous aux deux batteries.

Schaumann écrit dans ses *Erlebnisse* (pp. 197-198) : « Pendant notre déploiement, arrivèrent d'abord..... puis « le lieutenant Otto, qui était chargé de prescrire à « Schwartzkoppen d'envoyer aussitôt ses batteries sur la « position de Vionville. Le général de Schwartzkoppen « refusa d'abord carrément, puis se recueillit quelques « instants et me donna l'ordre de me conformer le plus « vite possible à ce qui était prescrit. Après un temps de « trot d'environ 1500 pas, il me sembla entendre que l'on « sonnait « demi-tour » aux batteries qui me suivaient à « 300 ou 400 pas..... Je vis faire le signal et les batteries « repartir au trot..... Revenu au point d'où j'étais parti, le « général de Schwartzkoppen me cria :

« Prenez rapidement position avec les deux batteries « dans la partie nord de Mars-la-Tour ; je vais, avec « l'infanterie, me porter à l'attaque par les deux côtés du

« village, et, comme je me permettais de lui demander :
« Mars-la-Tour est donc déjà occupé par nos troupes? il
« me répondit :

« Je n'en sais rien ! »

« Comme ce renseignement ne me satisfaisait guère, je
« me portai au trot sur Mars-la-Tour avec mes batteries,
« précédant l'infanterie, et rencontrai dans les vergers,
« du côté sud-est, une fraction de dragons de la Garde
« qui sortait du village, revenant de reconnaissance. »

On ne peut pas dire que ce changement à vue dans les ordres soit une preuve de circonspection. Schaumann trouva, dans Mars-la-Tour, des hommes du 16e et entama le combat, ayant pris une assez bonne position au nord-est de Mars-la-Tour. L'infanterie n'avait pas encore tiré un seul coup de fusil.

Nous voyons, d'après ces ordres, que Schwartzkoppen (voir ordre de Scherff) voulait s'avancer par Mars-la-Tour et (voir Schaumann) prononcer son attaque des deux côtés du village (4 h. à 4 h. 1/2).

Ordre d'attaque de Schwartzkoppen.

A 4 h. 3/4, Schwartzkoppen (d'après le 25e fascicule, p. 39) a dû donner au commandant de la 38e brigade l'ordre :
« *de déployer ses cinq bataillons en ordre de bataille, l'aile*
« *gauche en avant et de marcher à l'attaque des batteries*
« *établies à gauche du saillant du bois de Tronville* ». Il n'y a pas de documents à l'appui.

J'en viens au point de direction de l'attaque. Comme Schwartzkoppen, le général de Voigts-Rhetz prenait alors ces batteries pour l'extrémité de l'aile droite ennemie, il aurait pourtant pu se dire, d'après les renseignements de Heister (voir p. 79) que le nouveau corps français aurait besoin, pour se déployer, de toute l'étendue comprise entre le bois de Tronville et la ferme de Greyère (2,000 mètres). Il est peu probable que Schwartzkoppen, quand il se rencontra plus tard avec le général de Voigts-Rhetz, ait eu connaissance du rapport de Heister. Mais, si cela s'était produit, il était trop tard alors pour changer la direction de la 38e brigade, même s'il l'eût jugé nécessaire.

La direction d'attaque.

Selon l'ouvrage du Grand État-Major (I, 607) la brigade fut déployée en un vaste arc de cercle face au Nord-Est, autour de Mars-la-Tour, « l'aile droite, comme le com« portait la direction, un peu refusée. *On* espérait, avec les « deux compagnies de l'extrême aile gauche qui s'éten« daient jusqu'au chemin de la ferme Greyère, déborder « complètement l'ennemi ».

Le livre I (605) dit ceci : « Le général de Schwartz« koppen résolut de donner l'assaut avec toutes ses forces « réunies contre les hauteurs de Bruville, l'aile droite « devait prendre comme point *de direction*, *le saillant « nord-ouest du bois de Tronville* ». Quant à la direction du centre et celle de l'aile gauche, on n'en parle pas ; je reviendrai plus tard sur le point de direction de l'extrême aile gauche.

La détermination du point d'attaque suppose que le chef est fixé sur l'étendue de la position ennemie. Comme je l'ai démontré, ce n'était pas le cas. La 38e brigade était déployée tout entière, le 16e régiment à gauche, le 57e à droite. Il faudra donc entendre par aile droite de ce dernier, l'aile gauche de l'autre.

En tout cas, les relations officielles ne sont pas d'accord sur ce qui concerne le point de direction. « D'après le « Grand État-Major l'attaque aurait été excentrique, les « points de direction étant : pour l'aile droite, le saillant « nord-ouest du bois de Tronville ; pour l'aile gauche, « la ferme de Greyère ; la direction du centre, naturel« lement, devant lui. »

C'est bien ce qu'indiquent les croquis du Grand État-

Major (I, 607), ainsi que le plan de la bataille 5 B du même ouvrage. Le point de direction que devait prendre le I/57 était bien le saillant nord-ouest du bois de Tronville ; je l'ai entendu désigner moi-même de la bouche du général de Schwartzkoppen (*Untersuchungen*, p. 93, 94). Aucun autre ordre n'est d'ailleurs parvenu à ce bataillon, et absolument aucun au F/57. Il ne pouvait y avoir aucun doute pour la direction du I/57, comme le montrent le Grand État-Major et les *Untersuchungen*, pour le F/57 et les deux compagnies de pionniers ; Schwartzkoppen avait donc compris en réalité, dans le mot aile droite, tout le 57e.

Pour que le lecteur puisse se rendre compte des contradictions des relations officielles, je donne ici le croquis d'attaque de l'ouvrage du Grand État-Major (I, 607) de 1872, et celui de Scherff, de l'année 1882 (25e fascicule, p. 78).

Au sujet de ces deux croquis, je ferai remarquer que, d'après une communication du lieutenant-colonel des Marées (qui fit la rédaction définitive de l'ouvrage de l'état-major pour les fascicules 3 à 16), l'original dù 1er fut présenté, pour être corrigé, au major de Scherff. Le croquis de Scherff, de l'année 1882, bénéficia des observations faites dans *Zwei Brigaden* et se trouve dans le compte rendu que le colonel von Scherff présenta à l'approbation de Moltke cette même année. Le 25e fascicule dit (p. 78, 79) que « le croquis du combat provenant de la main du major « de Scherff, de septembre 1870, présente beaucoup « d'analogie avec le plan 4 du cahier 25e fascicule et « celui-ci, toujours d'après le même auteur, avec l'esquisse « de Scherff, de l'année 1882 ». Je suis donc encore amené à demander quel est l'état-major a raison ? Puisque le croquis de Scherff, de l'année 1870, servit à la rédaction de l'ouvrage du Grand État-Major, comment l'esquisse I-607 a-t-elle pu paraître dans ce même ouvrage ?

D'après le 25e fascicule (p. 31), Schwartzkoppen aurait donné l'ordre de marcher sur *les batteries situées à gauche*

Croquis de l'attaque d'après l'ouvrage du G. E.-M.

I. 607. — Année 1872.

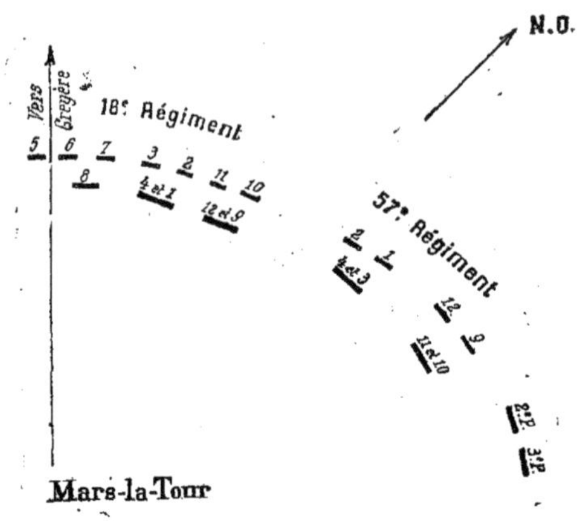

Croquis de l'attaque d'après Scherff.

(25e fascicule, page 78). — Année 1882.

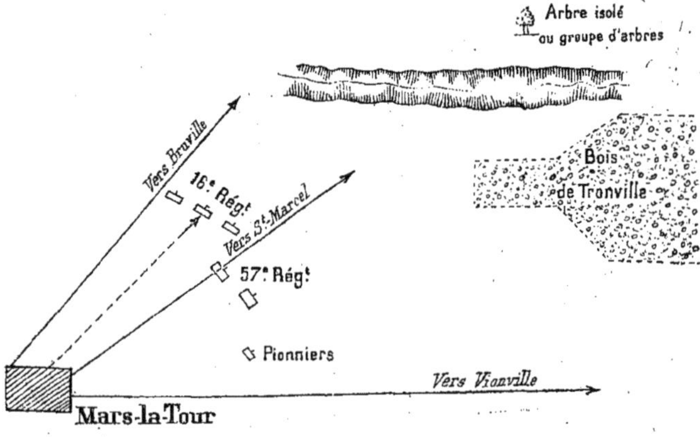

de la corne du bois de Tronville, l'aile gauche en avant. C'eût été pourtant *là* un projet d'attaque concentrique.

Quelle est donc la relation officielle qui est la bonne?

Allons plus loin : il y avait alors sur le champ de bataille, au nord du ravin, deux arbres isolés faciles à reconnaître de loin; au sud du ravin, il n'y en avait qu'un. Avant le combat, du reste, je n'avais vu que les deux premiers, et je n'ai remarqué l'autre qu'en passant à côté. La distance entre ces arbres était d'environ 800 mètres; ceux du nord se trouvaient aussi 200 mètres plus à l'ouest que celui du sud.

L'aile droite de la 38e brigade (plan 3 du 25e fascicule) avait, du point de départ où Schwartzkoppen donna son ordre (sud-est de Mars-la-Tour), jusqu'à l'arbre du sud, environ 2,200 mètres à franchir, et jusqu'aux deux arbres plus au nord, 3,000 mètres. Pour le 16e, l'aile gauche en avant, les distances étaient alors (25e fascicule, p. 39), d'au moins 500 mètres. Que ce fût l'arbre du sud du ravin ou les deux arbres du nord qui fussent le point de direction, cela revenait au même : un simple calcul montre que mathématiquement le 16e aurait atteint l'objectif avec 500 mètres d'avance sur le 57e, si tous les deux avaient marché sur la bonne direction. Or, dans un combat meurtrier, il n'est pas prudent de prendre de telles distances.

Ensuite, à mesure que le front se rapprocherait de l'objectif (les deux arbres) il se resserrerait de plus en plus, et, arrivé sur l'objectif, il ne formerait plus, au lieu d'un déploiement, qu'une masse d'hommes empilés, incapables de mettre en œuvre leur moyen d'action : le feu. C'est bien ce qu'on lit dans le 25e fascicule, et je ne le discute pas! Mais voilà la preuve que l'on ne doit jamais porter l'attaque d'une masse sur *un point*. On peut donner à une brigade comme objectif un village, un petit bois, etc., mais pas un arbre.

Enfin, il ne faut pas être grand tacticien pour reconnaître

ceci : Puisque l'arbre isolé ou les deux arbres plus au nord constituaient le point de direction à environ 2,200 ou 3,000 mètres de distance, et que les arbres du nord se trouvaient déjà de 200 mètres plus à l'ouest que l'arbre du sud, il y avait deux points de direction bien différents, et par conséquent l'exécution de l'attaque prendrait une allure différente suivant que l'on marcherait sur l'arbre du sud ou bien sur les deux arbres plus au nord.

Si l'arbre du sud était pris comme point de direction, l'attaque n'aboutirait ni sur les « batteries ennemies à gauche du bois de Tronville » ni sur la « corne ouest de ce bois ». Car les batteries ennemies (plan 3 du 25e fascicule) étaient, par leur aile droite, à 1500 mètres environ du bois de Tronville ! L'attaque aurait donc été très mal présentée, elle aurait abouti à la droite des batteries ennemies. Il en était de même pour arriver à la corne « ouest du bois de Tronville », et finalement la brigade ne serait tombée ni sur les batteries ni sur le saillant du bois.

Enfin l'aile droite de la brigade aurait été forcée de faire une conversion d'au moins 90 degrés, et non, comme le dit Scherff dans le *M.-W.* (no 99-101-1898), « un huitième de conversion ». Cette aile a, par le fait, accompli cette conversion, comme je le démontre dans les *Untersuchungen*, mais pour d'autres raisons que celles alléguées dans le 25e fascicule. Quoi qu'il en soit, les plans 3 et 4 confirment parfaitement mon exposé des *Untersuchungen :* L'aile gauche était à 500 mètres en avant, et l'aile droite tourna de 90 degrés. De là le manque de cohésion de l'attaque.

Si les deux arbres au nord du ravin avaient été désignés comme point de direction, l'attaque aurait dû suivre les deux côtés de la route Mars-la-Tour—Bruville, car des batteries indiquées « à gauche du bois de Tronville », deux étaient à l'ouest, deux à l'est de cette route. La distance s'accroissait par ce fait de 800 mètres, et l'aile droite, pour marcher sur ce but, avait à faire une conversion de

120 degrés !!! (Plan 14 du 25e fascicule.) Une brigade ne peut se maintenir sur sa direction pendant 3,000 mètres, dans les circonstances où l'on se trouvait le 16 août. La possibilité de maintenir sa direction est trop variable suivant les unités ; après une telle marche forcée, les à-coups non seulement sont inévitables, mais ne sont pas réparés par les chefs, parce que le front est trop large ; la ligne se bouscule à chaque pas. Au demeurant, que l'on ait pris pour direction l'arbre au sud du ravin ou les deux arbres au nord, la fumée devait bientôt cacher l'objectif, et enlevait ainsi la condition indispensable à la réussite de l'entreprise.

On est surpris, après cela, de lire dans le 25e fascicule (p. 32) : « Le général von Scherff fait entendre dans ses « *Kriegslehren* que l'on prit pour POINT DE VUE (1) de la « brigade les deux arbres marqués sur les plans de « l'ouvrage du Grand État-Major sur le versant nord du « ravin ; nous considérons l'arbre du sud du ravin, « visible de loin, comme le vrai point de direction de « la brigade ; car sa position correspondait beaucoup « mieux aux *batteries situées sur les hauteurs 157 et à la* « *corne du bois*. L'échec de la brigade et un croquis du « général von Scherff, de l'année 1882, en donnent aussi « la preuve. »

Je ferai observer que le Grand État-Major ne mentionne en rien ces arbres, mais désigne expressément la corne nord-ouest du bois comme point de direction de l'aile droite, et que la relation de l'état-major émane de Scherff.

Je rappellerai également que d'après le 25e fascicule (p. 39), Schwartzkoppen a donné l'ordre d'attaquer les batteries placées à gauche du bois de Tronville, tandis que le même ouvrage (p. 32) donne comme point d'attaque *les batteries situées sur la hauteur 857 et la* CORNE *du bois*

(1) En français dans le texte.

de Tronville, mais cette hauteur s'étend au nord-est de la corne du bois de Tronville, et les batteries françaises s'y trouvaient, non à la gauche, mais au nord dudit saillant du bois. (Plan 3 du 25e fascicule.)

Que dire de pareilles contradictions ?! Et que veut dire le 25e fascicule (p. 32), puisque Schwartzkoppen, d'après le même ouvrage (p. 39), n'a pas désigné comme principal objectif la corne du bois de Tronville dont on parle à la page 32 ?

Il est possible du reste que Scherff, en 1882, ait exposé officiellement (25e fascicule, p. 78) comment l'attaque avait été conçue, et que le croquis de septembre 1870, de la main du commandant von Scherff, ait beaucoup d'analogie avec le plan 4 ; malgré tout, le dessin de Scherff de 1882 (25e fascicule, p. 78) place bien la 38e brigade exactement dans la direction de « *l'arbre isolé ou groupes d'arbres* » AU NORD *du ravin*. L'arbre *sud* n'est pas du tout représenté sur ce dessin. Les données de Scherff dans les *Kriegslehren* cadrent donc complètement avec son dessin de l'année 1882 et vont à l'encontre de sa démonstration dans le 25e fascicule, page 32, où on lit que « *d'après un dessin du général von Scherff*, fait en 1882, « l'attaque fut dirigée sur l'arbre du sud ». Dans quel tissu de contradictions se meut donc le 25e fascicule ?!

Allons plus loin : la 1re fois ce sont « *les batteries à* « *gauche de la corne du bois de Tronville* qui sont prises comme « *but de l'attaque* ». Suivant l'un ou l'autre cas, le « *point* » de direction de la brigade aurait donc dû être différent et elle se serait orientée et déployée sur le point choisi. Car le premier but de l'attaque était au nord, le deuxième au nord-est. Dans le premier cas, la direction se serait confondue, de toute façon, avec les deux arbres du nord, mais jamais avec celui du sud. Il est donc impossible de distinguer, d'après le 25e fascicule, le point de direction choisi par Schwartzkoppen et le but de l'attaque.

La chose devient encore plus embrouillée et obscure

avec l'exposé de Scherff, car d'après un rapport de 1882, les deux arbres au nord du ravin auraient été choisis comme point de direction de la brigade, tandis qu'il aurait donné lui-même au général de Wedell, comme point de direction pour le bataillon du centre, un grand arbre à gauche de la corne du bois (25e fascicule, p. 39). Cet arbre, à gauche du bois, est celui *du sud*. Le bataillon du centre était le F/16.

Enfin on lit encore dans les *Kriegslehren*, II, 211 : « *Dans le premier ordre du général de Schwartzkoppen au* « *général de Wedell, qui fut court, clair et précis, toute la* « *brigade, les cinq bataillons déployés côte à côte*, devait « prendre pour point de direction les batteries placées au « saillant nord-ouest du bois de Tronville ». Or, là il n'y avait pas de batteries, elles étaient des deux côtés de la route de Bruville et au nord du bois. Le 25e fascicule avait raison, c'est-à-dire que si l'arbre sud avait été le *point de direction*, la 38e brigade aurait, dès le début, présenté le flanc aux batteries ennemies qui se trouvaient sur la route de Bruville. Ces batteries étaient bien visibles, aussi Schwartzkoppen ne peut les avoir laissées sur son flanc, et l'arbre sud n'a très probablement pas servi de point de direction. Schwartzkoppen aura bien plutôt dirigé la 38e brigade contre ces batteries, et ensuite dirigé l'aile droite sur le saillant nord-ouest du bois, comme on peut le lire dans les *Untersuchungen*, pages 93-94. En d'autres termes : Schwartzkoppen voulait attaquer « *les batteries à gauche de la corne du bois de Bruville et les batteries des hauteurs 857* ». A cet effet, il ne pouvait prescrire à *toute* la brigade un point de direction *unique*, et il ne l'a pas fait. Un général connaissant aussi bien que lui la conduite des masses dans un assaut n'aurait jamais donné à toute sa brigade un arbre isolé comme point de direction. Du reste, la suite de l'attaque, comme le 25e fascicule lui-même l'a exposée, fait bien ressortir, contre son assertion, que l'arbre sud n'a pas été le point de direction de la brigade. (Voir *Plan V*.)

Conclusion.

Ainsi donc on doit considérer comme fait historique : que Schwartzkoppen a dirigé la brigade sur les deux arbres nord, l'aile droite marchant sur la corne du bois de Tronville. De fait on n'a pu marcher devant soi, dans la direction nord-ouest, que des deux côtés de la route Mars-la-Tour—Bruville, et si le 16e (sauf les 5e et 6e compagnies) s'est trouvé à l'est de cette route, une fois au nord du ravin, c'est que ce régiment s'était écarté notablement de sa direction. (Voir, plus loin, ce que dit Hilkens sur « la dispersion ».) Tandis qu'à mon sens le même fait ne s'est pas produit au 57e.

Sûreté des flancs.

J'en viens maintenant aux troupes de notre extrême aile gauche.

D'après le Grand État-Major général, on crut « pouvoir « déborder l'ennemi complètement avec les deux compa- « gnies de l'extrême aile gauche, qui marchèrent le long « du chemin de la ferme de Greyère ».

Par le mot *on*, il faut bien comprendre le général de Schwartzkoppen. Le 25e fascicule (page 39) dit, au contraire : « Pendant que ces mouvements s'effectuaient, le « colonel de Brixen reçut l'ordre d'attaquer. Il se rendit « aussitôt près du major de Klitzing qui, avec ses 5e et « 6e compagnies, se tenait sous le feu de l'artillerie dans « le village (Mars-la-Tour), et lui donna la mission de « s'élever sur la gauche avec ses deux compagnies pour « chercher à achever d'entourer l'aile droite ennemie ».

Si l'arbre sud avait été le point de direction, cette progression jusqu'au chemin de la ferme de Greyère (qui était à 1700 mètres) aurait été une monstruosité impossible à admettre.

Si les arbres nord étaient pris comme point de direction, ce mouvement pouvait paraître plus vraisemblable. Mais voici : ce mouvement n'a pas été ordonné par le général de Schwartzkoppen, mais par le colonel de Brixen ; Schwartzkoppen ignorait complètement l'étendue de l'aile droite ennemie et n'avait aucune inquiétude pour son flanc ; il confia à un subordonné une mission qui, étant donné son ordre d'attaque, rentrait dans ses attributions de chef. Ces deux compagnies engagèrent une action isolée contre la brigade Pradier, dans le flanc gauche de Schwartzkoppen. Elles n'ont pas été culbutées, et le général Pradier, fasciné par sa mission défensive, a laissé passer l'occasion favorable de tomber dans le flanc de Schwartzkoppen. Mais cela ne prouve pas que les dispositions de Schwartzkoppen étaient bien prises.

Je renvoie maintenant le lecteur aux cinq croquis de l'attaque, placés dans leur ordre chronologique. Il en déduira lui-même l'effet qu'ont produit les *Untersuchungen*.

Une fois son ordre d'attaque donné, Schwartzkoppen n'avait plus d'action immédiate sur la marche du combat. Le Grand État-Major nous dit que le général de Voigts-Rhetz, qui se rencontra un peu après 5 heures avec le général de Schwartzkoppen, a approuvé les mesures prises. C'est certainement parce qu'il supposait que Schwartzkoppen était fixé sur le développement de l'aile droite ennemie.

Je vais discuter maintenant quelques points de détail concernant la conduite de l'attaque ; le lecteur pourra apprécier ce que j'ai dit sur ces points dans mes *Untersuchungen*. Je commence par la « marche par bonds ».

Marche par bonds. — Consommation des cartouches.

J'ai écrit dans les *Untersuchungen*, au sujet de la marche par bonds : « Trois bataillons de la brigade, F/16, I/57, « F/57, s'avancent avec la rapidité alors préconisée, sans « marquer un seul arrêt. Les 2e et 1er bataillons du 16e « ont-ils progressé par bonds en se couchant? Je ne puis « me prononcer » (pages 107-108).

Il en est de même aujourd'hui.

1er *bataillon du* 16e. — Le 25e fascicule cite à l'Appendice (pages 95-96) beaucoup d'auteurs pour me démentir. Mais ils prennent la parole, presque tous, vingt-sept ans après. En ce qui concerne les I/16, cet ouvrage ne doit pas leur avoir accordé beaucoup de créance, sans quoi cette phrase de la page 84 serait incompréhensible : « L'attaque « fournie par le 1er bataillon du 16e régiment fut conduite « *d'un seul bond* jusqu'au contact de l'ennemi ». Il n'y a donc pas à tenir compte desdits auteurs.

9e et 11e compagnies du 57e. — Récits de Hilken et Nérée.

Je considère aussi comme inexact ce que dit Hilken touchant les 9e et 11e *du* 57e. D'après lui, la première halte aurait été faite en ligne déployée, les tirailleurs dans les intervalles. C'est ce que confirme aussi le colonel de Nérée (qu'il ne faut pas confondre avec le Nerée du 16e, qui commandait alors la 9e du 97e) ; puis on aurait exécuté un feu à environ 50 mètres à l'est de l'arbre sud et continué, après le feu, la marche jusqu'au bord sud du ravin, après quoi tout fut bientôt terminé. Il est vrai que Hilken a soutenu fermement son dire dans maintes conversations personnelles.

Le colonel de Nérée ne parle en rien de marche par

bonds jusqu'au moment où il reçut sa blessure. « Pour ce « qui arriva ensuite, écrit-il le 24 novembre 1898, je ne « peux témoigner de rien. » Pourtant si Nérée fut blessé tout près de l'arbre sud, les 11e et 9e du 57e n'ont pu s'avancer ensuite qu'à environ 200 mètres au delà de l'arbre, comme le rapporte très exactement le plan 4 du 25e fascicule. Dans ces conditions, je me demande comment, en franchissant cette distance, le demi-bataillon aurait pu faire trois grands et deux petits bonds.

3e et 4e du 57e. — Récits de Mülde et Schimmelmann.

Le journal du lieutenant baron de Schimmelmann a été fait, si je ne me trompe, après les événements. Je vis cet officier s'affaisser, ayant reçu une éraflure à la nuque, et je dis à mon chef : « Schimmelmann est tombé », mais je remarquai presque aussitôt que Schimmelmann se relevait et entraînait sa compagnie. J'ai entendu dire que Schimmelmann, pendant la journée, ne conserva pas complètement sa tête. Je crois même que lui-même me l'a dit. J'oppose tout d'abord à son dire celui du lieutenant von der Mülde (3e du 57e). C'est un esprit indépendant, un homme sûr, et il ne connaissait pas (pour employer les mots de Scherff) « *la fièvre du combat* ». Il avait servi sous Bazaine au Mexique et portait la médaille du Mexique. Il fut plus tard chargé de missions difficiles par le général en chef. Von der Mülde écrivait le 19 novembre 1898 : « Stuckmann nous donne la bénédiction suprême..., « alors les 1re et 2e du 57e se déploient en tirailleurs, les « 3e et 4e suivent massées, la 3e du 57e à l'aile droite. On « fait ainsi 1000 à 2,000 pas sur la chaussée, à bonne « allure et sans pause..., puis nous nous arrêtâmes jus- « qu'à ce qu'on sonnât la retraite. Pas de chef, Bernewitz « blessé, Soencke étourdi par un éclat d'obus, c'est moi « qui rassemblai la compagnie et la reformai. Les 3e et 4e

« du 57e n'avaient pas de tirailleurs devant elles et n'ont « pas tiré un coup de fusil. Cranach rapportait le drapeau, « car Dræger (le sergent) était peu rassuré, pour ne rien « dire de plus (1) ». Il y a un croquis explicatif à l'appui de cette pièce.

Le récit suivant de Schimmelmann (qu'on trouve dans le 25e fascicule, page 49), me donna l'occasion de poser une nouvelle question à M. von der Mülde : « Nous pouvions « être à 400 pas des Français, dont on ne distinguait rien « qu'un nuage de fumée. Tout le monde comprenait que « nous ne pouvions tenir longtemps là. Alors le porte-dra- « peau du bataillon, le sergent Dræger, s'élança brandis- « sant son drapeau, et se mit à crier : « Hurrah ! en « avant ! ». Nous arrivâmes jusqu'au bord du ravin, qui, à « cet endroit, était à pic ; sur la pente en face de nous « apparaissait un ennemi supérieur, dont le feu meurtrier « fit presque aussitôt reculer tout le monde ». M. von der Mülde me répondit, le 26 novembre 1898 : « Je ne puis « déterminer si Dræger laissa tomber le drapeau ou si « Cranach le lui prit des mains. Les 3e et 4e compagnies « n'ont pas atteint le ravin, les tirailleurs des 1re et 2e du « 57e, en battant en retraite, ne purent nous voir, car nous « étions déjà repartis ».

« L'histoire de Dræger poussant le hurrah est une « *erreur* (2). J'étais sur le flanc droit du 1er peloton (cela « doit vouloir dire du 5e), Dræger et l'enseigne Lindner « au milieu ; et Dræger s'est couché là pour détacher le « fourniment de Lindner, qui était blessé, et y est resté « jusqu'à ce que nous battions en retraite. »

M. von der Mülde est en désaccord avec ce que dit le 25e fascicule touchant les 3e et 4e. Cet ouvrage dit (p. 49) : « Les 3e et 4e du 57e atteignaient la pente du ravin, lorsque

---

(1) Voir appendice I.

(2) L'original porte un autre mot

« la ligne de tirailleurs du 1er bataillon, forcée à battre en « retraite par un feu de flanc, revint vers elles ».

D'après Mülde, ces compagnies n'ont pas atteint le ravin ni vu les tirailleurs battant en retraite, car elles se retirèrent bien avant eux. Ce dernier avis est conforme à mes observations.

Du reste, le lieutenant en premier Ehrhardt (25e fascicule, p. 49) ne tomba pas; il fut grièvement blessé et mourut de ses blessures. Plus loin, on parle du lieutenant von *Borke* et on l'écrit *Borcke*.

Travail d'hiver. — Hoënig.

On lit dans le 25e fascicule, page 45 : « Les 3e et 4e com- « pagnies du 57e suivaient en demi-bataillon l'aile droite « de la 2e compagnie. » J'ai fait, dans mon travail d'hiver du 19 décembre 1872, un exposé tout différent : « Les 1re « et 2e du 57e formaient, avec le capitaine de Hohenhausen, « la première ligne ; les 3e et 4e compagnies, avec le capi- « taine de Bernewitz, la deuxième ligne ; le F/57 n'avait « pas encore fait sa conversion ni gagné sa distance quand « le 1er bataillon, traversant la chaussée, reçut un feu « violent d'infanterie. Entre l'aile droite de la 2e/57 et « et l'aile gauche de la 1re/57 se trouvait un demi-bataillon « de fusiliers du 16e (12 et 9/16 probablement) en « colonne, et par suite de la marche rapide des tirailleurs « qu'on ne voyait plus, il avait déjà perdu son point de « direction. Les 3e et 4e du 57e suivaient à 200 mètres « (250 pas), réunies en demi-bataillon jusqu'à environ « 200 pas au nord de la chaussée, puis elles furent sépa- « rées l'une de l'autre, en colonne de compagnie, et « prirent, la 3e, la direction sur la 1re, la 4e sur la 2e com- « pagnie. »

Le commandant de la 4e/57, le lieutenant en premier de Borke, fut blessé juste à ce moment, non sur la hauteur comme le rapporte le 25e fascicule, mais dans le fond. Quand je signai ces lignes qui furent soumises à quatre de mes chefs hiérarchiques, pas un mot n'avait encore paru dans les annales des régiments sur la marche de ces compagnies. Plus loin on lit, dans mon travail d'hiver au sujet des 3e et 4e compagnies du 57e : « Elles avaient conservé « la direction primitivement prise et durent, par ordre, se « placer à 250 pas derrière les 1re et 2e. »

Récits de Peiper et Bernewitz.

Les deux compagnies du demi-bataillon durent se séparer en deux colonnes, par suite de l'arrivée de quelques obus fusants dans le demi-bataillon (affirmation du capitaine de réserve Peiper, le 16 août 1870 à la 3e du 57e). Le croquis de von der Mülde montre en outre que le demi-bataillon Bernewitz était, en dernier lieu, en colonnes de compagnies ; enfin, les données de mon travail d'hiver proviennent du capitaine de Bernewitz. La position des troupes, donnée sur le plan du 25e fascicule, est par conséquent fausse.

10e et 12e compagnies du 57e. — Récit Streit.

Au sujet des 10e et 12e du 57e, le baron de Streit écrit le 12 juin 1881 : « Pendant la marche en avant, le F/57 se « forme à 200 pas au sud de la chaussée en un demi- « bataillon. *Les tirailleurs ne furent pas déployés.* Ce mou- « vement se fit si vite qu'il aurait été impossible de se « faire précéder par des tirailleurs..... »

Ainsi, malgré ma question, pas un mot d'une marche par bonds ; si, d'ailleurs, elle avait eu lieu, on aurait eu le temps de faire porter en avant les tirailleurs.

« Jusqu'au ravin, il n'y eut pas un coup de tiré. Du « reste, on ne pouvait pas voir l'ennemi. Et même sur le « bord du ravin, on ne pouvait que prévoir la position « ennemie. Arrivées là, les premières fractions de la

« colonne ouvrirent le feu. Il était impossible (on pourrait « ajouter, *même à ce moment*) de faire déployer des « tirailleurs. On ne pouvait même plus songer à quitter le « fond pour atteindre la hauteur. Tout à coup, les Fran- « çais émergèrent de la fumée, en colonnes serrées, à une « distance d'environ 100 pas de ce versant-ci du ravin. Il « n'y avait plus moyen de tenir davantage.....

« ..... Je crois que l'on ne tira pas plus de cinq car- « touches par homme, car la moitié des hommes étaient « par terre avant d'avoir ouvert le feu. »

Et, si l'on en croit Hilken, c'est dans de telles conditions que les 9e et 11e du 57e ont fait cinq bonds réguliers pour s'avancer jusqu'au versant sud du ravin, dans la zone de feux ! Les 9e et 11e compagnies n'étaient donc composées que de héros, pour avoir pu, si je comprends bien Hilken, faire trois bonds en colonne de demi-bataillon, puis deux en ligne déployée. Je considère déjà cette marche comme impossible à la manœuvre sans qu'il y ait du désordre. Sous un pareil feu, le demi-bataillon à l'effectif de guerre ne pouvait certainement pas rester en ordre, et pendant l'exécution du feu, être encore correctement aligné. Non, sous la fusillade à de si petites distances, il ne faut pas espérer progresser par bonds en formations serrées. Ne nous acharnons pas à le prétendre, ou nous nous préparerions bien des désillusions : « On ne pouvait plus songer à quitter le fond du ravin pour atteindre la hauteur. » Et pourtant le baron de Streit était certainement un brave officier.

1re du 57e. — Version de Warendorff.

Le lieutenant en premier Warendorff écrit le 9 juin 1881 : « Clèves, avec son peloton qui était décimé, s'était réuni « à moi, sur mon ordre, et se trouva en dernier lieu avec « moi à la lisière du bois de Tronville. J'avais déployé « d'abord deux pelotons, puis, perdant beaucoup de

« monde, je fis prolonger le 3e à droite. Ce qui restait « dans le bois de Tronville a presque vidé ses cartou- « chières. Je me trouvai, de ma personne, ainsi que la « plus grande partie de la compagnie, au bord du bois de « Tronville, une portion en avant.

« Quelques hommes de la brigade ont dû dépasser le « ravin, car le lendemain j'ai vu là des cadavres de fan- « tassins. »

Ainsi, toute la 1re du 57e était donc restée au sud du ravin et non, comme le dit le 25e fascicule, moitié au nord, moitié au sud. Si une partie de la 1re compagnie du 57e avait traversé, certainement M. de Warendorff l'aurait su et dit, car c'était sur ce point que je l'avais questionné. Il était donc essentiel qu'il fût resté en deçà du ravin. Warendorff était un officier très brave et très brillant. Quant aux cadavres allemands, il est en effet probable qu'ils n'étaient pas très nombreux de ce côté. C'est plutôt au sujet de la consommation de munitions que je ne crois pas exact ce que nous dit Warendorff.

Version Möbüs.

D'après le 25e fascicule (Appendice, p. 106), le sergent Möbüs a rapporté qu'à la 2e compagnie du 57e on brûla 10 cartouches par homme ; lui en tira cinq. Cette compagnie fut celle qui resta le plus longtemps au feu et le plus près de l'ennemi. Möbüs est un homme sûr. Je laisse simplement le lecteur juge de ce qui est dit page 100 aux renvois, à savoir que les 9e et 2e du 57e auraient continué le feu après la retraite. Alors la consommation de cartouches aurait été bien plus considérable !

Version Opderbeck.

Le lieutenant de réserve Opderbeck (12e du 57e) écrit le 20 juin 1895 : « En ce qui concerne la marche du régi-

« ment, et en particulier du bataillon Tuebben (10e et « 12e du 57e), je peux encore certifier ce qui suit : le dé« ploiement, c'est-à-dire la mise en marche, se fit en bon « ordre. Les troupes restèrent en rangs serrés jusqu'à « environ *300 ou 400* mètres de la ligne de hauteurs « ennemies. Les tirailleurs ne furent pas envoyés en « avant, sans cela, étant du peloton de tirailleurs, j'y « aurais été. En continuant à avancer, le feu de l'ennemi « devenant de plus en plus intense, nous reçûmes l'ordre « de nous « coucher », puis nous marchâmes encore « 100 mètres, et de nouveau on cria « couchez-vous ». « Quand nous reprîmes la marche, nous étions encore à « environ 150 mètres du bord du ravin. Le feu ennemi « devenait toujours plus violent et nous causa des pertes « énormes. Là, l'effort tactique cessa et il n'y eut qu'une « petite fraction qui atteignit le bord sud du ravin. J'en « étais. A environ 50 mètres plus loin, je suis tombé. « Je n'ai pas tiré un seul coup de fusil. » (Voir appen« dice II.)

Je ne disconviens pas qu'il n'y ait là, en ce qui concerne la marche, une légère contradiction de mon dire. Mais j'ai aussi pour moi ce qu'affirme Opderbeck, que l'on a marché tout d'un trait jusqu'à 300 ou 400 mètres de l'ennemi. Une telle marche ne peut pas s'appeler une « marche par bonds » ; nous n'avons ici pas autre chose qu'un demi-bataillon qui se couche, parce que ses forces sont épuisées et qu'il ne peut aller plus loin. Si l'on n'est pas de mon avis, que l'on dise alors que les alliés ont aussi marché par bonds à Waterloo, car ils ont fait de même.

Du reste, j'ai pu suivre moi-même parfaitement le F/16 et les 3e et 4e du 57e. Ces troupes ne cessèrent pas de marcher, et je reconnais volontiers que j'ai accompagné de ma muette admiration la belle ordonnance des 9e et 12e du 16e. Je les ai observées longtemps et je leur dois cet hommage ; je répète ici, en même temps, ce que j'ai avancé dans les *Untersuchungen*, à savoir que la consommation des munitions fut très restreinte au 57e et dans les 9e et 12e compagnies du 16e.

Manque de cohésion de l'attaque.

Mon avis. — J'ai dit dans mes *Untersuchungen* que l'attaque manqua de cohésion. Il est déjà très vraisemblable qu'il en fut ainsi, étant donné l'éloignement des points de direction (2,200 à 3,000 mètres avec une conversion de 90 à 120 degrés pour l'aile droite). Il était à penser que, dans ces conditions, une troupe fraîche en terrain plat se serait désunie ; on avait déjà pu l'observer à toute manœuvre de quelque importance, tant qu'on ne faisait pas usage de la poudre sans fumée. De plus, dans le cas qui nous occupe, les troupes avaient fourni une marche de 37 kilomètres par une chaleur torride, suivie l'après-midi d'une longue route, en colonne, depuis la grand'halte jusqu'au point où fut donné l'ordre d'attaque, c'est-à-dire au sud-est de Mars-la-Tour. Je crois, par conséquent, que même si elle avait été exécutée parfaitement, cette attaque ne pouvait réussir, car l'ordre dépassait de beaucoup ce qu'on pouvait demander aux troupes. On ne peut leur en faire aucun crime ; je ne l'ai pas fait dans mes *Untersuchungen*.

Version du 25e fascicule.

Le 25e fascicule va nous montrer, par ses propres paroles et malgré ce qu'il prétend, que la cohésion a manqué. On lit, page 39 : « Pendant que les compagnies « de ce bataillon (c'est le 1er du 57e) s'avançaient rapide- « ment sous une pluie d'obus, le bataillon de fusiliers, « qui marchait à l'aile du régiment, se trouva en deuxième « ligne par suite du rétablissement du front de combat, la « conversion s'accentuant à gauche. Le bataillon se divisa

« en deux demi-bataillons (pouvait-il se scinder en plus de « deux demies ?) et suivit l'aile droite du 1er bataillon. Les « deux compagnies de pionniers se mirent à la disposition « du colonel de Cranach, qui les plaça à côté du bataillon « de fusiliers et leur donna comme direction le bois de « Tronville ». Et l'on voit plus haut : « Le 1er bataillon du « 57e régiment déploya ses deux premières compagnies et « fit suivre les deux autres en demi-bataillons ». On voit bien que les rédacteurs du 25e fascicule ont des vues spéciales sur les formations d'un bataillon.

Plus loin : « D'eux-mêmes, les tirailleurs des deux com- « pagnies et toutes les fractions suivantes du 57e arrivaient « au pas de course, puis s'aplatissaient quand ils avaient « parcouru une bonne distance sur ce terrain lourd, pour « reprendre de nouvelles forces en vue d'une nouvelle « course ». L'instinct de la conservation leur « apprenait, « au moment du danger, un mouvement auquel ils « n'étaient pas exercés ». (Page 46.) — La 2e du 57e avait été déjà exercée à la marche par bonds. Je l'ai dit au chapitre II.

J'ai remarqué que les plateaux de Lorraine, à part les régions basses, sont constitués par un sous-sol pierreux, recouvert seulement d'une très légère couche d'humus. Si cette course a commencé à l'aile gauche avec la 2e compagnie du 57e, et que toutes les autres aient fait de même à la droite, l'uniformité de l'attaque pouvait-elle ensuite être maintenue sur de telles distances ? Tout militaire, je crois, dira que non.

Page 40. — « Le commandant du régiment (de Brixen) désigna la 2e compagnie comme compagnie de direction, lui fit faire face, comme il était prescrit, vers le Nord-Est, et un peu avant que le 57e ait atteint la hauteur de son régiment, il fit le signal de : « En avant ».

« Ainsi, 10 compagnies du 16e marchèrent sur le même front que le 57e, mais arrivèrent environ 200 pas avant lui à l'attaque des batteries ennemies. » Il est possible qu'au commencement du mouvement le 16e n'eut que 200 pas d'avance. Mais les compagnies du 16e appuyèrent de plus en plus à droite de la route Mars-la-Tour—Bruville sur le 57e. — (Comparer les remarques qui suivent, de Hilken) :

Page 46. — « Le bataillon de fusiliers (57e) maintint la « direction prise après sa conversion à gauche. De sorte « que les 9e et 11e compagnies arrivèrent peu à peu der- « rière l'aile gauche du 1er bataillon, pendant que les 10e « et 12e suivaient son aile droite. »

Page 46. — « Comme le feu prenait une grande inten- « sité, sur la gauche et en avant, chaque fraction du régi- « ment (57e) fit peu à peu, et sans commandement, face au « Nord. » Ceci n'est pas conforme aux faits. L'officier qui était alors adjudant-major du F/57 a écrit le 18 novembre 1898 : « Je ne peux me rappeler que deux ordres : le « premier était de Cranach pour Medem ; il enjoignait au « demi-bataillon de gauche, Bethge, d'appuyer davantage « à gauche. C'était un peu après avoir traversé la pre- « mière chaussée. Je devais porter l'ordre à Bethge ». La première chaussée est la route de Mars-la-Tour à « Les Baraques ».

Page 47. — « Le régiment de ligne no 1 se précipita au « pas de course, en avançant l'aile droite en bas de la « hauteur, et atteignit en même temps, par sa première « ligne, le bord nord du ravin, tandis que l'aile droite de « la brigade Wedell arrivait du plateau au sud du ravin. »

Comme il a été dit plus haut, et avec raison, qu'à ce moment le 16e était déjà parvenu à 150 mètres au nord du ravin, il faut bien se résigner à admettre l'entrée en ligne successive des bataillons de la gauche à la droite de la ligne du feu.

Page 79. — « Tandis que, à l'aile gauche, les fractions « bien groupées arrivent de bonne heure sur la ligne des « tirailleurs, celles de l'aile droite n'atteignent la pre- « mière ligne que lorsque celle-ci est déjà en retraite. »

Page 80. — « Comme à cet endroit (au 57e), la retraite

« était commencée avant que la lutte par le feu eût donné « son maximum, ils purent..... charger. » Ainsi donc le combat à l'aile droite n'a été que de courte durée !

Page 80. — « Il est hors de doute que le régiment n° 16 « a su, dans un court combat d'un quart d'heure, donner « à son feu une efficacité extraordinaire. »

Cette dernière phrase est décisive. Si c'est exact, et je ne l'ai pas contesté, cela prouve que l'aile gauche de la brigade est arrivée à l'ennemi un quart d'heure avant la droite. Celle-ci a été rejetée presque au moment même où elle atteignait le bord sud du ravin; c'est évident d'après les dires des témoins au sujet de la *marche par bonds* et de la consommation des cartouches. Du reste, dans mes *Untersuchungen*, j'ai évalué (p. 133, note), l'avance de l'aile gauche (16e) sur la droite, à l'exception des 2 et 1/57, à vingt ou vingt-cinq minutes. Si l'on ne veut pas pousser la discussion sur des questions de temps aussi difficiles à préciser dans la chaleur du combat, on avouera pourtant que le 25e fascicule confirme mon opinion au lieu de l'affaiblir.

Remarques de Hilken.

Mon travail d'hiver du 19 décembre 1872, qui a été l'origine de *Zwei Brigaden*, peut être regardé comme un document historique. Hilken, alors lieutenant, a écrit ce qui suit au sujet du manque de cohésion de l'attaque au bord du ravin : « Au début, I/57 et F/57 étaient en « deuxième ligne; c'est seulement plus tard, pendant la « marche, qu'ils arrivèrent à la hauteur de la première « ligne, *ce qui s'était produit par suite de la conversion « d'une partie du 16e* ».

On lit, dans mon travail d'hiver : « Le choc de ces « bataillons n'eut pas lieu avec ensemble ; ils arrivèrent « successivement sur l'ennemi, de la gauche à l'extrême « droite, de sorte que l'aile gauche (le 16e régiment) était « déjà fortement engagée quand l'attaque du 57e commen-

« çait seulement à se faire sentir. » Hilken a mis en marge cette remarque : « Cela provint d'une conversion à droite du 16e régiment ».

Hilken a ainsi confirmé le fait de la désunion. Ce qui me semble le plus important, ce sont ses annotations sur la conversion du 16e régiment, faites en l'année 1873. Car elles prouvent, ce qui est encore aujourd'hui ma manière de voir, que les 2e et 1er bataillons du 16e furent lancés à l'attaque des deux côtés de la route Mars-la-Tour—Bruville contre les batteries ennemies qui occupaient symétriquement les deux côtés de cette même route. Par suite du grand éloignement de l'objectif, et de la fumée, on manqua le but et on s'infléchit ensuite dans une direction au nord-est de l'objectif primitif. On ne peut pas appeler tactiquement cela une *conversion à droite*, mais seulement un *infléchissement* sur la droite, ce qui, d'ailleurs, ne change rien aux faits. En tout cas, le 16e régiment n'a pas pu conserver son point de direction

Au reste, je conteste que l'aile gauche de la masse du 16e se soit trouvée à la fin de l'attaque à l'endroit où le plan 4 du 25e fascicule (voir croquis 5) l'a placée. J'exposerai plus tard le renseignement écrit de M. de Haepten, qui était alors à la 8e du 16e, et je me contente ici de ce qui suit : « D'après le plan 3 du 25e fascicule (croquis no 5), il y avait deux batteries françaises à l'ouest de la route de Bruville et deux à l'ouest. D'après le plan 4 du 25e fascicule, ces mêmes batteries avaient reculé de 500 mètres quand le 16e émergea du revers nord du ravin. Si l'aile gauche de la masse du 16e s'était trouvée à l'endroit marqué sur le plan 4, il n'y avait, pour les batteries 5 et 9/15, aucune raison de se retirer. Elles auraient, au contraire, utilisé leur position, devenue par là même excellente contre notre flanc gauche, et maintenu leurs emplacements. Il n'y avait que la batterie GR/17 qui fut menacée par le 16e, et à la rigueur aussi la 12/15. C'est encore pour cette raison, je pense, que l'aile gauche du 16e se trouvait à l'ouest de la route de Bruville à la fin de l'attaque.

Version de Schaumann.

Enfin Schaumann, dans ses *Erlebnisse*, pages 214-215, vient encore confirmer mon opinion : « En ce qui concerne « l'infanterie, écrit-il, je doute que (comme on le dit « page 191 des *Kriegslehren*), la brigade se soit déployée « sur un arc de cercle au nord-est de Mars-la-Tour, les « bataillons sur une seule ligne et accolés. Je crois plutôt « pouvoir demander si jamais la liaison de l'aile gauche « avec l'aile droite s'est faite, condition sans laquelle il va « sans dire qu'un déploiement régulier de la brigade pour « le combat n'était pas possible ; de la position de mes « batteries, c'est-à-dire sur la face nord de Mars-la-Tour, « je vis, avec mon adjudant-major, les deux bataillons « du 16e (ce sont les 1er et 2e) marchant sur la route de « Bruville en une colonne très serrée. Je les vis jusqu'après « la maison du garde. Ensuite, ils disparurent à nos « regards derrière les arbres, les buissons et les mouve- « ments de terrain ; puis nous les revîmes à l'endroit où « le chemin creux quitte la route de Bruville pour aller « dans la direction de la ferme de Greyère. Nous prîmes « l'infanterie qui s'avançait sur le chemin creux pour la « pointe de la colonne ; et, en réalité, il n'y avait là que « deux compagnies (5e et 6e/16) pendant que le reste de la « colonne, caché à nos regards, continuait à marcher sur « la route de Bruville..... » Et page 215, on lit : « Il me « semble donc qu'il faut conclure de l'exposé précédent, « qu'entre nos deux ailes il n'y avait aucune liaison. Je « vis alors les débris de notre aile droite battue sortir du « bois de Tronville à environ 500 à 600 mètres à l'est de « Mars-la-Tour ; je revenais alors de mon..... excursion « aux deux batteries légères. Comme mon..... excursion a « duré en tout au moins une demi-heure, et que la retraite « de l'aile droite depuis le ravin jusqu'à Mars-la-Tour a

« dû demander à peine une demi-heure, je crois devoir « en conclure que le combat *au bord du ravin avait déjà « pris une importance considérable à l'aile gauche bien « avant l'arrivée de l'aile droite.* »

Je laisse à penser d'après cela, au lecteur, si l'attaque de la brigade Wedell (25e fascicule, p. 15) n'a pas été « *mal conduite et n'était pas une téméraire tentative.* » Tandis que dans mes *Untersuchungen*, je me contente de mentionner le manque de cohésion que confirment, d'ailleurs, des témoins oculaires et même le 25e fascicule, les *Remarques* de Hilken prétendent que le 16e s'est resserré contre le 57e. A la fin de l'attaque, les deux masses de la brigade se seraient ainsi, d'après le plan 4 du 25e fascicule, rencontrées et heurtées, d'après sa comparaison, comme deux trains de chemin de fer se prenant d'écharpe.

Je crois donc cette relation inexacte. Schwartzkoppen voulait marcher avec le 16e sur la position qui comprend les deux arbres du nord, et avec le 57e sur la corne nord-ouest du bois de Tronville. C'est ce que nous apprend aussi l'historique du 57e, page 80. Si la 38e brigade s'était, à la fin de l'attaque, trouvée répartie, ainsi que le représente le plan 4 du 25e fascicule, c'est que les directions données auraient été mal suivies, ou pour parler comme le 25e fascicule, la brigade « mal commandée ». Sauf erreur dans la répartition des troupes à l'intérieur de la brigade, il me semble que le plan du 57e (croquis 4), représentant la fin de l'attaque, est celui qui se rapproche le plus de la vérité.

Enfin, je crois devoir rapporter ici la remarque du général de brigade d'Obernitz, du 19 avril 1873, concernant les positions des troupes d'après mon travail d'hiver. Il dit : « Ce que l'on croit possible et permis pour la con- « duite d'une brigade sur le terrain devient impraticable « sur le champ de bataille au milieu des ravages d'un feu « bien ajusté..... J'ai ressenti, d'ailleurs, un légitime « orgueil de l'effort fourni par lesdites troupes ».

Enfin, les reproches qui me sont évidemment adressés par le 25e fascicule au sujet du commandement de la brigade pendant l'attaque ne sont pas motivés, car on lit dans les *Untersuchungen*, page 125 : « Il arriva que des « deux côtés l'assaut fut déchaîné en même temps au point « et au moment les plus critiques, de sorte qu'à certains « endroits, les deux adversaires couraient littéralement les « uns sur les autres » et page 153 « Il y a une chose qu'au- « cune force humaine, aucun sophisme ne pourra rayer « de l'histoire : la 38e brigade mena l'attaque jusqu'au « corps à corps avec un ennemi comptant le double de « fusils et de canons. Elle se maintint exactement sur la « direction ordonnée par le général de division et demeura « comme brigade encadrée à la place qui lui fut assignée « sur le champ de bataille. » Je ne sache pas qu'aucune autre unité de cette importance en ait fait autant pendant la campagne de 1870-1871.

Version Sannow.

D'après le 25e fascicule (p. 47), le lieutenant-colonel Sannow a relaté ce qui suit : « Les soutiens se jetèrent « derrière une haie, sur la hauteur, car le feu était très « meurtrier..... La halte derrière cette haie dura quelques « minutes, ce n'était pas un abri suffisant, et le cri de *En* « *avant* retentit. La plus grande partie des hommes qui « étaient couchés derrière la haie s'élança en avant, ren- « forcée à l'aile droite pendant ce temps par des fractions « du 57e. Le terrain était défavorable, car il fallait parcou- « rir une longue pente douce descendant vers l'ennemi. » Si le lieutenant-colonel Sannow dit vrai, cela se serait produit pendant le temps que je galopai de ci et de là avec le vice-feldwebel Thiel : c'est-à-dire très peu de temps. Quand je revins près du lieutenant-colonel de Roëll, les 12 et 9/16 n'étaient plus à la haie dont paraît vouloir parler le lieutenant-colonel Sannow, mais elles étaient au sud de la pente escarpée du ravin, à l'endroit décrit dans les *Untersuchungen*. Du reste, le terrain va peu à peu en montant et ne descend pas vers l'ennemi ; et la longue « pente douce » n'aurait en tout cas même pas 200 mètres.

Incompatibilité des versions Sannow et Hilken.

Le lieutenant Hilken (9e du 57e), écrit page 48 : « Non « loin de moi, à droite, se tenaient le lieutenant-colonel « Sannow et son adjudant-major le lieutenant de Höwel, « tous les deux à pied » : les places qu'il indique montrent combien il s'est trompé ! L'aile gauche des 9e et 11e du 57e, quand ces compagnies arrivèrent déployées sur la ligne du feu, était à environ 100 mètres à droite du point où se tenaient le lieutenant-colonel Sannow et de Roëll; je conteste d'ailleurs que le lieutenant Hilken pût voir le lieutenant de Höwel qui était au ras du sol, encore moins le reconnaître. Il était à pied à la 9e du 57e, donc à la droite du demi-bataillon, qui marchait avec ses tirailleurs dans les intervalles. La distance entre Hilken et Sannow était au moins de 200 mètres. Les observations de Hilken nous ont montré sur le plan 4 cette particularité que trois lignes de combattants se trouvaient l'une derrière l'autre : 11e et 10e du 16e — 2e du 57e en 1re ligne — 12 et 9/16 en 2e ligne — enfin 11e et 9e du 57e en 3e ligne. C'est une chose qui peut arriver pendant une manœuvre, mais pas au feu. Et pourtant ils ont dû tirer, car d'après Hilken (25e fascicule, p. 48) le feu put enfin être ouvert sur les Français, très nettement visibles (1), c'est-à-dire auprès de l'arbre sud. Puis les 11e et 9e (toujours d'après le même auteur) se portèrent en avant sous un feu meurtrier et ensuite le feu fut repris. Puis, d'après le

(1) Je ne puis croire à la netteté d'après ce que disent Schimmelmann, page 66, et Streit, p. 68.

25e fascicule, les 11e et 9e du 57e restèrent encore au bord sud du ravin et enfin Hilken nous dit, page 106, aux appendices, que dans son peloton « *à l'avant-dernière et à la der-* « *nière position, tout le monde fit un feu violent* ». Ainsi pas de doute : il s'agit de trois lignes de feux déployées les unes derrière les autres sur 200 mètres seulement de profondeur. Finalement le même Hilken rapporte que dans les 11e et 9e du 57e, on brûla de 15 à 20 cartouches par homme. S'il en eût été ainsi, la consommation de cartouches aurait dû être beaucoup plus grande.

Les dessinateurs de l'état-major ne peuvent résoudre le problème que Hilken leur a posé. D'après lui, la 9e du 57e aurait dû se trouver à gauche des 12 et 9/16, puisqu'il a vu à l'attaque Sannow à sa « *droite* ». On ne peut pas nier que ce dernier ne fût toujours avec les 12e et 9e, et c'est d'ailleurs la vérité. Donc le 25e fascicule réunit côte à côte des versions incompatibles..... savoir l'explication précédente de Hilken, que tout lecteur sera forcé de reconnaître pour fausse, et la version tout à fait juste de Sannow dans son compte rendu du combat (25e fascicule, p. 48), d'après laquelle les fractions qui entrèrent en ligne à côté, donc à droite, de son demi-bataillon, appartenaient aux 9e et 11e du 57e. Les dessinateurs n'ont évidemment pas trouvé d'autre moyen que de placer les 11e et 9e du 57e *derrière* les 12e et 9e du 16e. C'est ainsi que l'on peut expliquer cette anomalie.

Ce qui est plus difficile à expliquer, c'est cette particularité du plan 4 d'après laquelle, plus loin vers la droite, trois lignes de combat (on peut dire de masses) ont dû combattre l'une derrière l'autre : à savoir la 2e du 57e et la moitié de la 1re du 57e en première ligne, la 3/57 en deuxième et enfin les 12e et 10e du 57e en troisième ligne ; je ne me donne pas la peine d'expliquer cela. Comment se fait-il alors que seules les 12 et 10/57 succombent sous le feu de l'ennemi ? Page 80 du 25e fascicule, on lit textuellement à ce sujet que le choc de ce bataillon s'est produit devant lui avec une rapidité renversante. C'est un fait que j'ai établi et longuement expliqué dans les *Untersuchungen;* pourtant il est incompréhensible que les 4 et 3/57 (1) qui d'après le plan 4 devaient être vues plus tôt de l'ennemi et formaient un objectif dense n'aient pas été abattues par le feu ajusté de l'ennemi plus tôt que les 12 et 10/57. Au reste le lieutenant-colonel Sannow (25e fascicule, p. 48) ne pouvait pas voir par lui-même une fraction ennemie s'avancer par une dépression transversale contre notre flanc droit, et encore moins la voir faisant un feu d'enfilade sur nos hommes dans le fond du ravin. Il a dû plutôt apprendre ce fait le 25 août à la réunion des officiers.

Mélange des unités.

J'ai déjà parlé, dans mes *Untersuchungen*, du mélange des unités; le 25e fascicule confirme mon dire par son plan IV. Dans le texte, il est vrai, se trouve cette contradiction que la 2e compagnie du 57e s'était déjà, pendant la marche, rencontrée avec les fusiliers du 16e; mais j'ai entendu l'ordre de Schwartzkoppen et tiens mon avis pour exact. Quand je me rendis au peloton du vice-feldwebel Thiel, celui-ci se trouvait à 400 mètres environ au sud de l'escarpement du ravin et déjà à gauche du demi-bataillon battu (9e et 12e du 16e). Le lieutenant Keller, de la 2/57, dont il est question à l'appendice, m'est connu comme un homme calme. J'ai à ce moment remarqué encore d'autres fractions de cette compagnie des 9 et 12/16, mais je n'ai pas aperçu le capitaine baron de Hohenhausen. Or, j'ai servi à la 2/57 depuis avril 1865 jusqu'en avril 1870, et

(1) Comparer la version de Mülde plus haut. Ces deux compagnies ont été épargnées par le feu, parce qu'elles étaient bien plus au sud que ne le dit le 25e fascicule.

je connaissais tous les hommes de cette compagnie. Par suite d'un vœu exprimé par le lieutenant-colonel Schoning, mort depuis, je ne fus pas changé de compagnie à ma nomination d'officier en 1866. C'était alors la règle générale quand un fähnrich devenait officier ; il fit cela pour reconnaître, comme il l'a dit « la glorieuse réputation « que je m'étais faite à cette compagnie au feu et dans « toutes fatigues de la guerre ».

Ce sont, je crois, ces considérations d'ordre moral qui m'ont fait rester à la 2e du 57e.

Lorsque je revins près de mon commandant, les 9 et 12/16 se trouvaient déjà en bas de l'escarpement. A droite de ce demi-bataillon se trouvaient des tirailleurs, quelques pas plus loin à droite un grand vide, puis suivaient encore quelques tirailleurs. Probablement ce devaient être des hommes du peloton du lieutenant Langheinecken (1/57) ; si le lieutenant Keller se trouvait réellement à droite des 12 et 9/16, il devait, à ce moment, se trouver dans le fond du ravin et, par suite, être invisible pour moi. On peut ainsi expliquer le vide dont je viens de parler. Mais ce n'est qu'une supposition. Avant de revenir auprès du lieutenant-colonel de Roëll, je reconnus le lieutenant en premier de Warendorff (1/57) dans la direction de la corne nord-ouest du bois de Tronville ; il était à 200 mètres, au plus, à l'est des hommes de Langheinecken, se tenant debout sur la plaine nue; puis le demi-bataillon du F/57. Le demi-bataillon intérieur était alors encore à 300 pas des 2 et 1/57 et le demi-bataillon de l'aile, dont je ne pus reconnaître aucun officier monté, à 300 mètres encore du bataillon intérieur. Leurs directions étaient prises droit au Nord. Entre les directions de marche des deux bataillons se trouvaient deux fractions en rangs serrés. Je ne reconnus que le lieutenant baron de Schimmelmann; il était debout à côté des compagnies couchées : c'étaient les 3 et 4/57.

Sur cette partie du champ de bataille la vue n'était, à ce moment, que très peu interceptée par la fumée ; je reconnus le capitaine Bethge et le lieutenant en premier Nerée. D'où j'acquis la certitude que le demi-bataillon intérieur se composait des 9e et 11e du 57e. Mon allée et venue a pu durer peut-être cinq minutes; à droite, à ce moment, le feu de l'infanterie française était encore faible, mais à gauche il se déchaînait avec la plus grande intensité, d'où il ressort que le 16e était déjà aux prises avec l'adversaire et se trouvait vraisemblablement dans le ravin, et de ce côté-ci.

Ce qu'écrit Hohenhausen.

J'ai déjà publié le fractionnement exact des compagnies du F/57, et dit pourquoi le bataillon s'avança sur la ligne du feu sans être précédé par ses tirailleurs. Mais ce n'est pas d'après mes seules observations que j'aurais pu savoir exactement quelle était la ligne de combat de la 2e du 57e. J'eus la chance d'en être informé par une lettre que le capitaine baron de Hohenhausen m'adressa, et que je reçus à Bonn à la fin d'août 1870. Il avait éprouvé le besoin de me remercier spécialement au sujet de l'attitude des hommes de sa compagnie, dont les recrues avaient été dressées par moi. Il était persuadé qu'en particulier mon entretien sur les héros de la patrie avait enflammé le cœur et le zèle de ses hommes. Et, à la suite de nos fréquentes discussions, il s'était convaincu que ma méthode était la bonne. Il espérait que cela m'apporterait une consolation dans mes dures épreuves. (L'excellent officier croyait que j'avais perdu les deux yeux et que j'avais eu le pied gauche emporté. On racontait au régiment que j'étais comme une écumoire.) De toutes les compagnies du régiment, c'était la sienne qui était allée le plus loin, dépassant les fusiliers du 16e qui se trouvaient à sa droite (il veut parler des 9 et 12/16). Après m'avoir vu pour la dernière fois, il s'était tout à coup trouvé en face d'une énorme coupure du terrain, l'avait traversée et s'était établi de l'autre côté. Aucune des autres compagnies du régiment (57) n'avait traversé le ravin, on l'avait su le 17. Il considérait comme un honneur d'avoir été jusque-là (1).

Plus tard, à Cologne (1870), je rencontrai le lieutenant en premier de Warendorff, qui était en permission. Nous passâmes la soirée ensemble. De quoi aurions-nous pu parler en nous revoyant, si ce n'est du 16 août?

Je communiquai à Warendorff les lettres de Hohenhausen et de Cranach : il me certifia l'exactitude de tout ce qui concernait le 57e, et ajouta : « Vous pouvez vous « figurer facilement combien Gaspard (surnom de Hohen- « hausen) est fier de s'être trouvé devant tous les cama- « rades du 16e.

« Je ne crois pas que personne du 57e ait prétendu « depuis, avoir atteint le bord nord du ravin ; et combien « de fois Mars-la-Tour a-t-il été remis sur le tapis dans la « conversation ! Le refrain était toujours le même : pour « ainsi dire pas un coup de tiré, l'ennemi invisible jus- « qu'au dernier moment, et la tuerie ! »

Dans les premiers comptes rendus du régiment, on ne dit pas un mot du ravin ! Et pourtant quelle fraction aurait omis de mentionner un fait aussi merveilleux que la conquête de ce ravin. En tout cas c'est *seulement dans l'ouvrage du Grand État-Major que le régiment a appris qu'il avait dû enlever un ravin le 16 août.* La description de l'attaque de la 38e brigade est de Scherff, et c'est cette phrase : « Tous les bataillons, dans un *brillant assaut*, émergèrent « de l'autre côté du ravin » qui m'a forcé à protester.

Enchevêtrement des unités.

L'enchevêtrement des unités du 57e dont parle le 25e fascicule, dans le texte et dans l'appendice, n'a pas eu lieu. La 3e compagnie avait suivi la 1re, et la 4e la 2e, et ces deux

(1) Comparer la lettre de Warendorff.

compagnies s'étaient couchées derrière les tirailleurs des 1re et 2e du 57e. A ce moment, les demi-bataillons 9-11/57 et 10-12/57 arrivèrent simplement à hauteur des colonnes des compagnies 3 et 4.

Le capitaine de landwehr Peiper (3/57) qui a écrit un journal de marche, croit que les fusiliers du 57e étaient à gauche de la 3/57. Les fractions se suivaient de si près qu'elles se touchaient presque. Le lieutenant Schreiber dit (appendice n° 95) que les 11 et 9/57 sont passées plusieurs fois au travers des fractions du 1er bataillon, mais cela doit provenir d'une erreur, car Schreiber, au moment où le F/57 arriva à la hauteur des 3 et 4/57, était déjà blessé, et n'a pu rien voir par la suite.

CHAPITRE VIII

Le combat dans le ravin et la retraite.

Neuf compagnies atteignent le versant nord du ravin.

J'ai déjà dit dans les *Untersuchungen* que de toute la brigade le 16e régiment seul a atteint le versant nord du ravin. Les 5e et 6e compagnies, ainsi que le groupe des 9e et 12e du même régiment, restèrent au sud. En ce qui concerne la 10e compagnie du 16e, je me suis trompé : je conviens parfaitement qu'elle s'est battue également au nord dudit ravin. Du 57e, il n'y avait à cet endroit que la 2e compagnie et quelques hommes de la 1re. Mais les 12e et 9e du 16e ne sont pas parvenues sur le plateau comme le prétend le 25e fascicule : c'est encore une erreur. Comment une colonne serrée aurait-elle pu gravir une pareille pente ? En particulier, je prétends que le drapeau des fusiliers du 16e n'est pas arrivé sur ledit plateau ; je le vois encore aujourd'hui comme si je l'avais devant les yeux, ainsi que le capitaine Ohly, un héros ! Mes oreilles tintent encore du son de sa voix perçante. Du commencement jusqu'à la fin, le capitaine Ohly eut la noble bannière à ses côtés ; le devoir et ma conscience m'interdisent de rien changer au tableau que j'ai fait de l'assaut dans mes *Untersuchungen*, sans quoi je n'hésiterais pas à le faire. Ces deux compagnies n'étaient certainement pas dans l'angle mort, puisqu'elles attendirent sans bouger sous un feu d'enfer. Leurs pertes le prouvent. Du reste, la direction de marche des 9e et 12e du 16e est exacte sur le plan 4 du 25e fascicule ; mais quand Hilken prétend avoir vu ces deux compagnies descendre dans le ravin, drapeau déployé, il se trompe : le drapeau du F/16 ne disparut pas une minute : le capitaine Ohly veillait sur lui, et le porte-drapeau resta toujours bravement debout à côté de lui. Évidemment les 12 et 9/16 se relevèrent un moment, mais elles n'avancèrent plus et se sont recouchées de nouveau. Enfin je prétends que le rapport du lieutenant-colonel Sannow sur ce combat ne dit en aucune façon qu'il se soit porté lui-même plus en avant que je ne l'ai indiqué. Or, le chef de bataillon ne serait pas resté seul en arrière (voir appendice V).

J'ai la satisfaction de faire remarquer qu'il résulte des assertions du 25e fascicule que sur vingt-deux compagnies que comprenait la brigade, neuf seulement ont mené le combat jusqu'au nord du ravin, et deux jusque dans le fond. Ce serait la moitié. Or, d'après mes *Untersuchungen*, huit compagnies seulement auraient poussé jusque-là. Scherff considère, dans le *M.-W.* (nº 99-101), ce fait comme un détail. Pour moi il est capital. Car c'est par là que le 25e fascicule confirme ce qui est dit dans les *Untersuchungen :* « Les braves assaillants n'allèrent pas jusqu'au « point où Scherff, dans l'ouvrage du Grand État-Major, « les fait *émerger ;* et toujours d'après le 25e fascicule, les « compagnies désignées plus haut ont seules pu éprouver « les effets du chassepot et du fusil à aiguille ; le combat « fut mené presque exclusivement par le 16e à cet endroit, « car à ce moment le gros du 57e arrivait seulement au « bord sud du ravin, et y succombait en un clin d'œil. »

Le récit de Schultze.

Le capitaine Schultze est de l'avis du 25e fascicule, page 100 :

« Une partie de l'ennemi s'avance ; le reste se maintient

« en haut de la pente et fusille sans pitié, comme un gibier, « tout ce qui remue encore dans le fond du ravin. »

On trouve également dans le même auteur, page 82 :

« Le lendemain matin, je parcourus ce ravin et y aperçus « une masse sombre de corps humains; surtout au pied « de la pente, il y en avait des monceaux. Quand le jour « se fut levé, je distinguai les pantalons rouges des cada- « vres d'ennemis. Il y en avait plusieurs centaines sur un « ressaut de terrain. » Schultze a dû voir tout cela du haut du bord sud du ravin. Or ces *plusieurs centaines* devaient se trouver sur un bien petit espace. Quiconque sait ce qu'est un champ de bataille appréciera combien cette estimation de corps entassés sur le sol peut être trompeuse. Il vaudrait donc mieux ne pas tenir compte de ce renseignement.

Examen du récit de Schultze.

Comparons ce récit à la description des tombes d'après le plan qu'en donne le 25e fascicule, et dont nous parlerons tout à l'heure : on y voit dans tout le ravin quatre fosses, 144, 145, 146 et 147. C'est dans leur voisinage que se trouvait Schultze et, dans une seule d'entre elles, on déposa 11 Français ! Cela ne paraît pas confirmer le récit du 25e fascicule, mais plutôt le combattre. Prétendra-t-on que les Français ont retiré du ravin les « plusieurs cen- « taines de cadavres » pour les enterrer dans les fosses 165 et 166, bien plus éloignées ? Dans les trois fosses réunies, il n'y en avait d'ailleurs que 190. Mais on peut se représenter quel travail long et fatigant c'eût été. Pourquoi n'eût-on pas fait de même du côté allemand ? Dans les tombes les plus éloignées, 167, 168, 169, 170, il y avait en tout 320 Français ; dans la tombe 171, 250. Cette dernière était à 850 mètres au nord du ravin ; les fosses 167, 168 et 170, à 500 mètres ; la tombe 169, à 300 mètres au moins, toujours au nord du ravin.

Les Allemands n'avaient dans les tombes du ravin (144, 145, 146, 147) que 27 corps, y compris les officiers. Cela ne prouve pas que l'intensité du combat ait été grande en cet endroit. Dans les tombes au nord du ravin (161, 162, 163, 164, 165, 166), il se trouvait 169 Allemands. C'est là que le combat a été le plus meurtrier et ces pertes considérables se sont produites au moment de la retraite. En faisant la moyenne pour les neuf compagnies, cela donne de 18 à 19 hommes par compagnie.

Au point de vue français, il y a lieu d'examiner de plus près encore les emplacements des tombes, car avant l'attaque de la 38e brigade, la division Grenier s'était avancée presque tout entière jusqu'auprès de l'arbre sud et y avait subi des pertes considérables. Plus tard, elle revint au ravin et ensuite, après l'échec de la 38e brigade, plusieurs unités de la division *de Cissey* retournèrent au point où avait été la division *Grenier*. Le sergent d'artillerie enterré dans la fosse 115 doit donc avoir appartenu à la division Grenier; il paraît peu probable, au contraire, que la fosse 114 comprît des Français; les 11 Français de la tombe 147, ainsi que celui de la tombe 148, ont pu aussi bien appartenir à la division Grenier qu'à la division de Cissey, tandis que les 6 Français de la tombe 154 sont certainement de la division Grenier. Quoi qu'il en soit, les tombes du sud du ravin ne comprenaient pas en tout plus de 19 Français.

Dans le ravin, comme je l'ai déjà dit, il n'y avait qu'une tombe qui comprît 11 Français, victimes sans doute du feu de leur infanterie.

Parmi les Français enterrés au nord du ravin, il faut compter certainement les 84 de la fosse 165, comme tués au combat du ravin, de même les 95 de la tombe 166, en tout 179.

Selon le 25e fascicule, le 16e a dû s'avancer à 150 pas au delà du ravin. De ce point aux tombes 170 et 168, la distance peut être de 350 à 400 mètres; jusqu'à la fosse 171, environ 650; 350 mètres à la tombe 169 et 800 mètres jusqu'à la tombe 167. Par suite, les 265 Français enterrés dans les tombes 171 et 167 ont dû tomber pour la plupart sous le feu de notre artillerie, de même les 305 de la tombe 170. L'effet du fusil à aiguille, au nord du ravin, n'a donc pas été terrible.

En prenant, d'après le 25e fascicule, la répartition des troupes françaises et leurs pertes, voici ce que l'on trouve :

Le 43e rég. d'infant.	a perdu	5 off.	180 hommes	tués	ou	blessés.
13e —	—	6 —	91	—		—
1er —	—	16 —	400	—		—
20e bat. de chass.	—	5 —	68	—		—
73e rég. d'infant.	—	18 —	347	—		—
57e —	—	23 —	279	—		—

De ces différentes unités, le 43e et le 13e régiment avaient au plus la moitié de leur effectif contre la 38e brigade ; des autres corps, le 1er régiment et le 20e bataillon de chasseurs ne combattirent que le 57e; le 73e régiment fut engagé contre le 16e allemand, et le 57e (le 57e français) contre le 16e allemand. Encore nous verrons plus tard ce que dit Opderdeck. Si je n'attribue qu'un tiers des pertes du 73e français au feu de notre 57e, ce régiment aurait abattu 27 officiers et 584 hommes en face de lui, et le 16e 35 officiers et 510 hommes seulement. Les 235 hommes tombés dans les 13e et 43e français seraient à répartir en parts égales entre les 16e et 57e allemands. Tout cela montre clairement que notre feu a été plus meurtrier au sud du ravin qu'au nord.

Relations françaises.

Scherff prétend encore que l'infanterie ennemie n'a été canonnée que par deux batteries allemandes : nouvelle erreur. Six batteries ont ouvert le feu. Comme la division de Cissey était massée, l'effet produit a été considérable. Il n'y a qu'à lire les lignes suivantes de J. Ledeuil d'En-

quin (p. 15) : « En avant des nôtres, deux batteries fran-
« çaises répondaient de leur mieux aux coups tirés par l'ad-
« versaire, coups dont le 57e recevait les éclats. Le régiment
« était formé en bataille par *bataillon* en masse, présentait
« aux coups de l'ennemi une assez grande surface pour
« que presque tous ses coups portassent. De temps à autre
« un sifflement de balle venait mêler son bruit strident
« aux coups sourds du canon et des éclats d'obus. On resta
« une bonne demi-heure dans cette pénible situation, re-
« cevant deci delà quelques horions qui en étendaient
« quelques-uns. Enfin n'y tenant plus, le régiment se lève
« sans ordre et crie : « En avant ! »

Le même auteur raconte encore le combat au nord du ravin, tout autrement que le 25e fascicule : « On n'est pas « parti qu'on ne sait déjà plus à qui obéir. Tel capitaine « pousse sa compagnie en avant, tel autre arrête la sienne « et la maintient. Le régiment est sans direction..... Il était « temps : les Prussiens étaient sur les nôtres, on les avait « à 30 mètres ; ils escaladaient en ligne de tirailleurs assez « compacte la rampe d'un ravin. Tous les coups portaient, « ils tiraient sur la masse. De notre côté, les hommes « seuls qui étaient en avant pouvaient faire feu. » D'après cela, le feu de l'infanterie française aurait donc commencé par être assez faible. Ensuite, toujours d'après le même auteur, les Français ont repoussé l'adversaire jusqu'au ravin, l'ont franchi et gravi la pente sud d'où partait ce feu si meurtrier : c'est seulement alors que le feu français devint vraiment efficace.

Rapport Opderdeck.

Le rapport du lieutenant de réserve Opderdeck est ainsi conçu : « Au moment de dépasser le bord sud du ravin, je « fus frappé de deux coups de feu ; l'un à l'épaule, l'autre « au bas de la cuisse gauche et je tombai entre les mains « des Français qui suivaient de près. Je remarquai que

« c'était le 57e de ligne qui me dépassa, aigles déployées. « C'était à peu près à l'endroit où le chemin de Mars-la- « Tour coupe le ravin à l'ouest du bois de Tronville. » Opderdeck confirme ici quatre de mes affirmations : 1° Que la 12/57 était beaucoup plus à l'Est qu'il n'est indiqué sur le plan 4 du 25e fascicule ; 2° Que la 12/57 n'a pas atteint le bord nord du ravin ; 3° Que le combat à cet endroit ne dura que fort peu de temps ; 4° Que la division de Cissey s'avançait *aigles déployées*. Enfin ce passage ne laisse aucun doute sur le lieu exact où il fut fait prisonnier. C'est à l'endroit où le chemin de Mars-la-Tour coupe le ravin à l'ouest du bois de Tronville, donc à 200 mètres au moins de la tombe 139 du plan du 25e fascicule, et du point du plan 4 où se trouvait, prétend-on, la 12/57. Enfin il est d'accord avec mes *Untersuchungen*. C'est bien là que le 57e français a dépassé Opderdeck, et selon le 25e fascicule (plan 4) ce serait le 1er régiment ! Il y a encore bien d'autres données du 25e fascicule sur la position des troupes françaises qui, pour moi, sont plus que douteuses, mais ce n'est pas ici le lieu de tout discuter. J'ai gardé plusieurs années une paire d'épaulettes que le fusilier Dienemer avait ramassées à côté de moi après l'attaque du 1er dragons de la Garde : elles portaient la marque du 57e de ligne.

Quant au 73e de ligne, il ne pouvait effectuer dans un temps plus court son mouvement vers l'Est, ayant à faire le passage de la portion la plus escarpée du ravin qu'il ne pouvait éviter d'après les plans 4 et 5, et cela, au moment le plus terrible du combat (25e fascicule). C'est de la simple tactique.

Le rassemblement.

Si malgré tout le 25e fascicule prétend que ce mouvement appartient à l'histoire, il faut pourtant bien abandonner la légende du combat acharné dans le fond du ravin (il n'a jamais eu lieu) en même temps que celle du combat en retraite (voir appendice V). Je peux affirmer en qualité de témoin oculaire qu'une fois en retraite, personne ne pensa à la résistance. C'était tout simplement le : Sauve-qui-peut! Ce n'est qu'à la route de Vionville—Mars-la-Tour que quelques petites fractions ont cherché à se reformer. Certains officiers, comme le capitaine Ohly, ont naturellement cherché à grouper les hommes, mais le lieutenant-colonel de Roëll, en particulier, n'est pas tombé comme le dit le 25e fascicule, page 53 « *en cherchant à rassembler les* « *fuyards pour organiser la résistance* » ; ce rassemblement n'a pu se faire qu'à la grande route de Mars-la-Tour. En marge de mon travail d'hiver (1), le lieutenant Hilken a écrit la remarque suivante : « Le colonel de Cranach remit « le drapeau du 1er bataillon au lieutenant Hilken ; celui-ci, « aidé du lieutenant Hummel, rassembla au drapeau les « débris du régiment, sur la hauteur de Tronville. » En note, au même passage, mon colonel a ajouté de sa main : « Le lieutenant Hummel, adjudant-major du régiment, « prit le drapeau du bataillon des fusiliers au lieutenant « de Streit, qui tombait d'épuisement. »

Version de Rège.

Voici ce que dit sur cet épisode le lieutenant de Rège, le 26 novembre 1881 : « Le sens des paroles, les termes « mêmes, à ce qu'il me souvient, étaient à peu près les « suivants : Voyons, Camarades, ne laissez pas abattre « ainsi votre courage. Nous sommes momentanément re- « poussés, mais non pas battus ; le sort à la guerre est « changeant : aujourd'hui pour nous c'est la pile ; à la pro- « chaine occasion, ils le payeront cher, les gaillards. C'est « tout ce que je me rappelle, et encore je n'en jurerais pas ;

(1) Note marginale du lieutenant Hilken et de mon colonel sur mon travail d'hiver.

« si vous demandez aux hommes ce qu'ils ont entendu, « vous aurez probablement vingt versions différentes : il « en est toujours ainsi. J'avais sauté pendant la retraite sur « un cheval sans cavalier. Brandissant mon sabre, je criais « à tous les hommes que je voyais autour de moi : Par ici ! « Rassemblement ! et autres cris semblables. Ils étaient « très abattus, beaucoup pleuraient ; il fallait bien leur « donner du courage. Le ralliement fut fait hors de portée « de fusil ; à quelle distance de l'ennemi ? je ne saurais le « dire : à peu près à la grande route. »

Le feu pendant la retraite.

Si l'on en croit le 25e fascicule, page 100, aux appendices, le lieutenant Hilken a écrit : « le feu fut continué « pendant la retraite ». Je ferai d'abord remarquer qu'il n'aurait donné ce renseignement qu'en 1897. Nous nous sommes souvent entretenus, lui et moi, à propos des *Untersuchungen*, de l'épisode de notre rencontre ; il ne s'est jamais élevé contre la narration que j'en ai faite ; il se montrait même très heureux que j'eusse *sauvé*, comme il disait, ses impressions. Quand je le rencontrai pendant la retraite, il ne se traînait qu'avec peine et tenait le cheval du capitaine Scholten par la bride. (Je connaissais très bien tous les chevaux du 16e pour les avoir vus sur la place d'exercice de Hanovre, qui nous était commune avec le 57e ; j'ai toujours eu la passion des chevaux.) Notre rencontre eut lieu près de l'arbre sud. Hilken ne pensait guère à *continuer le feu*, et pourtant il s'est conduit en toutes circonstances comme un brave officier.

J'ai déjà écrit dans mes *Impressions sur l'armée prussienne*, qui étaient encore manuscrites dans l'été de 1873 (la préface est du mois d'août 1873) : « Je vis bientôt se « traîner vers moi un de mes meilleurs amis, le lieutenant « Hilken. Il tenait en main le cheval du capitaine Schol- « ten, du 16e. Étant absolument épuisé, dans sa préoccu-

« pation, il ne remarqua pas ma blessure. Tout entier « encore à la tactique, ses premières paroles furent : « Voilà ; maintenant, Steinmetz verra bien qu'il n'y a rien « à faire sur cette position ; et, pour Dieu, que les Fran- « çais ne nous poursuivent pas avec leur cavalerie ! Il « m'offrit de monter le cheval qu'il tenait, et c'est à ce mo- « ment seulement que je lui montrai ma jambe traversée ; « alors il se dirigea sur Tronville. » Hilken a lu ce passage dans l'hiver de 1873-1874 sans y rien relever.

Au reste, le petit nombre de Français (19 en tout) enterrés au sud du ravin, prouve suffisamment que la 38e brigade, toute désorganisée pendant sa retraite, n'a plus fait de feux. Il faut tenir compte, en effet, de l'action de l'artillerie et du 1er dragons de la Garde. Du reste les Français ne nous serraient pas de près, et ils furent vigoureusement chargés par nos dragons.

J'ai fait remarquer dans les *Untersuchungen* que nos plus grandes pertes se produisirent pendant la retraite ; c'est aussi l'avis qu'émit Caprivi le 21 août 1870. D'après lui, la brigade était complètement disloquée et, si un seul escadron, venant de Mars-la-Tour, l'eût chargée, elle était incapable d'opposer la moindre résistance.

Voilà la vérité : dans une telle désorganisation il n'y a pas à parler de continuer le feu pendant la retraite.

Je crois avoir démontré dans les *Untersuchungen* que les hommes se sont maintenus dans les limites de la plus stricte discipline ; mais vraiment, il m'est impossible de dire comme Scherff, dans le no 101 du *M.-W.* de 1898, que les débris de la 38e brigade ont eu « conscience d'une victoire mo- « rale ». Je doute que lui-même y parvienne. Nous n'avons, Dieu merci, pas manqué par la suite d'avoir de telles satisfactions, et celles-là indiscutables.

« Chacun de nous, écrit de Rohr dans l'*Historique du « 1er dragons de la Garde*, comprenait nettement que la « bataille était perdue, et ressentait ce sentiment déprimant « que la charge nous coûterait très cher et aurait peu de

« chances de réussite (p. 130). Peu de temps après la son-« nerie du rassemblement, l'ennemi aurait pu occuper « Mars-la-Tour, sans coup férir (même auteur). »

Je crois, en effet, que la division de Cissey n'était pas tellement à bout de forces que semblent le dire les paroles d'officiers français, rapportées par Scherff : « *Si vous aviez « tenu cinq minutes plus longtemps — c'là était fini.* » Il est bien possible que des Français aient prononcé ces mots, mais j'ai aussi causé avec plusieurs officiers de la division de Cissey et tous disaient à peu près : « *Votre infanterie « est d'une bravoure admirable, mais mal conduite. Elle « nous a fait peu de mal; en revanche votre artillerie nous « a décimés.* »

Où commença la retraite.

On lit, dans la relation du Grand État-Major (liv. Ier, p. 617) : « Le combat sur la hauteur ne dura que quelques « minutes, et c'est au 16e qu'il fallut d'abord sonner la « retraite. » Le 25e fascicule cherche au contraire à prouver que c'est à l'aile droite qu'a commencé le mouvement. Pour moi, d'après mes propres observations, le Grand État-Major est dans le vrai; je renvoie à ce sujet à l'appendice VI et à mon travail d'hiver. — Quoi qu'il en soit, les 12e et 9e compagnies du 16e ne commencèrent à battre en retraite que sur l'ordre du lieutenant-colonel Sannow, et je peux affirmer qu'auparavant, pas un homme de ces deux compagnies n'a reculé. Sannow donna l'ordre, que j'ai entendu et transcrit mot pour mot dans mes *Untersuchungen*, après l'arrivée du lieutenant de Wohlzogen (adjudant-major du I/16), annonçant l'échec de son bataillon. Il est étonnant que les auteurs du 25e fascicule n'aient pas consulté cet officier, qui vit encore. Il a soigneusement étudié mon livre *Zwei Brigaden;* j'ai une lettre qui le prouve. Les 9e et 12e revinrent évidemment en désordre, mais pourtant au pas : je n'ai vu personne courir. Or, à ce moment, le feu était encore violent à notre droite, et ce n'est que plus tard qu'arrivèrent de ce côté, d'abord des hommes au pas gymnastique, puis des groupes courant à toutes jambes, qui traversaient le 16e comme le 16e traversait le 57e. Ce que j'avance dans les *Untersuchungen* est basé sur le rapport d'Opderdeck (appendice II), où on lit : « Je fus bientôt « fait prisonnier et, soutenu par deux soldats français, « transporté dans le ravin où les blessés étaient réunis. » — « C'est là que je vis à ma grande douleur que les Français « nous avaient pris un drapeau. Il était placé sur une voi« ture dont l'inscription portait : général Montaudon. Le « fer sortait par derrière, de sorte que la cravate pendait. » Opderdeck fut blessé sur le chemin venant du bois de Tronville, qui traverse le ravin, et le drapeau fut perdu à l'aile gauche (1). Il a dû se passer un certain temps jusqu'à ce qu'il fût mis dans une voiture et qu'Opderdeck le rencontrât ; or ce drapeau n'a pu être pris pendant la marche en avant du 16e ; l'ennemi s'en est emparé quand le 16e a été repoussé, et Opderdeck l'a vu dans le fond du ravin. Il faut donc conclure de tout cela que la retraite a commencé par le 16e.

Le lieutenant-colonel de Caprivi a pu voir fuir d'abord quelques hommes, puis de l'aile droite un très grand nombre, sans que cela prouve quoi que ce soit : en effet, du point où il était, il pouvait fort bien voir l'aile droite, très mal au contraire l'aile gauche, qui était d'ailleurs couverte d'un épais nuage de fumée. Et c'est le rapport de Caprivi, dit-on, qui a servi à former l'opinion du Grand État-Major. Mais alors comment se fait-il que ce qu'il a vu n'ait pas été reproduit dans l'ouvrage ? C'est probablement que le rédacteur de ce passage (des Marées) avait une autre manière de voir. La 6e compagnie du 16e avait été repoussée bien auparavant. Le 25e fascicule dit à ce sujet, page

(1) Au sud du ravin. Appendice III.

44 : « Cette troupe sans chef et démoralisée (6/16) reflua « vers 5 h. 1/2 sur Mars-la-Tour, tandis que l'adversaire « occupait de nouveau le bois de sapins. » Et page 45 : « Un peu avant 5 h. 1/4, quatre pelotons des 9e et 12e du « 16e formèrent une faible réserve au tournant du chemin « de Saint-Marcel. » Il y avait donc dès ce moment un trou dans notre aile gauche.»

J'ai écrit d'autre part dans mon travail d'hiver du 19 décembre 1872 : « Le choc de l'adversaire paraît s'être pro- « duit en même temps sur toute la brigade, mais pourtant « avec plus d'intensité sur le F/57 et le 16e que sur le I/57. « En tout cas, le 16e fut tout à coup complètement entouré « du côté de l'Ouest, tandis qu'à l'Est, l'ennemi menaçait « simplement de nous déborder. Le lieutenant-colonel de « Roëll eut le plus grand mérite à tirer le régiment de ce « pas critique, sans laisser faire de prisonniers. C'est à ce « moment que lieutenant Hœnig fut blessé, et presqu'aus- « sitôt le lieutenant-colonel de Roëll tomba frappé d'une « balle en plein cœur, environ à 50 pas du fameux ravin « (voir appendice VI). »

A quel moment finit le combat ?

Je suis donc dans le vrai en affirmant dans mes *Untersuchungen* que la retraite a commencé par le 16e. D'autre part, je reconnais volontiers que le 25e fascicule a établi mieux que n'importe qui la limite approximative du mouvement en avant, mais non pas la direction de l'attaque, ni l'étendue du front, ni le dispositif des troupes à la fin de ladite attaque. Il avait pour cela d'excellents renseignements, il pouvait puiser dans les documents déjà parus. Mais la IIe partie de son exposé, pages 73 et 74, manque au moins de clarté ; qu'on en juge : « Si d'une part il nous a « été possible, grâce à nos nombreuses recherches, de dé- « terminer exactement la direction, l'étendue et les limites « de l'attaque, nous n'avons pas eu moins de chance,

« d'autre part, pour savoir d'une façon exacte le temps « qu'a duré l'engagement. Le général commandant le IIIe « corps suivit, avec la plus grande attention, les progrès « faits à l'aile gauche. On le voit dans les notes déjà parues « d'un de ses officiers d'état-major (fascicule 18 des mono- « graphies, p. 586) : les notes, aussi bien que les rapports « des deux partis, permettent, en tenant compte de l'espace « parcouru, d'apprécier *approximativement* la durée de « l'attaque Wedell. » A-t-on pu savoir d'une façon exacte, ou bien seulement apprécier approximativement la durée du combat?! Je ne saurais le dire.

On lit dans mes *Untersuchungen*, page 158 : « C'est à « 5 h. 3/4 passées que les survivants de la brigade furent « rassemblés sur la route de Mars-la-Tour—Vionville. » D'après les notes du lieutenant en premier de Twardowski, de l'état-major du IIIe corps (25e fascicule, p. 76), c'est à 6 heures que parvint la nouvelle de l'échec de Schwartzkoppen. A la guerre il arrive souvent que les montres, dans un même corps d'armée, ne sont pas accordées; à plus forte raison entre deux corps différents. La concordance des heures dans ce cas est une chose vraiment exceptionnelle. De même les données horaires du croquis no III, qui est tiré de mes *Untersuchungen*, ne présentent que des différences insignifiantes avec les notes de Twardowski.

Si la direction donnée à l'attaque a été réellement déterminée par les raisonnements que le 25e fascicule attribue à Schwartzkoppen, il devient encore plus difficile de justifier ce général. L'erreur signalée dans les *Untersuchungen* devient monstrueuse. Non seulement il lança son attaque sans avoir couvert son flanc, non seulement il se trompa sur l'étendue du front français, mais il marcha droit devant lui sans se douter que son flanc était en l'air, de telle sorte qu'à 1600 mètres de l'ennemi il fut facilement débordé à gauche par les Français, tandis que sa propre ligne de combat se trouvait, à la hauteur même de ces masses débordantes, aux prises sur son front avec un ennemi supérieur en nombre. Ce cas n'est pas fréquent en histoire militaire.

Ordre et contre-ordre à Brandenburg.

Nous savons que le général de Voigts-Rhetz rappela au sud-est de Mars-la-Tour le comte de Brandenburg, que Schwartzkoppen avait envoyé sur Ville-sur-Yron (voir p. 47 et 90). Ces ordres et contre-ordres trahissent toujours le défaut d'entente des chefs. Néanmoins, le rappel du 1er dragons de la Garde a été heureux.

J'ai approuvé (p. 47) la mission donnée à cette cavalerie par Schwartzkoppen ; mais si l'heure que donne le 25e fascicule pour cet ordre (avant 4 heures) est exacte, cette reconnaissance n'aurait pû transmettre à temps un renseignement sur l'étendue de l'aile droite ennemie ; il ne serait jamais arrivé puisqu'il a déjà fallu si longtemps pour la simple transmission de l'ordre. En effet, d'après Rohr, Brandenburg l'a reçu à 4 h. 1/2 et, selon le 25e fascicule, Schwartzkoppen a donné à la brigade l'ordre d'attaquer à 4 h. 3/4. Seulement, si Schwartzkoppen avait détaché le comte de Brandenburg de son propre mouvement et plus tôt, il est certain que cet habile subordonné l'aurait renseigné à temps et aurait bien vu où s'appuyait l'aile droite française. De plus, le texte de cet ordre montre bien que, tout en détachant les dragons, Schwartzkoppen n'a pas l'intention de se faire renseigner sur l'étendue du front ennemi et d'en déduire la direction à donner à son attaque. Enfin, ce mouvement ne fut pas un résultat de sa propre détermination, mais suivit une fausse interprétation de l'ordre de 3 h. 23, et il n'a d'autre but que de « couvrir et « soutenir sur sa gauche l'attaque lancée contre le flanc « droit ennemi », conception qui dérivait de l'idée qu'avait eue d'abord Schwartzkoppen, de progresser avec son infanterie par Mars-la-Tour. Ce n'était donc qu'une simple flanc-garde à l'ouest de Mars-la-Tour, pendant l'attaque.

D'après le 25e fascicule, page 27, Scherff a trouvé Brandenburg à 1 kilomètre au sud-ouest de Mars-la-Tour. Il aurait donc mis (en supposant exacte la position de rassemblement du 25e fascicule) plus d'une demi-heure pour faire 1300 mètres; car d'après l'historique du 1er dragons de la Garde, page 126, l'ordre de Schwartzkoppen arriva à 4 h. 1/2. C'est dans l'intervalle que se produisit le changement d'idées qui lui fit, comme nous le savons, choisir pour objectif *« les batteries ennemies visibles à gauche du « bois de Tronville »*. Au point de vue tactique, c'est une faute de considérer une batterie visible comme l'aile extrême d'une ligne; et à cette époque-là encore plus qu'aujourd'hui, étant donnée la faible portée de l'artillerie. Il peut arriver que l'artillerie soit à l'aile d'une ligne, mais dans des cas spéciaux, par exemple, sur des positions préparées à l'avance. C'est d'ailleurs toujours très risqué. En général, on place toujours à proximité d'une position d'artillerie des troupes capables de couvrir son flanc extérieur, toujours faible, en profitant du terrain; on prolonge ainsi la ligne même des batteries du côté extérieur, ou bien on forme un crochet défensif en arrière de leur aile. En principe, on peut employer les deux procédés par le concours de deux armes : l'infanterie prolongeant la ligne, et la cavalerie massée en arrière, prête à utiliser à tout moment sa valeur offensive. Ce sont là les considérations tactiques générales qu'il faut avoir présentes à l'esprit pour tenter l'attaque de l'aile d'une ligne.

Dans ces conditions, il fallait bien penser que l'aile droite ennemie s'étendait vers l'Ouest, bien au delà des batteries. A quelle distance? De nouvelles considérations tactiques pouvaient encore le faire présumer, puisqu'on avait omis de faire reconnaître les limites du front et qu'on ne pouvait plus faire observer ce qui se passait du côté de la ferme de Greyère. En se plaçant dans la situation de l'adversaire, il fallait en arriver à cette conclusion : qu'il prendrait ses mesures pour se faire couvrir sur la ferme de Greyère, car c'était là que la position française trouvait tout naturellement son point d'appui de droite, l'Yron, ayant sur son front le *ravin*. Je crois que l'étude de ces différentes hypothèses sur une aile stratégique ne dépasse pas ce que l'on pouvait moyennement demander à un général allemand ; aussi me paraît-il étrange que le chef qui nous occupe ait, sans autre renseignement, considéré comme l'extrême droite ennemie ce groupe de batteries. On peut seulement apprécier différemment la raison tactique qui a fait masser à l'avance la cavalerie en dehors de la position ennemie au point où elle devait trouver le plus tôt possible la liberté d'action qui lui était nécessaire. (Voir p. 89 et 90.)

Nouvelles erreurs de Scherff.

Dans l'ordre de 3 h. 23, le général de Voigts-Rhetz disait : « Portez-vous à l'attaque de l'aile droite ennemie. « Je vous soutiendrai avec toute la cavalerie réunie. » Voigts entendait par là la 5e division de cavalerie. L'ordre que reçut cette division à 3 h. 1/2 lui prescrivait, « en pas- « sant par Mars-la-Tour, de marcher sur Jarny pour entou- « rer l'aile droite ennemie ». On aurait dû le communiquer à Schwartzkoppen. Pour l'exécuter, les pelotons de Rheinbaben, qui se tenaient en réserve entre Tronville et Puxieux, se mirent en mouvement vers Mars-la-Tour, mais seulement à 4 h. 1/2 (25e fascicule, p. 29). Cette heure doit être exacte. Mais il est curieux de remarquer comme les ordres sont mal compris et exécutés ce jour-là au Xe corps, et comme l'exécution en est lente. Rien ne serait plus injuste que d'en rendre responsable le général en chef. A 3 heures, Voigts-Rhetz et Rheinbaben étaient à Tronville (25e fascicule, p. 11); ils y étaient probablement encore à 3 h. 1/2. Quelle a donc été la cause du retard apporté à l'exécution de l'ordre? Ce qui est regrettable, c'est que si l'exécution avait été immédiate, la cavalerie massée se serait probablement trouvée en mesure de reconnaître à temps la véritable position de l'ennemi, et que ce renseignement aurait eu une plus grande influence sur les ordres d'attaque du général de Schwartzkoppen. (Ordre donné à Rheinbaben à 3 h. 1/2. Ordre d'attaque de Schwartzkoppen à 4 h. 3/4.)

Comment Scherff a-t-il encore pu se tromper au sujet de la mise en mouvement de toute cette cavalerie? J'ai pourtant entendu de sa bouche même ce qu'il disait à Schwartzkoppen après la remise de son ordre d'attaque, en voyant toute la cavalerie en formation serrée, passer au trot au sud de Mars-la-Tour : « C'est la 5e division de « cavalerie qui va soutenir l'attaque sur notre flanc. » (*Untersuchungen*, p. 94-95). Il me semble que l'heure précise de pareils événements aurait dû se graver indestructiblement dans sa mémoire ; la masse de cavalerie devait, en effet, soutenir l'attaque de Schwartzkoppen, et il fallait combiner l'attaque de la 38e brigade et le mouvement de ce soutien. Or, dans ses *Kriegslehren*, Scherff (IIe liv., p. 259) nous dit que la « brigade de cavalerie de Barby ne « s'est portée sur la grande route qu'au moment de la « retraite de l'infanterie ». Mais la cavalerie n'a jamais marché dans cette direction. Voilà ce que Scherff n'aurait pas dû oublier. Et il en a même donné le tracé sur un plan ! Plus loin, Scherff écrit que Schwartzkoppen, « aurait « expliqué au capitaine de cavalerie de Heister, qui le « dépassait, qu'il était impossible pour le moment d'entrer « en ligne à l'est de Mars-la-Tour ». Ainsi, à côté de l'erreur d'heure, il rapporte un propos qui n'a jamais été tenu et n'a jamais pu l'être, étant données les circonstances. L'appendice 43, page 105 du 25e fascicule le montre bien par le récit de Heister. Il semble que Scherff, en écrivant ses *Kriegslehren*, s'est laissé égarer par des idées qu'il a dû se forger après coup, au sujet de la direction prévue dans l'ordre de 3 h. 23 pour la masse de cavalerie. Il semble en résulter qu'il s'est fait de l'action de la cavalerie une idée inexacte, quant au temps et au lieu, idée qui pécherait donc totalement par la base. Si Scherff, comme nous le voyons, est capable d'oublier les *faits matériels* les plus importants auxquels il a pu assister, ce qu'il nous rapporte pourra être encore bien erroné lorsqu'il s'agira de *considérations*.

Scherff n'a certainement pas eu conscience du danger qu'il y a à baser toutes ses informations sur la mémoire. Il a, comme d'autres, fait appel à sa mémoire. Or, elle lui montre les faits, non comme ils se sont passés, mais comme ils lui apparaissent d'après ses réflexions, d'après les critiques de son esprit méticuleux (critiques souvent fort justes). Il oublie la faculté qu'a la mémoire de se dédoubler, sa tendance à modifier les faits, dès qu'il faut justifier des mesures prises ; on croit le souvenir absolument exact et il ne soutient pas l'investigation historique. L'histoire, basée sur la mémoire, est déjà bien souvent inexacte : combien plus encore la critique de faits basés sur le souvenir !

L'ordre de 3 h. 23 est obscur.

Nous avons vu que Schwartzkoppen détacha le comte de Brandenburg trop tard, simplement pour couvrir son attaque conformément à l'ordre de 3 h. 23 du général de Voigts-Rhetz, et sans savoir, d'ailleurs, quelle direction ce général avait l'intention de donner à la masse de cavalerie. L'obscurité qu'il y a dans cet ordre aurait donc été dissipée, si Schwartzkoppen s'était rendu le plus tôt possible auprès du général en chef. C'est le mot « réunie » qui n'est pas clair. Étant donnée la situation, le soutien ne pouvait être efficace que sur le flanc droit de l'aile ennemie, et les mots : « la cavalerie réunie » pouvaient faire croire à Schwartzkoppen que la cavalerie du comte de Brandenburg devait se joindre au mouvement.

Il n'y a pas manqué. On ne peut donc rien objecter à son ordre, quoiqu'il soit exactement à l'encontre du plan du général de Voigts-Rhetz ; Schwartzkoppen croyait devoir adjoindre la cavalerie de Brandenburg à celle de Rheinbaben.

Schwartzkoppen ne se constitue pas de réserve.

Lorsque Schwartzkoppen envoya Scherff, il n'était certainement pas encore décidé à mettre toute la 38e brigade en ligne, car alors il aurait gardé sans doute le comte de Brandenburg à sa disposition. Il aurait eu ainsi à sa portée le moyen d'enrayer une déroute, et, en cas de succès, il aurait pu utiliser sa cavalerie ; en un mot, il se serait constitué une réserve tactique, sans parler de la nécessité éventuelle d'avoir un soutien d'artillerie.

L'exécution de l'ordre était déjà commencée, quand le comte de Brandenburg reçut, d'après l'historique du 1er dragons de la Garde, l'ordre direct du général de Voigts-Rhetz d'avoir à servir de soutien à l'artillerie. En conséquence, le comte ne dirigea sur Ville-sur-Yron, avec la batterie Planitz, que le 4e escadron du 2e dragons de la Garde.

Le 25e fascicule, pages 27 et 28, nous dit que le comte de Brandenburg reçut, pendant sa marche, « un ordre du « général en chef appelant la brigade à l'est de Mars-la-« Tour ; le 1er dragons de la Garde fit aussitôt demi-« tour..... et prit, par le fait, position au sud-est du « village ».

Quelle est la version exacte ? Elles sont toutes deux d'accord jusqu'à un certain point ; en particulier, pour ce qui est du croisement du 1er dragons de la Garde avec la brigade Barby, qui eut lieu avant 5 heures ; le 4e escadron du 2e dragons de la Garde chargea par la suite une cavalerie française bien supérieure en nombre et fut repoussé avant que la cavalerie massée ne fut entrée en ligne au nord-ouest de Mars-la-Tour. Cet escadron sauva la batterie qu'il accompagnait. Ce qui montre bien qu'il n'y avait plus à donner de renseignements, et qu'à ce moment déjà, la cavalerie de Schwartzkoppen n'était plus à même d'éclairer.

A ce que nous croyons, Voigts-Rhetz ne donna à Schwartzkoppen d'éclaircissement sur ses ordres à Brandenburg que quand ils se rencontrèrent, c'est-à-dire à 5 heures passées. Pendant ce temps, Schwartzkoppen s'était décidé à attaquer avec toute la brigade, lui avait choisi un point de direction et ne la quittait pas de sa personne. Scherff nous apprend bien, dans ses *Kriegslehren*, que Schwartzkoppen avait pris toutes ses dispositions sur la carte. Il y a différentes manières de faire ; mais, en tout cas, si son attaque réussissait, il n'avait (étant donnée l'heure où il s'y déterminait : 4 h. 3/4) aucun moyen de l'achever ; si elle échouait, il était perdu sans retour.

Le général Voigts-Rhetz se constitue une réserve.

Schwartzkoppen dut donc éprouver un véritable soulagement quand il apprit que Voigts-Rhetz avait rappelé le comte de Brandenburg comme soutien d'artillerie. Le général de Voigts-Rhetz a donc atténué, peut-être pas autant qu'il l'aurait fallu, mais déjà suffisamment, l'effet des dispositions prises par Schwartzkoppen, en les corrigeant, sans même en avoir la connaissance complète. Nous savons aujourd'hui que, grâce à la constitution de cette réserve, l'offensive française fut arrêtée ; que la charge du 1er dragons de la Garde sauva les débris de la 38e brigade d'un anéantissement complet, et que la 5e batterie légère du 10e eut, grâce à elle, le temps d'amener les avant-trains. Le retrait des dragons par le général de Voigts-Rhetz a donc été largement récompensé.

Critique du 25e fascicule.

Le 25e fascicule écrit, page 30 : « C'est par un enchaînement de circonstances malheureuses que le 1er régiment des dragons de la Garde fut rappelé juste au moment où le prélèvement de l'escadron Hindenburg et de la batterie Planitz fut nécessaire. Les batteries du colonel von der Goltz n'avaient besoin de soutien que jusqu'à l'entrée en ligne de la brigade Wedell ; si on désirait un soutien plus fort que celui déjà placé (à savoir les deux escadrons du 4e cuirassiers), on aurait pu le prendre dans la cavalerie qui était la plus rapprochée, c'est-à-dire dans l'autre moitié du 4e cuirassiers. Le général en chef supposait que les têtes de colonnes de la division Rheinbaben étaient déjà au delà de Mars-la-Tour, et voulait rendre cette division aussi forte que possible pour la faire agir *en masse* sur l'aile droite de l'adversaire. »

Cette critique, dirigée contre le général de Voigts-Rhetz pour se couvrir, est injuste. Si le général de Schwartzkoppen s'était porté de sa personne en temps utile auprès du commandant de corps, l' « *enchaînement de circonstances malheureuses* » ne se serait pas produit. Mais ce général a agi autrement. C'est là une des causes des malentendus qui se sont produits à cette aile. Je crois, d'ailleurs, avoir relevé équitablement les responsabilités dans les imperfections de l'ordre de 3 h. 23.

Attaque du 1er dragons de la Garde.

La façon dont se passa la charge des dragons de la Garde est exposée dans le 25e fascicule bien différemment de ce qu'on lit dans l'historique de ce régiment, de de Rohr, et on ne s'explique pas sur quoi se base le premier de ces écrits. Le 25e fascicule dit, en propres termes : « Le géné-

« ral de Voigts-Rhetz s'écria : Il faut maintenant que la « cavalerie charge « COUTE QUE COUTE (1) », et il détacha un « officier de son état-major auprès du comte de Branden- « burg..... avec des ordres en conséquence (p. 54). Sachant « parfaitement que la charge n'avait que peu de chances « de réussir, et que le régiment devait *se sacrifier* pour « l'infanterie gravement menacée, le colonel de Auerswald « passa à l'exécution de l'ordre. » En note : « Comparer l'historique du 1er dragons de la Garde, page 127. »

Le 25e fascicule n'a pas de chance en renvoyant à la comparaison (voir plus loin appendice III) ; car on lit à la page 127 : « Le général commandant le Xe corps s'ap- « procha du régiment sur la grand'route de Vionville et « donna l'ordre au comte de Brandenburg, qui se portait « à sa rencontre, de charger avec sa brigade l'infanterie « ennemie. Celui-ci lui rendit compte qu'il n'avait plus que « le 1er dragons de la Garde et que la masse d'infanterie « ennemie qui s'avançait, étant absolument fraîche, il ne « pouvait répondre du résultat que s'il lui était permis de « choisir lui-même le moment de la charge. Le général de « Voigts-Rhetz lui répondit : Le régiment n'a pas à « *obtenir un succès.* Mais s'il arrête l'ennemi seulement « dix minutes, dût-il succomber jusqu'au dernier homme, « il aura rempli sa mission. »

J'ai déjà montré dans mes *Untersuchungen* comment la 38e brigade a échappé à une poursuite plus prolongée, grâce aux charges de notre cavalerie ; pourtant, je me permettrai ici deux remarques :

1° Le 1er dragons de la Garde poussa sa charge, les 5e et 3e escadrons à gauche et le long du chemin de Bruville, le 1er à droite et de même. Le comte de Brühl ayant fait, il y a quelques années, des recherches pour son tableau de la charge du 1er dragons de la Garde, qui se trouve au mess

(1) En français dans le texte.

de ce régiment, me demanda, à plusieurs reprises, mes impressions et les nota ; je dus, à ce propos, me représenter à nouveau les événements qui avaient été déjà pour le peintre Rocholl, de Düsseldorf, le thème de son fameux tableau : « Le colonel de Cranach et le drapeau du 57e ». Je suis donc certain que le 1er escadron a chargé au sud du chemin. Du reste, ces deux tableaux ont été faits presque entièrement d'après mes données, de même que ceux de la bataille de Beaune-la-Rolande ;

2° Les 4e et 5e escadrons du 4e cuirassiers chargèrent plus au Nord-Est que ne l'indique le plan 5, et il aurait été, selon moi, bien plus facile aux cuirassiers qu'aux dragons de la Garde d'avoir la victoire, car le feu ennemi était presque uniquement dirigé contre ces derniers. Mais tandis que la charge des dragons se faisait avec la rapidité de l'éclair et que tout le monde y paraissait animé du souffle qui brise tous les obstacles et cherche le choc, la charge des cuirassiers a été lourde et peu énergique. En d'autres termes, le résultat obtenu par notre cavalerie aurait pu être beaucoup plus décisif si le 4e cuirassiers s'était mieux comporté dans le rôle de deuxième ligne que lui assignaient les circonstances.

Retraite sur Thiaucourt.

Au moment où il donna son ordre d'attaque, le général de Schwartzkoppen ne savait donc rien des positions de la brigade Pradier et des masses de cavalerie ennemie aux environs de Greyère. Quelle que pût être la direction qu'il avait projeté de prendre, il fallait pourtant que, dès le début du combat, le général s'aperçût que l'aile droite ennemie s'étendait beaucoup plus à l'Ouest qu'il ne l'avait supposé. Le bruit des détonations l'indiquait : la 6e compagnie du 16e était déjà revenue à Mars-la-Tour au moment où la masse de la brigade se trouvait au ravin. L'avantageur Meissner, alors à la 5e compagnie du 16e, avait brûlé

30 cartouches. Cette violente fusillade auprès de la ferme de Greyère ne peut avoir échappé à Schwartzkoppen. Si la masse de la 38e brigade s'est vraiment trouvée agglomérée en dernier lieu à l'est du chemin de Bruville, comme le prétend le 25e fascicule, et si, comme il l'établit, les 5e et 6e du 16e ont fait face à la ferme de Greyère sur l'ordre du colonel de Brixen, et sans que Schwartzkoppen le sache, il semble pourtant que tout cela aurait dû accroître encore les vives préoccupations qui agitaient ce dernier, dès le début de l'action, au sujet de son aile gauche. Quoi qu'il en soit, le général n'avait plus un seul homme sous la main, plus la moindre fraction pour faire face à l'ennemi du côté de la ferme de Greyère ; il ne pouvait, du reste, plus penser à donner une nouvelle direction à aucune des troupes engagées de la brigade, ni à retirer du combat des fractions pour en constituer une réserve. La chance s'était dès lors tournée contre lui.

Quand il vit que son plan avait échoué, que les quelques débris de la brigade battaient en retraite en désordre, Schwartzkoppen sentit bien perdue la partie qu'il avait jouée en engageant toutes ses forces ; sachant toute résistance impossible, il se mit en retraite sur Thiaucourt. Ce fut donc le général de Voigts-Rhetz qui donna au 1er dragons de la Garde l'ordre de charger et sans en avertir le général de Schwartzkoppen. Celui-ci se souvint de la direction générale que le commandant du corps d'armée lui avait indiquée avant le combat, et crut agir dans les vues de son chef en battant en retraite sur Thiaucourt. Nous examinerons ce qui en résulta dans le chapitre X : « *Retraite sur Thiaucourt* ». Pour l'instant, je continue par la discussion des croquis des tombes du 25e fascicule, dont j'ai déjà eu l'occasion de parler.

CHAPITRE IX

Le plan des tombes du 25e fascicule et la mort du lieutenant-colonel de Roëll.

Manière de voir de Scherff.

En dehors des croquis de tombes (croquis n° 2) déjà mentionnés, le 25e fascicule publie en supplément une *liste* des tombes. Le plan est basé sur un document établi à Metz en 1871-1872, « qui présente, d'après ledit fascicule, la « plus grande garantie d'exactitude, une grande partie « des tombes existant encore à cette époque ». La liste qui l'accompagne est du même temps. J'ai accueilli ces deux documents avec une joie sincère. Car, en histoire, il ne s'agit pas tant de savoir qui a raison, mais où est la vérité. Mais tandis que le 25e fascicule se contente d'y trouver une preuve de « l'exactitude du plan 4, en ce qui « concerne la direction de la brigade Wedell et le théâtre « du combat », Scherff, à la page 2587 du *M.-W.* de 1898 y trouve une preuve irréfutable de « *l'exactitude de la « description jusque dans ses moindres détails* ».

Avis de l'auteur.

Avant d'examiner ces deux manières de voir, il faut que je rappelle mon exposé des *Untersuchungen* (p. 143), écrit après la visite que je fis en novembre 1870 du théâtre du combat héroïque de la 38e brigade. J'avais fait alors un petit croquis des tombes, que je ne possède malheureusement plus ; autant que je peux me souvenir, le plan, en ce qui concerne les tombes situées à l'est de la route Bruville —Mars-la-Tour, est d'accord avec mon impression d'alors, mais je trouve qu'il en manque beaucoup aux environs de l'arbre sud. Toute cette région, jusqu'au ravin, me fit vraiment, au sens propre du mot, l'effet d'un cimetière. Les croix se dressaient à côté des croix sur les petites éminences presque alignées. J'en ai conclu que le feu avait été très intense justement à l'endroit où je me suis tenu jusqu'au début de la retraite (aux 9e et 12e du 16e).

Vers l'Ouest, dans la direction de la route, le cimetière était manifestement plus clairsemé et cessait tout à fait à la route. Ce n'est qu'à l'ouest de celle-ci que les tombes se retrouvaient en très grand nombre. Je crois, entre la route Mars-la-Tour—Bruville et le chemin de la ferme de Greyère, en avoir compté plus d'une douzaine, peut-être 16. Je reviens aux 5e et 6e compagnies du 16e régiment. J'ai conclu de ces remarques que le combat, en cet endroit, avait été moins sanglant, ce qui est aujourd'hui prouvé ; mais que pourtant des fractions du 16e avaient dû, en dernier lieu, marcher des deux côtés de la route Mars-la-Tour—Bruville. C'est encore ma manière de voir aujourd'hui. Or, le 25e fascicule nous dit que le renseignement provenant de Metz donne, avec une grande exactitude, « *une grande partie* » des tombes existant alors ; cela veut dire, d'après moi, que celles qui sont portées sur le croquis et qui existaient encore alors, le sont très exactement, mais que, en dehors de celles-là, il a dû en exister beaucoup d'autres — le complément de la grande partie — que l'on ne pouvait plus voir en 1871-1872. Il est probable que les propriétaires des champs avaient déjà aplani les petits tertres pour que les parents des braves tombés ne vinssent plus fouler les terres dans leurs visites. J'ai déjà fait cette remarque sur plusieurs champs de bataille.

Étendue du front.

Si l'on veut se rendre compte de la valeur du plan des tombes, il faut le comparer en tous points avec l' « *Extrait des listes des sépultures des communes de Gorze, Mars-la-Tour et Vionville* ».

Le croquis n° 2 confirme mon dire sur l'étendue du front. Je compte, de la tombe 176 à la tombe 121, plus de 2,000 mètres. Comme d'autre part, le 25e fascicule est aussi de mon avis pour dire que le lieutenant de Warendorff s'est avancé avec la moitié de la 1re du 57e (voir plan 4, 25e fascicule) jusqu'à la corne nord du bois de Tronville, il en résulte que l'étendue du front atteint ainsi 2,500 mètres, et jusqu'à la 2e compagnie de pionniers du 10e, plus de 3,000 mètres. Certes, sur ce front de 3,000 mètres, il y avait des trous ; en certains endroits, la brigade marchait en paquets compacts ; en d'autres endroits, on avait atteint l'extrême limite de l'héroïsme. Je n'ai jamais dit le contraire. Toutes ces communications du 25e fascicule font davantage ressortir l'impartialité de mes *Untersuchungen*, quand j'y déclare que la brigade ne put mener son attaque avec la cohésion qu'indiquerait le plan ; que les points de direction furent perdus, que la brigade se dissémina sur les deux ailes, tandis que le centre se formait en une masse compacte, contrairement aux vues de son chef. Ou bien dira-t-on que le général de Schwartzkoppen avait le projet d'arriver avec son centre sur six rangs de profondeur au bord nord du fameux ravin, tout en marchant à l'ennemi sur une ligne déployée de 3,000 mètres, c'est-à-dire plus que le front de combat d'un corps d'armée encadré ?

Inexactitude de l'opinion de Scherff.

L'accumulation des tombes entre les deux routes qui mènent à Bruville s'explique très bien par la marche de l'attaque, d'après la version donnée dans mes *Untersuchungen*. Elle appelle cependant une observation : quand une brigade réussit dans son attaque, et qu'elle n'a fait mouvement que dans un sens, en avant, on peut déduire de la situation des morts, avec certitude, la ligne suivie par chaque fraction de la brigade, si l'attaque a eu lieu, non pas sur plusieurs lignes, mais sur une seule, les bataillons et compagnies accolés. Seulement, quiconque a été employé à l'ensevelissement des cadavres, sait qu'on les rassemble en les amenant quelquefois d'assez loin. Ce rassemblement est généralement interdit près des masses, mais alors il se produit aussi une accumulation de cadavres, qui donne lieu à des tombes collectives. Le tableau perd donc de son exactitude ; les diverses fractions sont irrégulièrement réparties, car on n'a pas le temps de procéder à une disposition systématique. Aussi, en pareil cas, un plan des tombes ne peut-il donner de conclusions que pour le cadre de l'unité tactique — ici la 38e brigade — dans son ensemble, mais non pour les directions et emplacements des diverses fractions dans l'intérieur du cadre.

Mais si l'attaque échoue, et, comme c'est encore ici le cas, si les petites unités, déjà mélangées avant la retraite, se trouvent en plein désarroi et se débandent chacune dans une direction opposée, la carte des tombes est absolument sans valeur en ce qui les concerne et ne peut plus donner qu'une indication sur la direction générale de l'ensemble, indication qu'il faudra encore contrôler auprès d'autres sources sûres, et compléter par des recherches scrupuleuses et impartiales.

Le croquis des tombes, pour toute la région du sud du ravin, ne fournit d'indications certaines que sur la direction de la charge des dragons. Les 16e et 57e régiments étant mélangés et en plein désordre, leurs directions sont naturellement des plus vagues. La preuve en est que dans la tombe 119, par exemple, reposent 11 hommes des deux régiments. Or, à cet endroit, au moment de l'attaque, il n'y avait pas d'hommes du 16e, et à côté, la tombe 141 contient en même temps qu'un officier du 16e, un officier et 54 hommes du 57e. J'affirme pourtant que pendant la marche en avant, il n'est passé à cette place que des fractions des tirailleurs des 2e et 1re du 57e. Pour la 2e du 57e il peut y avoir doute, mais je ne m'arrêterai pas à discuter de pareils détails. Ce qui est certain, c'est que *quelques tirailleurs* seulement du 16e, des 9e et 12e compagnies, sont passés pendant l'attaque à la place où est la tombe 140; or, elle renferme 21 hommes et la tombe 139, 96 du 16e (et aussi du 57e). Si aucune erreur ne s'est glissée dans ce croquis, ce qui pourrait très bien être, on ne peut expliquer la composition des tombes que par le mélange des régiments, une fois leurs débris entourés des deux côtés. Cet *enveloppement*, ou plutôt *cette marche concentrique* des Français, a été décrit pour la première fois dans mes *Untersuchungen.* Je laisse à penser au lecteur quelle influence mon livre peut avoir eue sur le 25e fascicule! La place où le fait eut lieu est d'ailleurs marquée exactement sur le plan 5, mais je l'avais signalée et décrite auparavant dans les *Untersuchungen.* La place de la tombe 149 avec 58 hommes du 16e et du 57e ne prouverait pas que le 57e l'ait atteint pendant la retraite, puisqu'il est prouvé que le 25e fascicule se trompe en prétendant que nous avons été entourés d'abord par l'Est. Ce n'était possible que dans l'attaque. La position de cette tombe confirme mon assertion des *Untersuchungen*, à savoir que la 2e du 57e était à gauche des 9e et 12e du 16e au moins en partie et que cette compagnie s'est trouvée sur la direction du F/16 bien plus tôt que ne le dit le 25e fascicule. C'est donc mon opinion qui reste la bonne, et tout cela vient encore à l'appui de ce que j'ai dit à propos de la 2e du 57e sur la tombe 150 et ses 50 hommes des deux régiments. Dans ces conditions, j'avais donc lieu de me montrer satisfait de la publication de ce plan des tombes.

Lacunes dans le plan des tombes.

Mais ce plan est certainement très incomplet : la 5e compagnie du 16e régiment avait 18 morts, la 6/16, 26, plus 2 officiers ; les tombes 174 et 176 ne contiennent qu'un homme de la 5/16 et les tombes 172, 173, 175, en tout 15 hommes de la 6/16. Ainsi donc le croquis de Metz ne nous donne sur 46 hommes tombés que 17 enterrés. Il n'y a donc rien à objecter à ce que je prétends : que, en général, les corps qui reposent dans les tombes communes ont été relevés dans un rayon d'environ 100 mètres, plus peut-être à certains endroits. C'est donc à peu près de cette distance qu'a été agrandie la zone d'attaque de la 38e brigade à l'Est et à l'Ouest, sur les croquis 2 et 4 du 25e fascicule. J'ai déjà dit ma manière de voir sur ce que peuvent démontrer les tombes pour le combat du ravin.

Si par la suite, dans les sphères officielles, on veut utiliser les croquis de tombes pour reconstituer les événements, il faudra le faire avec beaucoup de circonspection, de prudence et avec nombreux commentaires. Si on fait autrement, on commettra les plus grandes erreurs sur toutes les batailles, quelles qu'elles soient.

Mort de Roëll.

La mort du lieutenant-colonel de Roëll se rattache aux croquis des tombes. Le 25e fascicule dit à l'appendice p. 100 et 101 : « Les versions se contredisent au sujet de « la mort du lieutenant-colonel de Roëll », et il se déclare dans le doute sur l'endroit où ce brave officier est tombé pour son pays. Il me semble pourtant l'avoir à dessein décrit très exactement dans *Zwei Brigaden*. Ma relation est de 1881 et, comme on peut le voir à l'appendice, est approuvée en tout et pour tout par M. le baron de Schimmelmann. Le lieutenant-colonel de Roëll est tombé dans l'espace compris entre les numéros 141 et 142 du plan des tombes, donc comme l'affirme Schimmelmann (avant 97) certainement sur le versant *sud* du ravin. Je crois que le récit de Schimmelmann, où il dit que « parmi les nombreux « morts du 16e il y en avait quelques-uns du 57e », est très probant; je veux bien admettre comme vraisemblable le dire : « que le 57e battit le premier en retraite » si l'on en excepte la 2e du 57e.

J'ai décrit, dans mes *Untersuchungen*, comment le sergent Möbus dit avoir vu le cheval de Roëll se cabrer et s'abattre. Ce fut quelque temps avant la mort du lieutenant-colonel, quand il eut suivi le conseil de Sannow de descendre de cheval. Roëll se mit à genoux à dix pas à peu près, et à droite de l'endroit où le lieutenant de Hövel était étendu tout de son long par terre perdant beaucoup de sang à la tête; le sommet de son crâne était tourné vers l'Est à peu près parallèlement au ravin. J'estimai que la petite éminence couronnée d'un buisson qui se trouvait là pouvait avoir dans les 150 mètres de largeur, elle dépassait le demi-bataillon des deux côtés (12e et 9e du 16e); ses tirailleurs y trouvèrent un abri. Quand Roëll a vu Hövel, nous devions (Roëll et Hoenig) être arrivés à la droite des 12e et 9e du 16e; au moment où Roëll mit pied à terre, il était impossible à Hövel de le voir. J'ai d'ailleurs eu l'impression qu'Hövel était extrêmement affaibli par la perte de son sang (voir appendice VI), car quand je lui parlai, il essaya à peine de me répondre et me montra sa blessure d'un air découragé. Roëll ne s'est nullement occupé de faire relever Hövel, je doute qu'il l'ait même remarqué. Il ne prit en tout cas aucune note sur lui, étant tendu tout entier vers l'ennemi et préoccupé de ses compagnies. Le lieutenant-colonel Sannow se trouvait à gauche de son aide de camp et n'a bougé que quand le lieutenant Wolzogen s'est approché. J'avais Hövel juste devant moi.

Mais Roëll était d'un tempérament trop vif pour rester

plus longtemps à genoux. Il se leva bientôt et marcha de long en large dans l'espace compris entre les tombes 141 et 140, préoccupé à la fois de ses drapeaux et des 1re et 2e du 57e qui venaient d'échapper à son commandement. Comme on voyait nettement dans la direction du bois de Tronville, Roëll put apercevoir le lieutenant en 1er de Warendorff : « Regardez-moi, dit-il, comme Warendorff fait le beau (1) ; il est toujours droit comme un cierge au milieu de ses tirailleurs ; » puis il fit signe de son sabre à Warendorff de se porter à gauche et lui cria plusieurs fois : « Warendorff, par ici ! » quoiqu'il eût dû se rendre compte que ce cri ne pouvait être entendu à cette distance. Cela arrive souvent au combat. C'est peut-être ce va-et-vient de Roëll qui a fait croire au 16e, comme Schultze le raconte : que « le lieutenant-colonel de Roëll s'était agité « pendant le combat du ravin derrière la ligne de feu du « 16e, brandissant son sabre nu et demandant ce que « devenait son bataillon. » La phrase a bien pu faire son chemin, car dans les tombes en question reposent des hommes du 16e. Il eut mieux valu ne pas rapporter ces paroles fatales ! Roëll n'avait rien à demander sur son bataillon, il savait parfaitement où en étaient les principaux éléments, même la 2e du 57e, car je lui avais rendu compte qu'elle était à gauche des 12e et 9e du 16e. Quand les 11e et 9e du 57e arrivèrent sur la ligne de feu, on ne pouvait plus voir Warendorff, pourtant Roëll lui fit signe et l'appela encore. Au moment où arriva le lieutenant de Wolzogen, Roëll était à sa droite, Sannow marcha droit vers lui, tournant le dos à l'ennemi. C'est alors que les 12e et 9e du 16e, sur l'ordre de Sannow commencèrent la retraite ; Roëll put encore dire : « Rappelez mon aide de camp », puis il tomba, je l'ai vu, sans pousser un cri. La version de Hövel, d'après laquelle Sannow et Roëll

(1) Kokettiren (*note du traducteur*).

étaient en train de marcher vers lui, ne peut s'expliquer. Les distances le montrent. Il se trompe d'ailleurs sur le point où il a été blessé (voir appendice VI), ses explications le prouvent. Sannow et Roëll ne se sont jamais éloignés des 12e et 9e du 16e; et moi, dès que nous fûmes (Roëll et Hœnig) derrière les 9e et 12e du 16e, je ne me suis pas éloigné de mon chef (1). Il y a 27 ans, ce point était parfaitement élucidé entre Hövel et moi.

Du reste, les sépultures laissaient en bien des endroits beaucoup à désirer. Les tombes, dans les fonds du champ de bataille, avaient la profondeur nécessaire, il n'en était pas de même sur la hauteur à cause du sol pierreux. A ces endroits, les corps étaient plutôt sur la terre que dessous; on les avait bien recouverts d'une épaisse couche d'humus, mais les fortes pluies d'automne 1870 firent ébouler les tumulus. En juin 1871, le régiment auquel avait appartenu Roëll apprit que son corps était presque à nu. C'est à la suite de cette nouvelle que son frère le fit ensevelir à l'endroit où il repose depuis. A d'autres places, d'après ce qu'on m'a raconté, les paysans heurtaient souvent des squelettes en labourant; c'est en partie sur leurs réclamations que le gouvernement français les fit exhumer en 1876.

---

(1) Vers le 30 août, le colonel du régiment m'envoya mon portefeuille à Sémécourt, me disant qu'il avait été trouvé près du corps du lieutenant-colonel de Roëll. On en avait conclu, comme de la décoration et des notes qu'il contenait, qu'il était à moi : la dernière mention portait le moment de l'arrivée sur le champ de bataille. Je donnai au colonel de Cranach des nouvelles de ma blessure, et lui marquai sur une carte l'endroit où le lieutenant-colonel de Roëll était tombé. Le lieutenant en premier de Pentz fit l'expédition de cette carte; elle est arrivée à destination, ainsi que d'autres lettres de MM. de Bernevitz et de Borcke.

CHAPITRE X

La retraite sur Thiaucourt.

Comment s'est posée, au début, la question de l'ordre de retraite.

En 1882, à Clèves, je fus, à mon grand étonnement, honoré de la visite du lieutenant-colonel des Marées, de l'état-major général. Il commença par prendre pour motif de son voyage si loin de Berlin, des affaires personnelles; puis le soir, suivant ses propres paroles, *il laissa tomber le masque*. Il était venu me voir à cause des *Zwei Brigaden*, qui avaient fait à Berlin une vive impression dans le monde militaire. Il me dit que je n'avais pas été adroit d'envoyer un exemplaire de luxe de mon livre avec une dédicace au général de Moltke, car j'aurais dû savoir que l'état-major général avait fait des démarches pour en empêcher la publication, en particulier auprès de la *Deutsche Heereszeitung* où mon travail avait paru d'abord. L'ancien officier d'état-major de la 19e division, von Scherff, poursuivait des Marées, avait fourni un rapport, mais ses données étaient incompatibles avec les miennes. Lui, des Marées, avait conseillé de faire faire le plus tôt possible une réponse officielle motivée aux *Zwei Brigaden*. Les principaux acteurs étaient encore vivants, il fallait en profiter; car, d'année en année, on pouvait perdre l'occasion d'une réplique bien sentie; que telle compagnie fût ici et telle autre là, cela n'avait pas d'importance; on noircissait beaucoup de pages, mais on ne faisait pas la lumière. Il en était autrement pour l'ordre de retraite sur Thiaucourt : Schwartzkoppen était mort, le rapport de Scherff ne donnait rien, l'ouvrage de l'état-major non plus; lui, des Marées, qui avait rédigé les livraisons 3 à 16, pouvait affirmer que l'on ne trouvait pas trace de cet ordre dans les rapports des troupes. Il avait maintes fois causé de cette question avec Kahlbacher, alors major au ministère de la guerre, qui, le 16 août, était aide de camp à la 38e brigade, et quoiqu'il ne fût pas facile de tirer de lui quelque chose, il avait toujours contesté qu'on eût reçu à la 38e brigade un ordre de cette nature. Il était donc intéressant de savoir si j'avais une preuve valable à l'appui de mon dire.

Je soumis alors au colonel des Marées la page de mon travail d'hiver du 19 décembre 1872, en marge de laquelle mon colonel avait écrit : *un aide de camp de la division.* Le lieutenant-colonel des Marées considéra cette annotation comme un document authentique, et me demanda d'emporter mon travail à Berlin. Je le lui donnai, et il me fut rendu le mois suivant.

Le général von Scherff écrit dans le n° 99 du *M.-W.* de 1898, qu'en 1882 toute réplique à cet écrit lui était interdite, parce qu'à l'état-major on voulait s'abstenir de toute polémique. Il fallait aussi dévoiler la raison de cette abstention.

Des Marées et Scherff étaient, au dire du premier, amis intimes. Des Marées venait me voir au nom de l'autre. Espérait-il par là établir entre Scherff et moi des relations qui m'avaient été souvent demandées par lettre, c'est ce qui m'importe peu; d'autant que j'ai appris depuis, à mes dépens, que M. des Marées n'était pas un homme sûr. A ce moment, les démarches réitérées du lieutenant-colonel des Marées me parurent bizarres et je déclinai son intervention.

Quand le colonel von Scherff eut, en 1882, fourni le rapport dont il avait été chargé, il parut, m'a-t-on dit, dans le *M.-W.* une rectification de six lignes, d'où il résultait qu'après une vérification officielle, mon dire était reconnu faux. Mais des voix protestèrent dans l'état-major général. On disait qu'à Ligny, des fuyards s'étaient sauvés sans ordre jusqu'au Rhin ; « cela peut donc se produire pour des troupes débandées, mais Hœnig prétend qu'il a été donné un ordre de retraite sur Thiaucourt, c'est-à-dire à plus de deux lieues ». Ce n'était pas un chef de bataillon ou un colonel qui pouvait donner un tel ordre ; il ne pouvait provenir que d'un grand chef, et alors c'était un aveu de défaite. Il était prudent de se taire ; car on ne savait ce que ferait découvrir une rectification.

Quand je publiai les *Zwei Brigaden*, beaucoup de personnages en cause vivaient encore : les généraux de Wedell, de Cranach, Sannow, qui avaient été ennoblis dans l'intervalle ; l'aide de camp de la brigade qui avait porté l'ordre sur le champ de bataille, le major de Kahlbacher ; le colonel von Scherff, de l'état-major de la 19e division ; le chef d'état-major du Xe corps, général de Caprivi ; le 3e aide de camp du général commandant le Xe corps, actuellement général, de Lessing. La réponse sur laquelle je comptais, car à mon avis, le plus important avait été omis par l'ouvrage du Grand État-Major, ne se produisit pas. Personne n'agissait officiellement ; pourtant le général de Moltke s'est occupé de l'affaire à sa façon. C'est tout au moins l'impression du général de Cranach. Après un dîner où nous nous trouvâmes ensemble, il me dit que de Moltke s'était convaincu de la véracité de mon dire, mais que cela pourrait me créer plus d'ennemis que d'amis. A ma question : qui donc a éclairé le général ? Cranach répondit : c'est moi-même. « Au reste, continua-t-il, le prince Frédéric-Charles s'est également « beaucoup intéressé à la question de la retraite ; mais il « est maintenant très embarrassé, car il veut me faire

« représenter tenant le drapeau à la main, et cela ne se « peut plus si l'ordre de retraite a existé. » Sur ces entrefaites, le prince mourut.

Version de Scherff dans les « Kriegslehren ».

Le premier qui s'occupa de la question de la retraite fut le général von Scherff (1894). J'ai écrit dans une note des *Untersuchungen*, page 138 : « C'est le général de « Schwartzkoppen qui a donné cet ordre, et non le géné- « ral de Wedell. Celui qui l'a porté est le lieutenant de « Bernuth. » Ce renseignement me vient du lieutenant Hummel, alors aide de camp du colonel de Cranach. Comme les deux états-majors (Wedell et Cranach) étaient ensemble au début, et qu'ils sont longtemps restés côte à côte pendant l'attaque, je peux considérer que Hummel a dit vrai. Il est vrai pourtant qu'il n'a jamais rien écrit là-dessus, et, par malheur, il est mort depuis. A quel moment, après l'échec, Wedell et Cranach se sont-ils séparés, je n'essayerai pas de le fixer exactement ; mais quand Kahlbacher parcourut le front, ils n'étaient plus ensemble. Scherff se contente de dire dans ses *Kriegslehren* (II, p. 254-255) : « En tout cas, il est un fait cer- « tain : Le général de Schwartzkoppen avait déjà dépassé « la route Metz-Verdun d'une certaine distance vers le « Sud, quand un officier d'ordonnance inconnu à l'état- « major (donc n'appartenant pas à l'état-major du géné- « ral commandant le Xe corps) accourut à la division en « criant : « La retraite se fait sur Thiaucourt ! (1) »

En admettant l'exactitude de cette version, il est pourtant étonnant que cet officier d'ordonnance fût inconnu et qu'il n'ait appartenu, d'après cela, ni à la division, ni au corps d'armée. Il n'y avait à ce moment-là d'officiers d'ordonnance qu'au corps d'armée et à l'état-major de la divi-

(1) En allemand : *Auf Thiaucourt.*

sion. A quelle unité peut donc avoir appartenu cet officier inconnu? Je n'en sais rien. Il serait donc de la 20e division? Mais celle-ci n'avait subi aucun échec. Pourquoi serait-ce elle qui aurait déterminé la retraite sur Thiaucourt? Je ne saurais répondre.

J'ai entendu de mes oreilles, sur le champ de bataille, le lieutenant de Kahlbacher crier l'ordre de battre en retraite jusqu'à Thiaucourt (1), mais c'est à dessein que je n'avais pas mis son nom dans mes *Untersuchungen*. En disant « porteur de l'ordre », je voulais signifier qu'un autre aide de camp avait apporté l'ordre de retraite au général de Wedell avant que lui-même le fît donner. Ce porteur, d'après l'observation du colonel en marge de mon travail d'hiver, était un « aide de camp de la division ». Comme le colonel avait changé dans l'intervalle, il faut bien qu'il l'ait appris du lieutenant Hummel. Par suite, il est vraisemblable que l'ordre provenait du général de Schwartzkoppen; il n'y a de doute que sur l'aide de camp de la division. Qui des deux l'a transmis au général de Wedell? D'après la version de Hilken (voir appendice V) cet ordre a été crié, non seulement par le lieutenant de Bernuth, mais aussi par le capitaine Eggeling, donc par les deux aides de camp.

D'après Scherff, le général de Schwartzkoppen aurait déjà fait un rassemblement au nord de la grande route. Je proteste. Il n'y a jamais été. Puis, en supposant la chose exacte, cela ne prouve nullement qu'il n'ait pas eu à ce moment le projet de battre en retraite sur Thiaucourt; ce rassemblement prématuré en serait une preuve de plus, au contraire, car il lui permettait de reprendre ses troupes en main au plus tôt.

De toutes ces raisons, données par Scherff, aucune n'éclaircit donc le point capital. Elles manquent de fondement. La question prit un tout autre caractère, quand, en

(1) En allemand : *Nach Thiaucourt.*

1895, le colonel Schaumann l'aborda dans ses *Erlebnisse*, et le colonel Cardinal von Widdern, dans ses deux volumes de *Kritische Tage*.

Le 25e fascicule et l'ordre de retraite.

Malgré les récits très circonstanciés de ces deux auteurs contemporains, sur lesquels je reviendrai, récits qui d'ailleurs ne cadrent pas avec l'exposé de Scherff, et auxquels il n'a pas répondu un seul mot, le 25e fascicule passe, avec une incroyable légèreté, sur le point capital exposé dans mes *Untersuchungen*, et il admet sans discussion comme historique ce que rapporte Scherff. On lit, par exemple à l'appendice, page 101 : « Ce n'est qu'au « moment où le major von Scherff s'occupait du rassem« blement des fractions dispersées, que le général de « Schwartzkoppen se sépara de son officier d'état-major. » Et pourtant Scherff, dans les *Kriegslehren*, dit lui-même que cette séparation eut lieu bien avant, quand il galopa vers Mars-la-Tour; puis, dans le *M.-W.* de 1898, qu'il a suivi *seul* à cheval l'attaque de la 38e brigade. Cela fait déjà trois séparations. Peut-être, en cherchant bien, en trouverait-on encore d'autres. Je connaissais très bien mon officier d'état-major du corps d'armée. Or, au nord de la route, je n'ai vu que le lieutenant en premier Neumeister, et c'est bien plus tard que je vis Scherff très au sud de la route de Mars-la-Tour à Vionville, presque sur celle de Mars-la-Tour à Tronville. Il n'était pas non plus à ce moment avec son général, et venait du côté des batteries II/10 et 2/10 qui s'étaient remises en marche sur cette route ; il avait derrière lui quelques fantassins.

Le 25e fascicule poursuit : « On a pu lire dans les *Kri*« *tische Tage*, que le général de Schwartzkoppen s'était « rencontré avec un aide de camp du corps d'armée ; cela « n'a pu se produire que quand le général de division « s'est trouvé absolument seul, c'est-à-dire au sud de la

« grand'route. Quant aux paroles qu'on lui prête au « moment où toutes les fractions rassemblées de la bri- « gade se mettaient en route sur Tronville : « Retraite sur « Thiaucourt », elles ne peuvent provenir que d'un *lap-* « *sus* ou d'une erreur d'audition, car les mesures prises « par le général vont tout à l'encontre. »

Version de Lessing dans les « Kritische Tage ».

Le 25e fascicule indique si imparfaitement ses sources, qu'il faudrait lire d'un bout à l'autre les *Kritische Tage*. Il ne désigne ni le tome, ni la page qui nous intéressent. Dans les *Kriegslehren*, le même fascicule, pour les mêmes faits, nous cite au contraire le tome et la page : si on ouvre les *Kritische Tage*, on trouve, tome II, page 227, le passage suivant : « Après..... j'arrivai..... au milieu « des débris de la 38e brigade (1). Là, je rencontrai le « général de Schwartzkoppen et lui demandai s'il pouvait « me dire où était le général en chef. Comme il me répon- « dit que non, je lui demandai, *il était seul alors*, s'il avait « une mission à me donner, sur quoi il me pria de trans- « mettre cet ordre : « Retraite sur Thiaucourt ». Par bon- « heur, presque aussitôt arriva le lieutenant-colonel de « Caprivi, et je pus reprendre ma place dans mon groupe. « J'allai à lui et lui rendis compte. Il protesta aussitôt et « ordonna, ainsi que le général de Voigts-Rhetz qui ne « tarda pas à apparaître, de rassembler les fuyards vers « Tronville. »

Ces lignes sont du troisième aide de camp du général commandant le Xe corps, le lieutenant en premier de Lessing. Les sources d'information n'ont de valeur et de signification que suivant les qualités personnelles de leurs

(1) Comme je trouvais que ce passage demandait des éclaircissements, je me suis récemment adressé au général de Lessing et il m'expliqua, le 19 novembre 1898, que sa rencontre avec Schwartzkoppen avait eu lieu au sud de la route Vionville—Mars-la-Tour.

auteurs. Lessing a toujours eu la réputation d'un homme raisonnable, calme, sûr, sans idées préconçues, et surtout attaché à la vérité. Il est trop consciencieux pour s'être exprimé aussi nettement, si le moindre doute avait plané sur les paroles dites et entendues. Car alors Lessing, tel que je le connais, aurait certainement dit : « Je ne suis pas sûr, je ne peux pas donner le renseignement. » Le 25e fascicule est vraiment surprenant d'avoir négligé de s'adresser au général de Lessing au sujet de ce passage, alors que pour des questions bien moins importantes, il n'a pas craint, à l'appendice, de prendre l'avis de simples fusiliers.

L'exposé de Cardinal von Widdern est tout à fait d'accord avec le mien, déjà approuvé par Lessing. J'emprunterai encore à cet auteur la citation suivante : « Quand « Kraatz se rencontra à Tronville avec Voigts-Rhetz, on « parla du point sur lequel la retraite pourrait éventuel« lement se faire. Serait-ce Gorze ou Thiaucourt? Tout « le monde optait pour Thiaucourt. Quand plus tard « Schwartzkoppen arriva sur le champ de bataille, Ca« privi dit au capitaine (1) von Scherff que si l'on était « forcé à la retraite, elle se ferait sur Thiaucourt. Donc « l'ordre de Schwartzkoppen « Retraite sur Thiaucourt » « est très explicable par la *catastrophe* qui l'accablait, lui « et son entourage. Mais la bataille n'était pas perdue, « seule l'attaque de la 38e brigade avait échoué. Cela arrive « dans toutes les batailles. Enfin, les débris désorganisés « de la brigade n'auraient pas pu faire deux lieues, dans « l'état où ils se trouvaient; il fallait les rassembler der« rière l'abri le plus proche. Mais on ne pouvait plus « revenir sur cet ordre malencontreux. Tous les officiers « de l'état-major du Xe corps contribuèrent au ralliement; « l'escadron Schilk du 13e uhlans n'eut pas pour rôle de « couvrir la retraite, mais bien de diriger les hommes sur « Tronville. »

(1) Sur l'original, il y a « major ».

Ainsi, l'officier d'état-major von Scherff fut informé dès le début de l'action, par Caprivi, de la direction de la retraite. Dans les *Kriegslehren*, pas un mot de cela. Il fut impossible, par la suite, d'empêcher les hommes de battre en retraite sur (jusqu'à) Thiaucourt; enfin, Lessing dit que Schwartzkoppen a bien donné l'ordre de la retraite, et il l'explique par l'impression morale que la catastrophe avait faite sur lui et sur son entourage. Nulle part il n'est mentionné, comme il l'aurait fallu, que le général de Wedell — commandant de la 38e brigade — ait reçu avant l'action aucune communication sur la direction de la retraite, soit du général de division, soit du général de Voigts-Rhetz, ni du lieutenant-colonel de Caprivi, ni d'aucun membre de l'état-major du corps d'armée.

En présence des dénégations extraordinaires du Grand État-Major au sujet de l'information donnée par Lessing, je trouvai tout indiqué de mettre encore à contribution l'amabilité du général de Lessing. Il me répondit, le 21 novembre 1898 : « Le général de Schwartzkoppen m'a « dit clairement et intelligiblement : « Veuillez trans- « mettre la nouvelle que la retraite se fait sur Thiau- « court. » Je le quittai, et je n'avais encore communiqué « cet ordre à personne, quand j'aperçus de loin le lieute- « nant-colonel de Caprivi; je galopai vers lui, et lui ren- « dis compte aussitôt de la mission que je venais de rece- « voir du général de Schwartzkoppen. Il répondit, avec « force : « Non, pas de retraite sur Thiaucourt; rassemble- « ment à Tronville » et il était visible qu'il avait déjà eu « à corriger cet ordre. Il me chargea, ainsi qu'il l'avait « déjà fait pour plusieurs autres officiers de l'état-major « du corps d'armée (1), de rassembler sur Tronville, tous « les fuyards de la 38e brigade que je rencontrerais. C'est

(1) Il serait encore facile à l'heure actuelle à l'état-major général, de faire lui-même la lumière. Presque tous les officiers de l'état-major du Xe corps vivent encore.

« ce que je fis. Il est donc bien évident que je n'ai pas mal « entendu et que le général de Schwartzkoppen ne s'est « pas trompé en me parlant, car sans cela le bruit de la « retraite sur Thiaucourt n'aurait pas été déjà connu. »

Version Schaumann dans les « Erlebnisse ».

Le colonel Schaumann écrit dans ses *Erlebnisse* que, quand il vit l'infanterie en retraite dirigée à l'est de Mars-la-Tour, il se porta auprès de Schwartzkoppen et lui dit : « Excellence, où est notre infanterie ? » Celui-ci répondit d'une voix étouffée de douleur : « Notre infan- « terie ; elle repose dans le bois (1). »

« Inquiet de ces paroles, qui me semblaient à double « entente — poursuit Schaumann — je voulais le ques- « tionner de nouveau, quand intervint le capitaine von

(1) Lessing et Schaumann ont exprimé leurs impressions sans entente préalable. Elles contredisent exactement ce que dit Scherff, dans le n° 101 du *M.-W.* de 1898 : « Dès la sonnerie du rassemblement, on se conso- « lait à l'état-major de la division, en se disant que : si la bataille était « perdue, le dernier mot n'était pas dit », Que signifie dans ce cas « l'état-major ? » Qui a émis cette idée ? Qui *se disait* cela ? Du reste le mot *bataille perdue* confirme encore l'ordre de retraite, car on peut bien penser que les officiers *se disaient* tous la même chose. Pour le prouver, je renvoie à ma citation du lieutenant de Rège, dans mes *Untersuchungen*, pages 141-142. Plus loin, Scherff dit que « Schwartzkoppen avait empêché de courir, « même au puits de Puxieux, et par cette confiance en un lendemain plus « favorable, relevé visiblement le moral de la troupe qui était sombre et « triste, mais nullement abattue ». Je laisse dire à ceux qui ont fait la guerre, combien une troupe, après une pareille catastrophe, est *sans moyens*. Les officiers, grâce à leur force morale, résistent, et chaque minute du repos qui leur est laissé favorise leur énergie. Je doute que le raisonnement de Schwartzkoppen ait pénétré jusqu'à l'esprit de la troupe, de sorte que toute cette belle phrase ne signifie rien. Du reste, d'après ce que j'ai entendu dire, la voix de Schwartzkoppen est restée longtemps étouffée de douleur ; il paraît que le soir du 16 août c'était un homme fini. J'ai aussi entendu dire qu'il y avait eu conflit entre lui et le général en chef, au sujet de l'ordre de retraite. On le saura plus tard.

« Scherff, officier de notre état-major, me faisant signe « de me taire et de me rapprocher de lui. Quand je l'eus « joint, il me dit à l'oreille : « Nous sommes battus. « Couvrez notre retraite. »

Je ne vois pas là-dedans un seul mot qui paraisse contraire aux faits, tels qu'ils se sont réellement passés ; d'ailleurs Scherff, à l'encontre de ce qu'on pouvait attendre, n'a pas, à ma connaissance, contesté une syllabe de ce récit. Si Schwartzkoppen (ou Scherff) avait voulu simplement rassembler à Tronville, ces mots « Couvrez notre retraite » seraient incompréhensibles. Ce bond insignifiant ne pouvait s'appeler une retraite qu'il fallait couvrir ! Et une nouvelle preuve que Schwartzkoppen pensait à une retraite plus lointaine, c'est que l'état-major de la 19e division a servi d'intermédiaire pour transmettre au général de Wedell l'ordre de retraite.

Écoutons ce que dit plus loin Schaumann, page 204 : « Bientôt apparut une estafette à cheval, qui me tendit « une feuille sur laquelle était écrit de la main du général « de brigade de Wedell :

« *La retraite se fait sur Thiaucourt. — Georges von « Wedell.*

« Cette missive me mit dans une grande perplexité, « car je ne savais si c'était un ordre ou une simple indi- « cation..... »

Schaumann se porta alors dans la direction des hauteurs qui sont entre Tronville et Puxieux. Là, il rencontra le général de Voigts-Rhetz accompagné d'un seul cavalier de l'escorte de l'état-major. Il lui rendit compte, comme il est dit page 205 de ses *Erlebnisse* : « Excellence, je suis « en position avec deux batteries sur ces hauteurs, à l'aile « gauche de l'artillerie de corps, et je reçois à l'instant « l'ordre de battre en retraite sur Thiaucourt. » — « De qui « est cet ordre ? — interrompit le général, et je lui répon- « dis : « L'ordre est de l'écriture du général de Wedell, « mais il devait venir du général de Schwartzkoppen qui

« se trouvait avec la 38e brigade. » — A ces mots, il dit « tout simplement : « Qu'est-ce qui prend au général de « Schwartzkoppen? je lui ai dit ce matin : Si les choses « tournent mal, on bat en retraite sur Thiaucourt. Mais « rien ne tourne mal. Je vous prie de rester sur votre « position, si possible, jusqu'à la tombée de la nuit, et « envoyez tous les hommes montés dont vous pourrez dis- « poser dans la direction de Thiaucourt, car je n'ai plus, « en ce moment, aucun aide de camp auprès de moi. Ils « ordonneront de ma part à toutes les fractions de la « 19e division qu'ils rencontreront, de retourner aussitôt « vers les batteries. »

Que signifie alors ce que raconte Scherff, sur l'officier d'ordonnance inconnu? Le général en chef n'a parlé que des fractions de la 19e division; qu'aurait fait là un officier d'ordonnance inconnu, venant de la 20e division? Les autres ne pouvaient pas être inconnus à l'état-major de la 19e.

Conclusion à tirer des versions Schaumann et Lessing.

Quiconque a connu ce général plein de génie, lira avec plaisir ce tableau fidèle : Lessing nous dit que Voigts avait, avant l'attaque, donné Thiaucourt comme point de ralliement en cas d'insuccès, aussi bien à Kraatz qu'à Schwartzkoppen. Mais les deux versions ne sont pas incompatibles, car Voigts conféra avec Kraatz bien avant l'attaque, et il a dû naturellement lui indiquer une ligne de conduite en cas d'insuccès; rien de plus naturel qu'il l'ait ensuite répété à Schwartzkoppen.

Schaumann, après les paroles de Scherff : « Couvrez notre retraite », pouvait, à juste raison, penser que l'ordre de retraite venait du général de Schwartzkoppen. Il n'aurait pas eu avec le général de Wedell d'autre communication que celle de l'estafette mentionnée plus haut. Schaumann dit (p. 216) que c'était un cavalier de 1re classe du 9e dragons. M'étant souvent trouvé pendant les campagnes d'été et d'hiver avec la brigade du service d'état-major, je puis confirmer le dire de Schaumann.

Pour conclure : Schaumann a donc reçu l'ordre de retraite de deux côtés différents : de la division (Scherff) et de la brigade (estafette Wedell) et c'est seulement le général en chef (ou bien Caprivi) qui en a arrêté l'exécution, selon Schaumann et Lessing. Si nous en croyons ces deux auteurs, on ne réussit pas à rectifier les ordres donnés. Voigts aurait eu connaissance de l'ordre de retraite par Schaumann, Caprivi par Lessing.

Version de Bernuth. — Kahlbacher galope.

Le 25e fascicule (page 100), dit : « Le 2e aide de camp « de la division, le lieutenant en premier de Bernuth nie « formellement avoir transmis au général de Wedell l'ordre « de retraite sur Thiaucourt, et ajoute : le général de « Schwartzkoppen ordonna de rassembler les restes dis- « persés de la division à Tronville. Puis il arriva lui-même « plus tard, et rassembla des fractions entre les routes de « Mars-la-Tour et les Baraques. C'est seulement alors qu'on « entendit le cri de : « Retraite sur Thiaucourt ! ». — Mais les affirmations de Bernuth ne prouvent rien ; elles ne sont pas assez précises et, du reste, il les a publiées vingt-sept ans après. Il est à remarquer, d'ailleurs, que Schwartzkoppen aurait rassemblé ces fractions entre les routes de Mars-la-Tour—Tronville et des Baraques, tandis que, d'après Scherff, il l'aurait fait au nord de la grande route Mars-la-Tour—Vionville, c'est-à-dire aussitôt en quittant le champ de bataille. Les débris qui s'enfuyaient avaient reçu l'ordre de battre en retraite « jusqu'à (et non sur) Thiaucourt, » dans l'espace qui se trouve au sud de l'arbre du sud. Le lieutenant de Kahlbacher, en quittant l'emplacement de la tombe 111, s'était d'abord dirigé au galop dans la direction de cet arbre, puis, décrivant un grand arc de cercle, était revenu près du général de Wedell, non loin de l'emplacement de la tombe 120. C'est à cet endroit que l'ordre a été entendu par plusieurs centaines d'hommes et exécuté. Kahlbacher courut ensuite vers moi, toujours avec ce cri à la bouche, au nord de la tombe 120. Je le vois encore surgir, sur son grand cheval blanc à la longue encolure. Il est facile de voir à quel aide de camp on fait allusion, dans l'annotation marginale de mon travail d'hiver. Je renvoie page 134 et appendice V.

Par la suite, le colonel du régiment avait changé. Le nouveau colonel ne pouvait donc avoir eu connaissance de cette particularité que par ouï-dire. C'est bien ce qui a eu lieu. Comme la chose lui paraissait invraisemblable, il s'adressa à l'officier qui était adjudant-major du régiment le jour du combat, le lieutenant Hummel. Celui-ci lui donna l'explication qu'il désirait. Quand je fis paraître les *Zwei Brigaden* j'espérais que les porteurs de l'ordre prendraient la parole; ils ne le firent pas. Hummel ne m'en a jamais parlé avant la remise de mon travail d'hiver; c'est seulement quand on me le rendit qu'il m'expliqua comment le colonel y avait mis cette note intéressante, et il ajouta que lui et Cranach avaient entendu le cri de Kahlbacher, mais n'avaient reçu aucun ordre. Cranach était hors de lui, continuait Hummel : « C'est le comble du non-sens » se serait-il écrié, puis : « C'est trop idiot, je ne le ferai pas. » Le cri de Kahlbacher eut pourtant un résultat heureux. Non loin de là se trouvait à ce moment le lieutenant-colonel de Medem (F/57). Cranach lui dit alors qu'il lui serait plus facile de maintenir ses tirailleurs au coin du bois de Tronville, et qu'il y restât en attendant de nouveaux ordres; puis il (Cranach) partit au trot dans la direction du I/57 pour en rassembler les hommes au plus vite, et empêcher la continuation de la retraite. C'est là que, toujours d'après Hummel, Cranach aurait aperçu par hasard le drapeau du I/57 ; il le saisit et le brandit en l'air et, d'eux-mêmes, les hommes des deux régiments se groupèrent autour de lui. C'était au nord de la route Vionville—Mars-la-Tour, à environ 800 mètres à l'est de cette localité. C'est ainsi que des fractions assez importantes du 57e se rassemblèrent relativement vite et ne battirent pas en retraite plus loin (voir p. 124-125).

Par qui Wedell a-t-il su la direction de la retraite ?

Il est fort douteux que le général de Wedell n'ait été informé de la direction de la retraite que par Schwartzkoppen. On ne peut déterminer par qui celui-ci, après son échec, lui a envoyé l'ordre en question.

Du reste, la version du 2e aide de camp de la division (Bernuth) ne dit pas que le 1er aide de camp n'a pas porté à Wedell un ordre de « retraite sur Thiaucourt ». (Voir l'annotation marginale du colonel et l'appendice V.)

Comment les troupes l'ont appris.

Quoi qu'il en soit, le général de Wedell a fait transmettre cet ordre de deux façons : « Par écrit, par le dragon estafette ; verbalement, par son aide de camp, le lieutenant de Kahlbacher. » Il a pu aussi arriver que l'on ait mal compris, et que, au milieu du désarroi et de l'émotion, on ait compris « *à* » Thiaucourt au lieu de « *sur* » Thiaucourt. Les pauvres diables épuisés se disaient : « Retourner à « Thiaucourt, nous n'en pouvons plus ! » Et c'est bien compréhensible ; ils savaient qu'il y avait un chemin plus court que celui de la terrible route par Saint-Hilaire qu'ils n'avaient pas oublié. Du reste, on trouva des fuyards dans la nuit à Thiaucourt, et le soir même à Saint-Hilaire. L'hypothèse que le général de Wedell serait cause de cette erreur ne peut subsister après le récit de Lessing, puisque

Schwartzkoppen chargea ce dernier de « répandre l'ordre de la retraite sur Thiaucourt » et cela au sud de la route Vionville—Mars-la-Tour.

Mesures prises par Schaumann pour le rassemblement.

Les hommes mirent un certain temps, après avoir entendu le cri : « Retraite sur Thiaucourt ! » à se rendre dans l'espace compris entre les routes de Mars-la-Tour—Tronville et Mars-la-Tour—les Baraques, où Schwartzkoppen les rassembla. Pendant ce temps, le général peut très bien avoir eu connaissance des mesures prises par le général de Voigts-Rhetz qui, d'après le récit de Schaumann, se trouvait dans les environs, et avoir fait suspendre tout mouvement de retraite. Mais d'autres passages de Schaumann nous montrent qu'à ce moment, la retraite était commencée depuis longtemps : « Quelques « minutes plus tard, il dirigea sur Puxieux 3 sous-officiers « et 3 trompettes avec ordre de se porter au trot sur les « hauteurs qui se trouvent au delà de cette localité, et s'ils « ne voyaient plus aucun homme de nos troupes, de reve- « nir » (p. 216). Puis Schaumann poursuit : « Ce qui me « paraît incompréhensible, c'est qu'ils ne trouvèrent que « 3 pelotons (probablement les restes de 3 compagnies), « et n'ont pas aperçu les généraux de Schwartzkoppen ni « de Wedell. » Ce passage prouve clairement que, comme je le pense, beaucoup d'hommes étaient déjà engagés dans la direction indiquée ; nouvelle preuve que le point signalé dans mes *Untersuchungen*, comme celui où fut poussé le cri : « Retraite jusqu'à Thiaucourt ! », est exact. Et, d'après mes calculs, l'effectif donné par Schaumann est suffisant, car d'après ses *Erlebnisse*, page 205, il y avait 200 hommes, sous le commandement de deux jeunes officiers et un sergent. Serait-il possible de découvrir ces deux officiers ?

Au surplus la version de Bernuth, d'après laquelle le

cri de : « En retraite sur Thiaucourt ! » n'aurait retenti qu'entre les deux routes de Mars-la-Tour aux Baraques et Mars-la-Tour—Tronville, est facile à mettre d'accord avec les récits de Schaumann ; il faut au moins convenir que les officiers, autant que la troupe, quand on les dirigea sur Tronville, ont pu répondre qu'ils devaient aller sur Thiaucourt, et cela au moment même où Schwartzkoppen ordonnait de rassembler ce qui restait à Tronville, et que lui-même s'y employait. Donc, les mesures prises par Schwartzkoppen ne prouvent rien contre l'ordre de retraite *sur* ou *jusqu'à* Thiaucourt, quoi que prétende le 25e fascicule à l'appendice, page 101. Il n'y a qu'à exposer clairement et exactement la suite des faits.

Coup d'œil en arrière de l'armée.

Nous allons maintenant jeter un coup d'œil en arrière de l'armée ; nous aurons à en tirer certaines conclusions.

L'ordre de « battre en retraite jusqu'à Thiaucourt » fut cause qu'un grand nombre de blessés (officiers et hommes de troupe) s'y firent transporter. Le lieutenant en premier de Borcke (4/5), le lieutenant de Nerée (9/57), le capitaine Bernewitz (3/57) et le lieutenant Hœnig (adjudant-major au 1/57) y allèrent sur la même voiture. Comme cette voiture se trouvait sur la route, prête à partir, un officier du cadre complémentaire du 16e régiment se joignit à nous et y prit place parce que « l'ordre parlait de pousser la « retraite jusqu'à Thiaucourt. » Cela fit mauvais effet. Je donne maintenant la parole au capitaine Bernewitz, qui m'écrivait à ce sujet le 19 décembre 1881 : « En ce qui « concerne ce monsieur qui vint avec nous à Thiaucourt « le 17 août, je ne peux déclarer si c'était un officier de « réserve ou de landwehr, je sais encore moins (?!) de « quel régiment il était. Ce monsieur avait reçu une éra- « flure sur la gouttière de son casque et avait eu le sourcil « un peu endommagé. — Plusieurs questions sur ce qu'il

« comptait faire, s'il ne chercherait pas à rejoindre ses « hommes, restant sans effet, je m'adressai au lieutenant « en premier de Pentz (étape de Thiaucourt) et lui con- « seillai d'en adresser d'analogues à ce monsieur. De « Pentz interpella l'officier de réserve à peu près en ces « termes : « Monsieur, je suis chargé de vous prier de « rassembler tous les fuyards et de les reconduire à leur « régiment. » En effet, lorsque le 17 nous arrivâmes à « Thiaucourt vers 11 heures du matin, nous y trouvâmes, « sans d'ailleurs en être étonnés, un grand nombre « d'hommes des deux régiments, mais surtout du 16e, un « attelage de deux chevaux d'artillerie du 10e, et un « groupe de quatre cuirassiers. Ils étaient arrivés plus « vite que nous. Quand je leur demandai comment ils « étaient venus là, ils répondirent qu'on leur avait ordonné « de se retirer à Thiaucourt. »

D'après le journal du capitaine de landwehr Peiper, la 3e compagnie du 57e comptait, le matin du 17 août : 2 officiers, 6 sous-officiers, 1 infirmier et 92 hommes ; le 18 août, par contre, 128 hommes. On peut, d'après cela, évaluer le nombre des fuyards.

Autre tableau :

J'ai prouvé, je crois, que l'ordre de retraite n'a pu venir du général de Wedell, et que le général de Voigts-Rhetz ne l'a jamais donné. Je vais maintenant démontrer que cet ordre est allé jusqu'à Saint-Hilaire. — On sait que le II/57 était resté à Saint-Hilaire avec tous les trains régimentaires de la 19e division, de l'état-major du général en chef et de la brigade de dragons. Le soir, entre 9 et 10 heures, le major de Wehren les fit retourner à Thiaucourt sous l'escorte du II/57 et du 2e dragons de la Garde qui lui était aussi resté ; la colonne y arriva pendant la nuit, entre 3 et 4 heures, et reçut un ordre en deux expéditions du général commandant de corps d'armée, de retourner sur le champ de bataille. Le lieutenant Kropp, alors adjudant-major du II/57, de qui je tiens ces renseignements, écrit le 12 octobre 1881 : « Je ne saurais dire quel « ordre a motivé cette contremarche. » Le major de Wehren n'était pas homme à prendre sur lui un pareil mouvement. Dans mon travail d'hiver de 1872, j'ai déjà mentionné qu'il était revenu par ordre à Thiaucourt, vers 9 heures 3/4. Pour en être bien sûr, je m'adressai au major de Wehren et il me répondit le 29 novembre 1884 : « qu'il avait reçu un ordre de retraite écrit, apporté par « une estafette des dragons, que pourtant il avait encore « différé son départ, pour attendre que les avant-postes « fussent rentrés. Pendant ce temps, des fuyards des 16e « et 57e arrivaient et tous racontaient que la bataille était « perdue. » Je me reproche toujours d'avoir omis de demander à temps à Wehren, devenu colonel, et avec qui j'étais en relations, de me dire par écrit si l'estafette était envoyée par le général de Schwartzkoppen ou par le général de Wedell ; quand je songeai à le faire, à la suite de ma correspondance avec Scherff, j'appris qu'il était mort. Pourtant, je me rappelle bien que Wehren m'a souvent répété le nom de Schwartzkoppen, mais je ne possède aucun écrit ; et, pour un fait de cette nature, la mémoire ne fait pas foi. En tout cas, il ne peut être question que de l'un des deux généraux ; en effet, si le général de Wedell avait envoyé cet ordre, ce n'aurait pu être, du reste, que sur l'invitation de Schwartzkoppen, car c'était ce dernier qui avait laissé le major de Wehren à Saint-Hilaire, et le général de Wedell ne pouvait rien lui commander dans cet ordre d'idées sans en rendre compte à Schwartzkoppen.

Au surplus, on pourrait, à l'aide du compte rendu que le major de Wehren a dû envoyer à l'état-major, établir facilement quel était l'auteur de l'ordre. Dans ces conditions, étant donnée l'importance de la chose, l'état-major ne peut se soustraire à l'obligation de donner le nom du signataire.

Comme on le voit par les dates de mes documents, j'aurais déjà pu en dire long sur la question de la retraite, dans les dernières éditions des *Untersuchungen.* J'ai négligé de le faire à cause de ma correspondance avec Scherff et par considération pour lui. J'ai appris depuis à quoi sert une pareille considération. Quoique Schaumann et Lessing eussent apporté des documents d'une importance capitale sur la matière, je me suis tu. Mais l'avenir nous fournira encore d'autres renseignements dont l'auteur du 25ᵉ fascicule ne paraît pas se douter.

Conclusion.

Étant donnée la tournure des événements, le 25ᵉ fascicule aurait dû analyser le fait caractéristique de la journée; quant à mon analyse, on peut l'accepter ou la refuser. J'en viens à cette conclusion :

Le général de Schwartzkoppen a été le promoteur de la retraite, le général de Wedell n'a été que l'instrument d'exécution, il a exécuté à fond. Scherff ne s'était pas élevé, que je sache, contre les récits de Lessing dans les *Kritische Tage*. On peut donc être surpris de la phrase suivante du nº 101 du *M.-W.* : « Ce que rapporte l'opus« cule en question sur l'ordre du général de Schwartz« koppen de *retraite sur Thiaucourt*, vient à l'appui de ce « que j'ai *mentionné* (sic) dans le même ordre d'idées (*sic*), « dans les *Kriegslehren;* et d'autre part, fait cette pleine « lumière que l'on souhaitait, sur certains points jusqu'ici « obscurs. » Mais pardon! on annule donc d'un seul trait les relations de Schaumann, Lessing, Hœnig, Kropp, Wehren et Hummel, qui tous ont écrit sans s'influencer l'un l'autre?! Quant à *faire la pleine lumière*, c'est justement, comme je l'ai montré, ce que le 25ᵉ fascicule a oublié de faire. Je ne peux pas m'ôter, du moins, la conviction que c'est seulement après l'intervention de Voigts-Rhetz et de Caprivi que Schwartzkoppen a suspendu le mouvement sur Thiaucourt; mais je laisse au lecteur le soin d'apprécier lui-même, d'après la discussion qui précède.

J'ai appris en dernier lieu que le général de Schwartzkoppen, au début de la guerre, avait dit à son état-major qu'il avait à cœur, si quelque chose de malencontreux venait à se produire, comme c'est inévitable à la guerre, que personne ne laissât rien s'ébruiter; c'était un devoir de camaraderie. Il en est résulté que les officiers de l'état-major de la 19e division s'étaient donné le mot pour se taire complètement. J'ai pu en faire l'expérience à l'occasion du bruit qui courait sur l'évacuation de Beaune, et j'ai un document. J'ai pu découvrir ultérieurement que la nouvelle : « Beaune est perdue » venait du lieutenant Hummel, alors aide de camp à la brigade.

Il me semble qu'ici, si les choses se sont passées comme le raconte Scherff dans ses *Kriegslehren*, dans le 25e fascicule et dans les nos 99 à 101 du *M.-W.* de 1898, étant donné qu'il n'est question que de l'ordre de Schwartzkoppen en lui-même, de sa transmission et du rassemblement, il n'y a pas à parler d'état-major! Car l'état-major de la division n'a pu être réuni que quelques secondes; tout le reste du temps il était dispersé, chacun ayant à accomplir sa tâche.

Pour terminer, remarquons qu'aucun compte rendu officiel des corps ne dit mot de la retraite *sur* ou *jusqu'à* Thiaucourt. Nouvelle preuve de l'unanimité instinctive à se taire, et à passer sur les événements les plus importants dès qu'ils ont un caractère pénible. Mais c'est aussi un stimulant pour montrer combien il est nécessaire de compléter les récits officiels. Si cette affaire n'avait pas été mise sur le tapis dans les *Zwei Brigaden*, si Schaumann et Lessing n'avaient pas parlé, ce qui était très possible, personne, jusqu'à ce jour, ne s'en serait occupé. L'histoire militaire ne doit pas seulement être vraie, il faut qu'elle soit complète. Les gens compétents savent que ces deux qualités sont difficiles à rencontrer réunies. C'est pourquoi les investigations ne sont jamais trop approfondies.

CHAPITRE XI

La recherche des documents, leur critique, leur emploi dans le 25e fascicule.

Époque des nouvelles investigations du 25e fascicule.

A l'époque où je travaillais aux archives de l'état-major général, je trouvai un matin, sur ma table, une liasse de documents. Je pouvais, naturellement, supposer qu'ils m'étaient destinés. Ils avaient été déposés sur ma table par une erreur d'employé, d'après ce que m'a assuré plus tard le lieutenant-colonel Leszczynski, avec force excuses. Ce dossier comprenait : l'exemplaire des *Zwei Brigaden* que j'avais envoyé à de Moltke, le rapport de 1882 du colonel von Scherff, enfin une lettre du baron de Schimmelmann, et une du lieutenant Meissner. Tout cela, y compris ces deux lettres, n'était pas nouveau pour moi. Mais, comme elles étaient déposées aux archives et accessibles à tous, je pouvais prévenir de fausses affirmations. J'étais mal vu, c'était du moins mon impression, surtout de M. de Schimmelmann. Mes anciens camarades de régiment m'avaient fait accorder cette place sédentaire, par compassion pour ma profonde blessure ; je l'ai très vivement senti et je le répète ici avec émotion.

Les deux lettres étaient relatives aux *Zwei Brigaden*,

Meissner exprimait l'avis que la répartition des troupes de la 38e brigade était plus exactement exposée sur le plan 2 de l'historique du 57e, que dans l'historique du 16e, et sur mes croquis des *Zwei Brigaden*. C'était en 1893 ; je n'ai pas relevé la date exacte de la lettre.

Les nouvelles recherches dont parle le 25e fascicule, n'étaient donc pas commencées en 1893 ; prenons cette date comme point de repère.

Quand parut la 4e édition des *Untersuchungen* (1894), je travaillais beaucoup pour composer mon *Volkskrieg an der Loire;* j'entrepris, pour le cas où une nouvelle édition serait encore nécessaire au printemps de 1895, la visite de plusieurs champs de bataille, et en particulier, de Mars-la-Tour et Saint-Privat. J'acquis alors la conviction qu'il y avait encore beaucoup à dire sur ces deux batailles. A mon retour, je fis part au docteur Toëche, de mon projet de faire paraître le plus tôt possible Vionville et Saint-Privat ; il s'en réjouit. Pendant ce temps, j'avais travaillé à réunir de nouveaux documents. La preuve en est, à côté de la lettre déjà citée de l'année 1895, le compte rendu d'Opderbeck, qu'on trouve aux appendices, et le passage suivant d'une lettre du général von Lessing :

Berlin, 15 juin 1896.

« Quand vous m'avez récemment annoncé que vous « vouliez écrire sur Vionville, j'en ai ressenti un vif « plaisir, car je pense qu'on ne peut placer en meilleures « mains la mission de rendre justice au Xe corps et à ses « troupes..... » suit une énumération de documents de toute espèce qui s'y rapportaient.

L'exécution de mes projets traînait en longueur, car je voulais, si possible, écrire une histoire militaire exempte de lacunes dont on n'est jamais complètement à l'abri.

Un jour, un de mes amis m'aborda par ces mots : « Sais-tu qu'on t'en veut ! » Puis, il me raconta que.....

..... était allé le trouver et lui avait fait cette confidence. Je passe des détails assez piquants.

Il ne se passa pas beaucoup de temps, jusqu'à ce que j'eusse d'autres avis des investigations entreprises par l'état-major auprès des différents auteurs du combat héroïque de la 38e brigade. Plus tard, je fus encore éclairé par une lettre, dont je peux extraire le passage suivant :

« Il y a environ dix jours, le capitaine de Wussow, « détaché à la section historique de l'état-major général, « m'adressa une question concernant certains points dou- « teux du combat de Mars-la-Tour. Il paraît que le Grand « État-Major voulait en faire paraître une nouvelle relation. « On me communiquait en même temps des demandes et « les réponses faites par..... (cinq noms omis à dessein.) « Or, les avis ne différaient de ta relation des *Zwei Briga- « den*, que pour la marche par bonds, et la marche « d'approche du demi-bataillon 9e et 11e du 57e. A qui « pourrait-on demander de nouveaux renseignements ? Je « n'en sais rien. Il est bien difficile, au bout de 27 ans, « d'en donner de si précis ; de dire, par exemple, où se « trouvaient les haies, les broussailles, les buissons isolés, « si les pionniers se sont avancés à droite de l'artillerie de « corps, à quel endroit il faut placer la limite de l'attaque « de notre côté, à quel moment le I/57e et le F/16 se sont « séparés ?! comme il est facile de déterminer la position « exacte d'une haie !! Est-ce qu'on ne s'est pas adressé à « toi, comme à la voix la plus autorisée ? S'il en était « ainsi, j'exprimerais à Leszczynski, mon regret du « contraire. »

Cette lettre est datée du 13 décembre 1897. C'est un second point de repère concernant les recherches du 25e fascicule.

Méthode d'information du 25e fascicule.

J'ai peu de chose à ajouter. Le lecteur fera bien la différence entre la critique de Scherff, dans les nos 99 et 101 du

M.-W., après laquelle il ne reste presque rien d'exact dans les *Zwei Brigaden*, si on lit le 25e fascicule, et le jugement sûr et désintéressé de cet officier, qui m'écrit : « ta « description ne différait des avis émis que, etc..... »

De plus, il semble bizarre d'avoir joint les demandes et les réponses des cinq personnes consultées à la demande de renseignements. Cela peut évidemment influencer les réponses, chose importante pour des faits qui se sont passés il y a vingt-sept ans; j'ai déjà fait une remarque analogue sur les défauts de mémoire.

On voit, du reste, d'après les notes du capitaine de Wussow, combien la topographie du champ de bataille de la 38e brigade a été changée. Le 25e fascicule a beau prétendre que le terrain est presque le même ; que l'on pense aux haies, aux buissons, etc. ; du reste, je ne me tourmenterai pas à ce sujet. Je n'ai pas le loisir, pour l'instant, d'étudier toutes les différences que présente le terrain d'aujourd'hui avec celui d'autrefois. Je signalerai seulement les principales :

1° Le bois de Tronville est aujourd'hui déboisé du côté allemand, c'est-à-dire jusqu'à la frontière qui le coupe par le milieu ; 2° les hauts peupliers qui bordaient autrefois la route Vionville—Mars-la-Tour, et qui ont servi de point de repère si commode à l'artillerie française, ont été rasés; la route se distingue à peine maintenant, sauf de la hauteur de Bruville ; 3° les clôtures en fil de fer, si gênantes autrefois, n'existent plus ; 4° les peupliers du ravin, autrefois à peine visibles au sud de la ferme de Greyère, sont devenus de forts arbres qui dominent toute la plaine ; 5° beaucoup de haies ont poussé à l'est du chemin de Mars-la-Tour—Bruville, et ont changé notablement l'aspect du terrain de la charge. D'autres haies, au contraire, n'existent plus. Je n'ai rien trouvé de tout cela dans le 25e fascicule.

Pendant l'année 1870, il y eut partout en France, jusqu'au milieu d'août, une sécheresse extraordinaire. On dit même, que la crainte d'une famine fut une des causes de la guerre. Quoi qu'il en soit, le plateau de Lorraine n'est recouvert que d'une très légère couche d'humus, qui par l'effet d'une sécheresse persistante, devient une poussière crayeuse. Après le combat, nous avions tous l'air de meuniers, les projectiles ricochaient sur le sol, de plus en plus pierreux, — on eût dit des troupeaux de souris; — la poussière de craie, que soulevaient les troupes en marche, se mêlait, par cette chaleur, avec la fumée de la poudre et formait bien vite un voile impénétrable. Les gens à pied ne tardaient pas à ne plus rien voir. La poussière et la fumée rasaient le sol; seuls les cavaliers dominaient le nuage ; aussi les observations du lieutenant-colonel Schaumann ont-elles beaucoup d'importance; du reste, en général, les observations des artilleurs au combat, sont bien plus exactes que celles des fantassins. Ils peuvent plus facilement conserver leur calme et comme ici, observer au loin avec exactitude.

Critique des sources d'information.

Nulle part dans le texte, ni dans l'appendice, on ne dit que les renseignements, qui servent de base au 25e fascicule, ont été pris vingt-sept ans après les événements ; tandis que dans les rapports officiels on ne manque jamais d'indiquer la date. Le procédé est bizarre. Car, s'il est déjà difficile d'établir les faits dans les grandes lignes, en se basant sur les rapports de l'époque, on peut penser quelle est la valeur de récits de détails, presque tous composés de mémoire, quelle que soit la bonne foi de leurs auteurs. Aussi, après l'apparition de mes *Untersuchungen*, il s'est produit de vives discussions. J'ai, pour ma part, tiré beaucoup de profit d'une conférence faite sur ce sujet, par le colonel de Manthey, au corps d'officiers du 16e.

On lit dans le 25e fascicule, que des renseignements (qu'il ne publie d'ailleurs pas) pris en 1885, au 16e régiment, prouvent que les 9e et 12e du 16e se trouvaient dans le fond du ravin à la fin du combat. En 1885, le principal témoin, le capitaine Ohly, était mort depuis longtemps ; du reste, ces renseignements de 1885 ne me sont pas inconnus. Je me suis livré, en effet, depuis plusieurs années à une correspondance suivie, en vue d'obtenir des renseignements ; j'utilise de la sorte les données que je peux découvrir pour la critique, au point de vue tactique, et je compare avec les relations officielles. On regrette souvent, que dans le 25e fascicule, texte ou appendices, il n'y ait aucune discussion des sources de l'information.

Dans d'autres cas, il ne fallait pas imprimer des racontars d'isolés. Je l'ai montré au sujet du renseignement de Schultze sur le combat du ravin (voir page 129), et celui de Hilken sur la marche des 9e et 11e du 57e, à gauche de Sannow. (Voir pages 119 et 120). Il en est de même pour la page suivante du lieutenant Pilger : « Drapeaux au « vent, au son du « Heil dir im Siegerkranz », et du « Ich « bin ein Preusse », on marche à l'ennemi avec enthou- « siasme, et l'on sent battre les cœurs » ; enfin, pages 48 et « 49 : « Après notre dernier bond en quittant la haie, on « aperçut les Français descendant la hauteur vis-à-vis de « nous, sur 3 lignes qui se suivaient : les 3 lignes faisaient « feu, la plupart des hommes n'épaulaient pas. Quand la « 1re ligne disparut dans le ravin, l'ordre de la retraite « arriva. »

Il me semble impossible que les 3 lignes aient tiré en même temps, si elles étaient sur la hauteur, l'une derrière l'autre. Les Français se seraient fusillés entre eux. Et encore, c'est du sud du ravin, au milieu de ce nuage impénétrable de fumée, que Hilken aurait pu voir tout cela ? !

Je conteste également que les 9e et 11e du 57e aient reçu un ordre de retraite. Le commandant de compagnie et l'adjudant étaient blessés depuis longtemps et incapables de quoi que ce fût ; l'adjudant-major du régiment n'a pas quitté le colonel de Cranach; qui donc aurait porté l'ordre? Non, ces deux compagnies ont été repoussées; mais elles ne sont pas revenues par ordre.

Valeur des renseignements du côté allemand.

Pour ce qui est des renseignements exposés dans l'appendice, je ne peux leur attribuer, au point de vue tactique, qu'une mince autorité. Ce sont : 1° les comptes rendus du lieutenant Dziobeck, faits pendant le siège de Metz, pour la *Kreuzzeitung;* 2° le journal de M. de Schimmelmann; enfin, les croquis, lettres et souvenirs du capitaine Schultze.

Quant aux auteurs qui ont traité de Mars-la-Tour, on ne leur a emprunté aucun renseignement; pourtant, l'histoire militaire réserve tant de surprises, qu'ils auraient bien valu la peine, au demeurant, d'être l'objet d'une enquête. Sur combien de points, par exemple, le 25e fascicule a-t-il dû démentir le Grand État-Major? Pourtant, la rédaction de ce fascicule et celle de l'état-major proviennent des mêmes documents officiels; que l'on compare donc le plan 5 B de l'ouvrage du Grand État-Major avec les plans 4 et 5 du 25e fascicule.

Je n'ai pas utilisé, comme on le sait, pour mes *Untersuchungen*, les archives de l'état-major. J'ai écrit d'après ce que j'avais observé moi-même, comme témoin oculaire. En voyant toutes les investigations qu'a faites le 25e fascicule pour avoir des renseignements, le lecteur pourrait conclure que je n'étais pas témoin oculaire; mon nom paraît avoir été omis à dessein. Cependant, afin qu'on ne fasse pas de suppositions injustes, il faut que je reconnaisse que le colonel de Cranach m'envoya, dès le 3 octobre 1870, du château de Bouy, la croix de fer, sur la recommandation chaleureuse de Sannow; que depuis ma retraite, presque à chaque anniversaire du 16 août, je reçois un télégramme. Celui de l'année 1880 est ainsi conçu :

« Wesel, le 16 août, 4 heures après-midi. Cordial souvenir « à notre ami Fritz, pour cette journée. Les vieux cama- « rades. » L'heure n'est pas encore venue d'autres manifestations de ce genre. J'ai mentionné celle-ci, surtout à cause de la lettre de M. de Schimmelmann, qui est aux archives de l'état-major.

Je ne peux d'ailleurs pas publier complètement les lettres et souvenirs de toutes sortes que j'ai reçus. On lit dans une lettre, par exemple :

« Il est clair que le travail du Grand État-Major est « surtout dirigé contre l'exposé que vous faites de cette « action ; c'est visible par l'omission voulue de votre « ouvrage et de votre nom ; on y sent les sentiments peu « amicaux que..... a pour vous. On y nomme une quantité « d'officiers des deux régiments, mais sur vous, qui avez « écrit sur ce combat une œuvre sensationnelle pour les « milieux militaires, sur vous, qui avez été grièvement « blessé, pas une syllabe ! L'état-major dit que l'attaque a « été bien près de réussir. Je me permets de penser que « cette allégation est totalement fausse..... Les 16e et 57e « régiments sont arrivés, toujours d'après l'état-major, « au delà du ravin, dans un état de désordre tel qu'on « ne pouvait les conduire, qu'ils se brisèrent, et qu'il « ne restait plus un homme ;..... de réserve, pas trace. On « avait risqué toute la partie sur une carte. »

D'après le lieutenant-colonel des Marées, c'est, comme nous l'avons vu, Scherff qui est l'auteur de la relation de l'attaque de la 38e brigade sur les collines de Bruville. C'est aussi Scherff qui aurait corrigé les croquis de la formation de combat et de l'attaque, ainsi que le plan 5 B de l'ouvrage du Grand État-Major. Or, pendant la guerre, on fit bien des réflexions sur l'attaque de la 38e brigade ; Cardinal von Widdern en parle au livre II de ses *Kritische Tage*, qui n'ont pas été complètement ignorées de Scherff. On doit donc considérer sa relation dans l'ouvrage de l'état-major, comme n'étant rien moins qu'impartiale, et composée en vue d'une justification, en modifiant la conduite de Schwartzkoppen. Il faut donc en revenir toujours à cette question : Comment le croquis de l'ouvrage du Grand État-Major (Vol. I, page 607) et le plan 5 B ont-ils pu paraître, si Scherff considère comme exact le croquis de l'année 1882 ? On ne peut imaginer de contradictions plus évidentes.

Le plan qui se rapproche le plus, dans les détails, de celui de l'ouvrage du Grand État-Major, est celui de l'historique du 16e régiment (1880). On y voit, encore plus distinctement, les directions d'attaque des 16e et 57e, et les deux régiments forment deux groupes de combat bien distincts : le 16e, au nord avec deux bataillons, à l'ouest de la route Mars-la-Tour—Bruville ; le 57e, au nord-est. A la fin de l'attaque, les deux régiments sont à 240 mètres au nord du ravin, en portions égales des deux côtés de a route, tout à fait dans l'esprit du mot : « les braves assaillants », et conformément au plan 5 B du Grand État-Major général. D'après la préface, cette disposition des troupes résulte des comptes rendus officiels du 16e et des récits des officiers, donc des acteurs du combat ! Comment est-il possible, va-t-on de nouveau s'écrier ? Pouvait-on faire autrement que de considérer ce document officiel comme certitude officielle, en ce qui concerne le 16e. Si ces exposés officiels m'ont trompé, si par suite le plan 4 du 25e fascicule est exact, je suis alors victime de deux relations officielles, qui n'ont pas mérité la confiance que j'avais en elles.

Du reste, je ne crois pas non plus que le plan 4 du 25e fascicule soit exact, en ce qui concerne le lieu de l'attaque. L'Historique du 16e dit à ce sujet, page 269 : « Seules, les 7e et 8e compagnies, qui suivaient la lisière, « voyant la direction d'où partaient les coups de feu, firent « bientôt *face au Nord*, et s'avancèrent, par la maison du « garde, dans le ravin qui s'étend au nord du village » ; et plus loin : « Une batterie de mitrailleuses, visible de loin,

« et qui marchait sur la route Bruville—Mars-la-Tour, « fut désignée, par le colonel de Brixen, comme « point « de vue » (1), et, à l'aile gauche, seules les 5e et 6e « compagnies furent dirigées sur la ferme de Greyère. »

M'en étant donc rapporté aux données officielles du 16e, je regardai comme inexacts l'emplacement des troupes, d'après le plan 5 B de l'état-major, ainsi que le plan de l'Historique du 16e, en ce qui concerne le 57e. Je me trouvais ainsi dans la vérité. L'influence de l'Historique du 57e, paru en 1883, sur le plan 2, est très visible. Je laisse au lecteur le soin de comparer les cinq croquis.

En tout cas, j'avais écrit au capitaine de Haeften (qui était le 16 août à la 8/16) une lettre qui montre que, depuis longtemps, j'ai mis en doute l'exactitude du plan 5 B de l'état-major, et le plan de l'Historique du 16e. Il me répondit, le 19 janvier 1890 : « Pour ce qui est des « changements à apporter dans la nouvelle édition de « votre ouvrage *Zwei Brigaden*, je ne crois pas pouvoir « vous donner de renseignements de bien grande valeur. « Quand on se trouve dans une compagnie, comme lieute- « nant, on ne voit presque rien de la marche générale « du combat, aussi mon témoignage ne pourra pas vous « servir beaucoup. Il me paraît peu intéressant, par « exemple, de savoir si la 7e du 16e était à droite ou à « gauche de la 8e. » Le point capital, c'est que M. de Haeften n'a pas contesté alors la direction de marche que je donne, et pourtant, il aurait été en situation de le faire. Je reste donc convaincu que les 7e et 8e du 16e se trouvaient, à la fin de l'attaque, à la gauche de la route Mars-la-Tour—Bruville. Or, la supposition du 25e fascicule, page 72, que toute la masse de la brigade se trouvait, à la fin de l'attaque, à l'est de la route, est basée sur les rapports de deux officiers de la 7e/16, et leur compte rendu du combat de la compagnie. Ces deux officiers *de*

(1) En français dans le texte.

troupe, n'ont donc pas pu mieux voir la marche générale du combat que M. de Haeften, qui était à la même place qu'eux.

On lit dans le 25e fascicule, en note, page 25 : « La note « insérée dans la *Deutsche Heereszeitung* de 1895, page « 108, d'après laquelle, le lieutenant-colonel de Caprivi « se serait vu obligé de brûler beaucoup d'écrits de l'état-« major du Xe corps d'armée, parce qu'ils contiennent des « contradictions inextricables, n'est pas exacte. Les écrits « et les comptes rendus de combat, pour la plupart du « 17 août, se trouvent dans les dossiers du corps d'armée « et ne contiennent pas plus de contradictions que « d'autres. »

Donc, ils contiennent des contradictions. — Mais le 25e fascicule n'a pas bien lu. La note de la gazette militaire est de moi. Je n'y parle que de *documents écrits de l'état-major du Xe corps*, et non pas des comptes rendus de combat des troupes. — Ce sont deux choses bien différentes. Les papiers du corps d'armée furent mis en ordre par Caprivi, pour établir les malentendus avec le général de Kraatz. J'ai eu sous les yeux le résultat de cette enquête, et ce que j'ai écrit dans ce journal est absolument exact. Mes auteurs sont le chancelier d'empire de Caprivi et le maréchal comte de Waldersee.

Valeur des renseignements d'origine française.

Comme récits des événements faits par les Français, il n'y a guère que ceux de Dick de Lonlay et les historiques des corps. Il n'a pas encore paru de relation officielle. Avec ces documents, on peut établir certains points de détails; mais, pour l'ensemble, on en est réduit à des combinaisons. D'ailleurs, ces données sont fort peu dignes de foi : Lehautcourt, s'exprime de la façon suivante, sur la valeur qu'il faut accorder aux historiques : « Les historiques des corps, existant actuellement, sont parfois

« muets.... Parfois aussi, ils sont faits avec une grande *légè-* « *reté*, pour ne pas dire plus, et ne peuvent en rien être « considérés comme des documents de quelque valeur. » (*Revue de Cavalerie*, juin 1896, pages 331-332).

Malgré tout, je reconnais que le 25e fascicule a rectifié (en ce qui concerne le côté français), beaucoup de points essentiels de la relation du Grand État-Major ; mais il y a, là encore, bien des obscurités qu'il faudrait éclaircir.

De l'emploi des informations prises.

Il est d'usage, en matière d'œuvres scientifiques, de citer les travaux antérieurs. Le 25e fascicule l'a fait pour quelques-uns. Quant aux *Untersuchungen*, elles ont la satisfaction de servir de modèles à certains passages du 25e fascicule, qui présentent avec elles des similitudes extraordinaires. Le lecteur jugera lui-même.

Untersuchungen (pages 140-142).	25e *fascicule* (page 53).
Du reste, je veux témoigner une fois de plus, que je n'ai pas vu un seul homme jetant son fusil ou quoi que ce soit ; à peine entendait-on quelques blessés se lamenter, et pousser des gémissements. La discipline de l'homme de troupe était bonne, à ce qu'il m'a paru, car tous gardèrent dans le revers une certaine gravité. — L'épuisement était à son comble ; quelques escadrons nous auraient chargés avec vivacité, que pas un homme ne serait revenu ! — Les troupes ont fait leur devoir bravement, et l'histoire militaire trouvera peu de faits d'armes à comparer à celui-là, si l'on tient compte de toutes les circonstances. — Un autre jeune officier du F/57, le lieutenant de Rège,	Malgré l'impression terrible faite par ce combat meurtrier, malgré l'effet démoralisateur de la retraite, la troupe conserva une attitude admirable ; mais le sentiment de tous était celui-ci : Si la cavalerie survient, nous sommes perdus ! Les quelques officiers qui restaient rassemblaient les débris des fractions sur la grand'route, et relevaient le courage abattu des hommes, par leurs exhortations et leur exemple.

était resté au combat sain et sauf. Dans la plaine, des hommes isolés erraient au hasard ; alors, dans son enthousiasme, il saisit un cheval qui se sauvait sans cavalier et saute en selle ; puis il tire son sabre, et, le brandissant en l'air, rassemble sur la route de Mars-la-Tour—Vionville les hommes égarés. (Suit le petit discours de Rège.)

Pages 164-166.

Les Français étaient peut-être arrivés à 150 mètres au nord de la ligne de hauteurs de la cote 180, quand le 1er dragons de la Garde chargea. Il y eut alors une mêlée indescriptible : les hommes jetaient armes et bagages, des tirailleurs se couchaient ou essayaient de former de petits pelotons ; d'autres se dispersaient de tous côtés ; un bataillon entouré continuait le feu mais sans direction..... Si l'infanterie française avait possédé les deux qualités essentielles de toute bonne troupe : l'ordre et la discipline, aucune cavalerie n'aurait pu l'entamer.

Comment eûmes-nous un succès ? Parce que l'ennemi paralysa la plus grande partie de son feu ; les régiments de l'aile gauche s'avançant beaucoup trop à l'ouest de Mars-la-Tour, au point que la ligne française présentait des angles très aigus, qui l'empêchaient de tirer. Quand les tirailleurs parvinrent sur notre ligne de combat, foulant au pied nos morts et nos blessés, ce fut comme si on célébrait la victoire ; évidemment, elle se préparait, mais on n'était pas

Page 56.

Les fractions des deux ailes de la brigade Goldberg firent leur attaque concentriquement, en continuant leur marche d'approche, jusqu'à environ 100 pas au sud du ravin. Les troupes françaises s'étaient empilées dans un étroit espace, et rejetées en désordre les unes sur les autres. L'ordre tactique était rompu. Quelques-uns seulement semblaient penser à achever la victoire. Les officiers marchaient ensemble par groupes, échangeant leurs impressions, en gesticulant. Une partie des hommes se dispersa sur le champ de bataille, pour recueillir des trophées : qui un sabre, qui un casque, un revolver. D'autres, sous les saules, dans le ravin, s'amusaient à faire des encoches à la crosse de leurs fusils.

Page 57.

Parmi les Français, suivant l'historique du 1er dragons, les uns cherchaient un abri dans le ravin, les autres cherchaient les morts et les blessés de la brigade Wedell. Quand, tout à coup, le 1er dragons émergea, à peu de distance, dans encore maître du champ de bataille. On criait, on s'appelait, on buvait, on agitait les képis, et on ne faisait que se moquer des malheureuses victimes du combat. On se sentait maître du champ de bataille ; on ne pensait qu'à ce dont on n'aurait pas dû s'occuper ; ce désordre et cette insouciance furent mis à profit par notre cavalerie. Elle eut et devait avoir l'avantage.

En résumé, en dehors des fautes tactiques, le mauvais esprit et l'indiscipline sont causes que les Français n'obtinrent pas le succès espéré.

un nuage de poussière et de fumée, ce fut une confusion inexprimable parmi ces troupes qui, pendant l'assaut, avaient échappé à la main de leurs chefs. Les tirailleurs, qui étaient devant, se couchèrent ou se sauvèrent, mais alors ils furent arrêtés par la ligne en arrière ; d'autres se groupèrent en pelotons plus ou moins considérables, et essayèrent de faire des salves. *Les lignes de feu en arrière tiraient sans faire attention sur les premières.*

Page 59.

Mais les conséquences morales de cette attaque furent encore plus considérables : elle montra que les Français n'étaient pas encore assez sûrs du champ de bataille, pour s'adonner à la joie du triomphe. Elle contribua surtout à arrêter le mouvement en avant de l'ennemi, et à le forcer à battre en retraite peu à peu au delà du ravin, pour remettre, à l'abri, un peu d'ordre dans les fractions qui revenaient l'une après l'autre. La charge réussit par la surprise, grâce à l'utilisation judicieuse du terrain et à sa rapidité ; elle tomba sur le flanc ennemi, jeta le désordre dans ses rangs, et, le forçant à s'occuper de sa propre défense, obtint en quelques minutes un plein succès.

Il ne manque pas d'autres passages semblables, la charge du 1er dragons de la Garde ne réussit d'ailleurs que sur le flanc ennemi ; à droite, elle se heurta à la ligne de feux.

Conclusion.

Après tout cela, on ne pourra pas dire que les procédés du 25e fascicule satisfont aux exigences de la science. Les particuliers, comme les autorités officielles, sont obligés de suivre les progrès de la documentation; mais, le 25e fascicule donne l'impression qu'il a suivi Scherff avec une prédilection exclusive : Scherff dans l'ouvrage de l'état-major, Scherff dans son rapport de 1882, Scherff dans ses *Kriegslehren* de 1894. Même les témoins comme Schaumann, Lessing (Cardinal von Widdern), — sans parler de mon humble personne — sont écartés d'une façon tout opposée aux méthodes scientifiques. Si l'on veut prouver quelque chose, il faut du moins laisser parler les autres. Il n'y a pas d'infaillibilité en matière d'histoire militaire. Et voici encore que ce même Scherff, dans le *M.-W.* n°s 99 à 101, se fait le critique officiel de son propre ouvrage! Je reçus de l'éditeur un exemplaire du 25e fascicule par le courrier du 8 novembre, et dès le lendemain, la critique signée Scherff, paraissait dans le *Militär-Wochenblatt*. Ceci pouvait suggérer l'idée de quelque préméditation. Ce n'était peut-être que le résultat de la sollicitude du libraire, mais, en tout cas, il y avait là un fait matériel très frappant.

Le 25e fascicule contient, en dehors de l'attaque de la 38e brigade, bien des points qui méritaient une critique. Mais Scherff ne s'occupe que de Hœnig, toujours Hœnig; et à côté de cela, mon nom ne se trouve que tout à fait dissimulé dans une note du bas de la page.

Les notes critiques du *Militär-Wochenblatt* avaient en mainte occasion, provoqué l'indignation d'un Ministre de la guerre aussi avisé qu'équitable. Il résolut, à la suite de cela, de changer le caractère de ce journal, et l'aurait profondément modifié si..... si..... — Il n'aurait plus été au service des partis et des idées; il serait demeuré une simple entreprise de librairie : tantôt portant les couleurs du ministère, tantôt brandissant l'étendard de l'état-major; il aurait été sans parti pris, servant et secondant avec tact les efforts de l'armée. A l'heure actuelle, la situation du directeur est très difficile ; il ne dépend pas seulement du Ministre, mais aussi du Grand État-Major. En dehors de toute espèce de considérations ou d'exigences, personne ne peut servir deux maîtres qui ne s'accordent pas entre eux.

Traits caractéristiques.

Voici maintenant deux traits caractéristiques : Quand je fis paraître dans la *Heereszeitung* du 7 septembre 1897 mon article *Zur Geschichte des 25 August 1870*, il se produisit une grande agitation dans l'état-major général. Un de ses chefs me fit menacer, par écrit, par le major en retraite Scheibert, d'interdire la publication de la *Heereszeitung*. On porta mon article à la connaissance de de Moltke, qui devait me faire écraser par une réplique officielle. Un officier fut spécialement recommandé, pour la rédaction de cette réponse, à de Moltke, qui l'accueillit par ces mots : « Hœnig a publié un singulier exposé des opérations « contre Mac-Mahon, et d'après lui, ce serait Podbielski, « qui, le premier, aurait indiqué la possibilité d'un mouve- « ment tournant de Mac-Mahon, et pris des mesures pour « y parer. Voilà quelque chose d'étonnant. » L'officier, qui avait lu tout d'abord la partie de l'ouvrage du Grand État-Major relative à la question (II, page 971), répondit : « Hœnig a parfaitement raison; le fait est énoncé en toutes « lettres dans l'ouvrage de l'état-major ». Moltke lut le passage, et dit : « C'est vrai ; d'après le livre de « l'état-major, Hœnig a raison ; mais la chose s'est passée « tout autrement. Seulement, puisqu'elle est relatée ainsi « par l'état-major, nous ne pouvons pas le démentir. » Le démenti n'eut donc pas lieu. Il semble que, depuis lors, d'autres principes ont prévalu, autant qu'on peut en juger par les innombrables démentis, que prodiguent nos relations officielles.

Après avoir achevé le deuxième livre de mon *Volkskrieg an der Loire*, comme je me trouvais dans la triste obligation de critiquer un écrit de la Section Historique, j'eus l'honneur de recevoir la visite d'un initié. Il m'expliqua, qu'il me serait impossible de conserver la faveur de l'état-major général, à laquelle je devais pourtant tenir beaucoup, si je critiquais ouvertement ses travaux. Cette faveur était au prix d'une collaboration assez analogue à une subordination. Je répondis que la communication même des archives, me forçait à dire la vérité, car d'autres pouvaient voir les erreurs comme moi; que si je ne les relevais pas, les mauvaises langues ne manqueraient pas de dire que Hœnig avait été acheté ou s'était fait acheter, ce qui serait également peu flatteur.

D'autres que moi en ont fait l'expérience; j'en ai la preuve par le passage suivant d'une lettre du général de Pape, du 20 novembre 1891 : « Quand l'ouvrage du Grand « État-Major parut, on m'envoya des épreuves sur Saint- « Privat pour les corriger et en faire la critique. Je recti- « fiai, entre autres, un point très important; cela ne fit rien. « Quatre fois, on me renvoya le travail, et quatre fois, je « m'efforçai de mettre la chose en lumière; enfin, jouant « mon dernier atout, je donnai le nom d'un officier qu'il « me fallait contredire, ce que j'aurais voulu éviter; — « cela ne servit de rien. On peut encore lire la relation « erronée dans l'ouvrage du Grand État-Major. — Tout « cela m'a fait prendre en dégoût la littérature militaire. « Aussi je n'en lis plus. » (Certifié conforme.)

Si l'histoire militaire inspire maintenant peu d'intérêt, il faut peut-être l'attribuer en partie aux considérations de toute nature qui ont faussé la méthode d'investigation.

L'ouvrage de l'état-major général était encore en cours de publication, que déjà de nombreuses protestations individuelles s'élevaient, tant au sujet des grandes lignes que des détails. Cependant, un ordre de Cabinet du 7 novembre 1871, avait prescrit que tout officier ayant des faits inédits à publier au sujet de la guerre, devait les envoyer, par la voie hiérarchique, à l'approbation de l'état-major général. Tous les historiques des corps de troupe avaient été envoyés, avant la publication de l'ouvrage; mais quiconque voulut faire paraître un article quelconque sur la guerre dans le *Militär-Wochenblatt*, put constater que ce mode de publicité était interdit par les instructions de l'état-major « pour des considérations de personnes ». On voulait qu'aucune voix ne s'élevât sans le contrôle de l'état-major, car elle aurait pu faire chorus avec les attaques dirigées contre ce service.

Le prince Frédéric-Charles écrivait le 2 août 1876 : « Si je prends la plume pour vous écrire ces quelques « lignes, c'est surtout pour vous exprimer ma satisfaction « au sujet de votre travail, qui porte le scalpel dans l'ou- « vrage de l'état-major général avec autant d'intelligence « que de clairvoyance, et pourtant de modération. Cet « ouvrage a été malheureusement composé par plusieurs « personnes, dont quelques-unes n'étaient pas préoc- « cupées uniquement de la vérité historique. » Cette lettre est d'une très grande valeur pour faire apprécier le caractère sérieux du prince Frédéric-Charles. Guillaume Ier voulait éviter les polémiques, autant que possible, mais son esprit autoritaire avait imposé à l'état-major général, un rôle presque impossible à tenir, et qui lui attribuait une grosse responsabilité. Enfin, il a bien fallu que le moment arrivât, où l'état-major général se mettrait lui-même à la revision de son œuvre. De Moltke a déclaré que l'histoire militaire doit être arrangée pour l'effet à produire; il faut en retirer le plus de prestige que l'on peut, et, si tout ce qu'on dit doit être vrai, toute vérité n'est pas bonne à dire. On comprend que de tels axiomes aient eu force de loi sous sa direction, mais il s'est formé deux écoles, l'une pour et l'autre contre. La première a régné sans conteste, pendant quelque temps ; elle aura toujours des adeptes, mais elle aura aussi des adversaires.

Peu de temps avant d'achever la correction de mes épreuves, je lus le deuxième volume de l'histoire de la guerre de 1866, par Lettow-Vorbeck. J'y vis à la page 55 :

« Il faut surtout écrire l'histoire militaire pour en tirer « des enseignements pour l'avenir. » Et à la page 420-421 :

« D'après les jugements précités de la relation officielle « (autrichienne), on ne peut se défendre de l'impression « que la faute doit incomber surtout au Feldzeugmeister. « Et par le fait, l'auteur très distingué des *Œsterreichs* « *Kämpfe*, le colonel von Fischer, a rempli un devoir « patriotique en délivrant, de son mieux, l'armée autri- « chienne du découragement qui y régnait partout après « la guerre, et en s'efforçant de lui rendre cette confiance « en soi qu'elle avait perdue, tout en apportant à la rela- « tion même des faits une franchise étonnante en pareille « circonstance, il a atteint son but auprès du plus grand « nombre des lecteurs par la manière dont il a groupé les « événements et présenté ses conclusions. Il faut recon- « naître la raison d'être d'une pareille relation dans de « telles circonstances. On a fait de même du côté prussien, « en passant sous silence les fautes commises et les événe- « ments regrettables ; toute question de personne mise à « part, il y avait un intérêt patriotique à ne pas affaiblir « la confiance de l'armée, que l'on allait sans doute avoir « à conduire contre un nouvel ennemi, pour conserver les « avantages qu'on venait d'acquérir.

« Si l'on soulève aujourd'hui le voile qui couvrait « jusqu'à présent ces événements vieux d'une génération, « c'est qu'il y a aussi d'autre part, un devoir à remplir « vis-à-vis des nouveaux venus, qui n'ont pas acquis « d'expérience personnelle, et ne peuvent s'instruire que « par une connaissance exacte des événements du passé. »

J'ai lu cette profession de foi avec peine. Il y aurait

beaucoup à dire là-dessus ; je ne veux pas le faire ici. Mais ce qui a été dit ici pour la guerre de 1866, est plus vrai encore pour celle de 1870-71.

Puisque le dernier mot du 25e fascicule est que « l'attaque de la brigade Wedell, est loin d'avoir été mal conduite, et que ce n'était pas une tentative téméraire », il ne faut pas chercher dans la relation de cet ouvrage autre chose qu'un long panégyrique de Schwartzkoppen. Mais, puisqu'on ne peut s'instruire que par la connaissance exacte des faits, il n'y aurait pas mieux à faire plus tard, d'après le 25e fascicule, que ce qu'a fait Schwartzkoppen : c'est-à-dire qu'il n'est pas nécessaire de se faire éclairer à temps par sa cavalerie ; ni que le chef arrive le plus tôt possible sur le champ de bataille ; ni qu'il cherche à prendre personnellement le contact avec son supérieur hiérarchique ; il n'est pas nécessaire qu'il se rende compte de l'étendue de la position ennemie, avant de l'attaquer ; il n'est pas nécessaire qu'il se ménage une réserve, etc..... Mais, quel est donc alors le rôle du commandement ?

CHAPITRE XII

Conclusion.

Opportunité de l'attaque de la 38e brigade.

Je me suis déjà prononcé dans mes *Untersuchungen*, sur l'opportunité de l'attaque de la 38e brigade. Je la tiens encore aujourd'hui pour intempestive. Scherff m'a répondu dans le *M.-W.*, nos 99 à 101, en 1898, que, dans ces conditions, j'aurais dû également blâmer le général Alvensleben, parce qu'il s'était résolu à attaquer, quoiqu'il eût le temps de se rendre compte de la grande supériorité numérique de l'ennemi. Je ferai remarquer que je ne me suis pas occupé directement de ce général au sujet du 16 août; du reste, la situation des IIIe et Xe corps était bien différente. J'approuve, presque de tous points, ce qu'a décidé et fait Alvensleben. Il a agi en grand général, prêt, avec son corps d'armée, à se sacrifier pour atteindre un grand but; or, exécuter de tels projets c'est faire acte de chef; on peut le prendre pour modèle. On ne peut pas en dire autant du Xe corps, au moins en ce qui regarde Schwartzkoppen. C'est pourquoi l'histoire militaire entoure de considération le nom d'Alvensleben. Il prit une grande résolution, avec l'espoir d'être soutenu par le Xe corps; la prise de Vionville et de Flavigny faisait passer l'offensive du côté allemand. La bataille était gagnée, et à mon sens il n'y avait plus, à partir de ce moment, qu'à chercher à se maintenir sur ses positions. De quelle façon? Les avis peuvent différer. Pour moi, je crois que ç'eût été plus facile en restant sur la défensive qu'en prenant l'offensive. De Moltke dit à ce sujet, à la page 45 de son histoire de la guerre franco-allemande : « Grâce au secours opportun du Xe corps, la bataille put « être menée défensivement jusqu'au soir, mais c'est sur- « tout grâce aux contre-attaques vigoureuses de la cava- « lerie et à la ténacité inébranlable de l'artillerie. Il était « indiqué, en tout cas, de ne plus provoquer *l'ennemi, très « supérieur en nombre*, par de nouvelles attaques, et, étant « donné qu'on ne pouvait plus compter sur aucun soutien, « de ne pas remettre en question le succès si chèrement « acheté? » Je crois donc que c'est précisément ce que de Moltke condamne, que l'on a fait. On a provoqué à nouveau l'ennemi, alors qu'on ne pouvait plus compter sur aucun soutien, et par suite le succès a été remis en question, car la 38e brigade fut tactiquement anéantie. — Il aurait donc été plus opportun de ménager les forces intactes du Xe corps, pour pouvoir faire face à une offensive ennemie.

Le 25e fascicule répond à cela, page 77 : « Le mouvement « offensif français s'étant arrêté, on pouvait en conclure « que l'ennemi cherchait à se dérober, et comme, au « moment où la brigade Wedell entra en ligne, l'aile « gauche allemande n'était pas en danger, le général en « chef pouvait craindre *qu'une partie des troupes adverses* « ne commençât sa retraite et ne se dérobât encore à temps « pour effectuer sans être inquiétée son passage de la « Meuse. Il (Voigts) était encore visiblement sous cette « impression : que seule l'entrée en ligne de la brigade, « marchant à l'assaut sans arrière-pensée, permettrait « d'atteindre le nouveau but : maintenir l'ennemi. Un « rapport du général en chef du 29 août 1870, dit ce qui « suit : « Le général était dominé par l'idée que l'ennemi

« chercherait à faire sa retraite sur Verdun,... les brigades « seraient rassemblées et lancées à l'assaut pour ne pas « permettre à l'ennemi de rompre le combat, et pour y « maintenir le plus grand nombre possible de forces « adverses. »

Ce raisonnement paraît peu fondé : *Une partie* d'une armée en train de livrer un sanglant combat, ne se dérobe pas, tant que l'adversaire la tient à portée de fusil. Les préoccupations tactiques empêchent même d'y songer; on l'a bien vu à Colombey, le 14 août : la retraite ne se fit réellement, qu'une fois le combat fini, Metz dépassé. Du reste, n'a-t-on pas une cavalerie pour se renseigner, et les patrouilles d'officiers pour observer? Il faut, avant tout, conserver le contact. Et, pourquoi l'armée du Rhin, dans cette situation, aurait-elle battu en retraite sur la Meuse? Ne pouvait-elle pas se préparer à une vigoureuse offensive, ou autre chose? Il n'y avait donc pas de *nouveau but de combat* : Alvensleben avait gagné la bataille, autant que cela était tactiquement possible, et il fallait simplement conserver ses positions. D'autre part, l'adversaire ne pouvait reprendre la supériorité (au point de vue stratégique), que par une offensive victorieuse. C'était là une intention que, selon toute vraisemblance, le commandant allemand pouvait lui prêter dans l'après-midi; mais, dans ce cas surtout, il y avait intérêt à ne pas provoquer l'ennemi, et à ne pas remettre en question *le succès si chèrement acheté.*

Calomnies de la « Kreuzzeitung ».

Scherff, par ses articles des n°s 99-101 du *M.-W.* de 1898, pourrait faire croire que j'ai dénigré la bravoure de nos troupes dans les *Untersuchungen.* Presque toutes les appréciations des critiques, aussi bien que les nombreuses lettres des témoins de la bataille, font ressortir combien j'ai vanté la valeur de nos troupes. Je ne peux citer toutes les lettres. J'en ai reçu même du côté français : le

25e anniversaire de ce jour mémorable, un officier français, de l'armée active, m'envoya, en même temps qu'un éloge flatteur, des fleurs poussées sur les tombes de nos morts. Ces lettres de témoins oculaires, prouvent l'exactitude de ma relation jusque dans les moindres détails. Seule la *Kreuzzeitung*, du 6 décembre 1898 (n° 569), a glané tout ce qu'on pouvait tirer des récits de Scherff, pour le tourner en calomnie. On y lit que j'ai aggravé certains faits, « que j'ai assombri notre grande victoire « d'une teinte grise, — rabaissé la valeur de nos soldats ». Je suis donc obligé de citer quelques passages des *Untersuchungen*, pour ceux qui ne connaissent pas ce livre. Il est à croire que le journal en question ne les avait pas lues; d'après ce qu'il exposait alors à ses lecteurs, j'ai pensé vraiment, ou bien qu'il avait à dessein altéré la vérité, ou bien qu'il n'avait pas lu mon livre. Ne pouvant admettre la première hypothèse, j'adopte la seconde. Le critique est jugé du même coup. Quiconque en use d'une façon arbitraire avec la vérité, et manie la calomnie à la légère, ne peut passer pour un avocat de l'histoire, puisqu'il ne s'inquiète même pas de savoir pour qui il prend fait et cause.

On lit dans les *Untersuchungen*, page 141 : « Nos troupes « ont fait leur devoir bravement, et l'histoire militaire « trouvera peu de faits d'armes à comparer à celui-là, si « l'on tient compte de toutes les circonstances. »

Page 102 : « La brigade prit peut-être la formation « tactique la plus dangereuse; néanmoins elle marcha « sans faiblir jusqu'au contact de l'ennemi.

« Aucun fait de la dernière guerre ne peut être mis en « comparaison avec l'assaut de la 38e brigade, marchant « au mépris de la mort. La brigade Kottwitz à Loigny, et « l'attaque de Skobeleff à la 3e bataille de Plewna, en « approchent sans l'égaler. Dans ces deux cas, les circonstances étaient plus favorables à l'assaillant. Ce fait « d'armes eut pour épilogue une terrible défaite, mais il

« sert d'exemple, pour montrer l'effort que peut fournir « une infanterie qui a du cœur. »

Et passant au point de vue matériel : « A la guerre, la « gloire appartient à ceux qui tombent; la 38e brigade « peut y prétendre; elle subit par le feu les plus fortes « pertes qu'aient éprouvées de grandes unitées allemandes, « en un si court espace de temps. Au point de vue moral « aussi bien que matériel ou tactique, cette attaque n'est- « elle pas un fait unique, et digne d'attention? »

Cette phrase amena des protestations d'un héros de la guerre, le général de division de Pape. Comme j'appartenais moi-même à la 38e brigade, ces paroles ont pu paraître aux autres de la forfanterie. L'histoire militaire est une chose trop sérieuse pour cela. Le héros en question m'a formellement contredit et sa contradiction m'a été douloureuse. — Boguslawski s'éleva aussi contre cette phrase dans le *M.-W.*, en 1894. En tout cas, tout cela prouve bien que je n'ai rien rabaissé, ni aggravé, ni fardé d'une teinte grise; mais qu'au contraire, j'ai plutôt trop décerné d'éloges.

La *Kreuzzeitung*, dit encore : « Le 25e fascicule prouve « ..... que les différences dans sa relation proviennent « d'erreurs; sans compter qu'un adjudant-major de bataillon, comme était alors Hœnig, qui fait son devoir au « combat, n'est pas en situation de suivre une bataille « comme un reporter. » — Cela dépend des circonstances et de l'individu; au reste, il y a à ce sujet des voix, à l'autorité de qui je fais appel. Je laisse donc la parole à mon colonel :

Jugement de Wehren.

Baden-Baden, 13 janvier 1891.

Mon cher Hœnig,

« Tous mes remerciements pour votre envoi des *Combats* « *de la Garonnière et de Villechauve*. Le livre est arrivé

« très exactement dans le délai voulu. — *Vérité et exacti-* « *tude !* — Vous m'avez reporté par votre ouvrage à cette « journée ; je viens de la revivre par le souvenir. J'admire « votre mémoire, à qui un journal, soigneusement tenu au « jour le jour, a dû venir en aide. Je vous exprime ma « gratitude du tableau clair et précis que vous m'avez « présenté du combat du 7 janvier.

« Tout en appréciant la conduite et la valeur de nos « hommes, malgré la confiance que nous avions en eux et « que le 57e n'a pas démentie, il faut bien dire que nous « avons encore passé ce jour-là des heures terribles, grâce « à l'infériorité absolue de la cavalerie.

« Je souscris à chaque mot de votre critique, et aux « conclusions que vous tirez du combat lui-même, ainsi « qu'à la façon dont vous jugez la conduite de la cavalerie ; « les deux premières sont convaincantes, quant à la troi- « sième, elle est certainement dure, mais je me rappelle « parfaitement que sur le moment nous avons jugé encore « plus sévèrement.

« Je crois que nous avions raison.

« Les paroles de reconnaissance que vous m'adressez « à la fin, ont pour moi d'autant plus de valeur que, du « 4 janvier au 5 février, vous n'avez cessé de vous trouver « à mes côtés. Soyez persuadé que j'ai pour vous autant « d'estime que d'affection, et que les jours vécus côte à « côte avec vous resteront pour moi un excellent sou- « venir.

« Si vous vous décidez à étudier les jours précédents « (5 et 6) et ceux qui suivirent, jusqu'à l'entrée à Tours, « que ce soit avec la même habileté, le même bonheur et « la même clarté.

« Je pense que vous allez bien.

« J'ai définitivement quitté Berlin, pour me fixer ici. La « capitale, avec ses agitations, ses intrigues, ses scandales, « m'irritait trop les nerfs.

« Je dois donc renoncer à vous rencontrer de temps à

« autre. Croyez à la haute considération, à l'attachement
« ancien et sincère, de votre chef et ancien camarade,

De WEHREN. »

(Certifié conforme.)

J'ai écrit le récit de ce combat, presque entièrement d'après mes observations personnelles. Le 7 janvier 1871, je n'étais plus, il est vrai, adjudant-major du bataillon, mais du régiment. Le lecteur pourra se demander pourquoi Hœnig qui, pour cette journée, s'exprima avec « vérité et exactitude », « de façon claire et précise », n'aurait pas fait de même pour d'autres récits.

Je veux encore citer une lettre du général de Cranach sur les *Zwei Brigaden* :

« Cologne, 14 mars 1882.

Mon cher Hœnig,

. . . .

. . . .

« . . . . . Ceci, pour vous exprimer mes remerciements
« tardifs pour votre ouvrage *Zwei Brigaden*, que j'ai lu
« avec le plus grand intérêt, et en rendant justice à vos
« qualités d'écrivain et de critique militaire. Conservez-
« moi votre attachement, dont je fais le plus grand cas, et
« dont vous m'avez donné maintes preuves. Avec tous mes
« meilleurs souhaits pour l'avenir.

Votre bien dévoué,

De CRANACH. »

Étant données les circonstances d'alors, qui faisaient que tout le monde, au moins dans le milieu officiel, se tournait contre moi, ces lignes ont certes une grande valeur. De plus, elles montrent bien les sentiments du moment ; c'est là, en effet, la réponse du seul grand chef à qui j'avais fait envoyer les *Zwei Brigaden*, outre de Moltke, Wedell et Sannow.

Ma conduite pendant la campagne.

Comme la *Kreuzzeitung* a l'effronterie de suspecter la façon dont j'ai fait mon devoir au combat, je reproduis ici mes notes après la campagne :

« Officier alerte, éveillé, actif, petit de taille, mais extrê-
« mement agile ; excellent gymnaste, escrimeur et cavalier.

« D'un tempérament très vif ; très ambitieux, suscep-
« tible, et légèrement irritable, mais essaye de se dominer.

« Fit preuve, dans la dernière campagne, de décision et
« d'une grande bravoure personnelle ; se montra surtout
« très brave soldat. A donné toute satisfaction, dans ses
« fonctions d'adjudant-major de bataillon et de rapporteur.

« De fréquentation agréable, s'exprimant avec facilité,
« s'élève au-dessus du commun. Très ordonné dans ses
« comptes. »

Si ces notes n'étaient pas signées *de Cranach*, je ne leur accorderais pas autant de valeur.

Pour éviter tout malentendu, je ferai remarquer que des notes me furent données par le colonel baron de Forstner, au moment où les médecins croyaient que je ne guérirais pas et où l'on regardait ma réforme comme inévitable. A la suite d'autres incidents, j'eus encore d'autres notes. Mais je ne saurais les transcrire de mémoire. Elles sont sont en tout cas très brillantes à côté des précédentes.

Jugement de Regenspursky.

Voici ce que l'Autrichien Regenspursky, alors lieutenant-colonel, écrit, entre autres choses, sur mes œuvres, dans le *Meldereiter bei der Fusstruppe* (Vienne 1891, chez Kreisel et Gröger).

« Fritz Hœnig est un critique militaire de grande va-
« leur. Il a une individualité nettement marquée, et —
« sans le vouloir — il devient le chef d'une école de

« tactique, qui a ses partisans dans toutes les armées de « l'Europe. Le point capital, et peut-être l'unique, du « programme de ce parti, est la *recherche de la vérité!* « La noble peine que chacun doit se donner pour creuser « jusqu'à la vérité, fait, suivant Lessing, la valeur de « l'homme..... En prenant les choses à cette hauteur, toute « l'autorité du tacticien qu'est Hœnig, réside en ceci : il « veut dire la vérité ! — Il est donc sur la bonne voie et il « réussira..... Pendant la tournée que je fis, il y a deux ans, « en Alsace-Lorraine, j'eus l'occasion, dans mes relations « avec les officiers allemands, de voir dans quelle estime « on tient chez eux l'auteur des *Zwei Brigaden*. Je me « rendis sur le champ de bataille, m'étant religieu- « sement assimilé le contenu de ce livre. Et, sur le ter- « rain, j'acquis la conviction absolue que j'avais lu le récit « authentique de cette mémorable journée. — Quelle « place d'ailleurs, ce livre n'occupe-t-il pas dans notre « armée ! Je crois qu'il n'y a guère de généraux autri- « chiens, ou d'officiers d'état-major, ou de vieux officiers « qui ne possèdent les *Zwei Brigaden*, ou au moins n'en « connaissent les grandes lignes, pour en avoir entendu « parler en conversation. La cause de ce succès est, sans « aucun doute, le thème pris par ce livre. Car ni l'atta- « que..... ni..... ne sont, au point de vue tactique, assez « remarquables pour justifier un aussi grand nombre « d'amateurs sérieux qu'en a trouvé cet ouvrage. — « Aujourd'hui, les officiers de toutes les armées euro- « péennes, peuvent le lire dans leur langue maternelle. « Ce qui fait le succès d'Hœnig, c'est certainement sa « préoccupation constante d'être vrai et exact; et pour « lui, le premier devoir auquel doit s'astreindre l'écrivain, « c'est de dire la vérité. On en a l'impression à chaque « page de son livre, tantôt dans des phrases raboteuses, « tantôt dans sa naïveté, tantôt dans son style d'une beauté « émouvante, attachant, parfois plein de poésie. Comment, « par exemple, lire sans émotion la description de la

« retraite de la 38e brigade. — Je crois que tout vrai « soldat qui a lu les *Zwei Brigaden*, les relit toujours. Je « n'ignore pas que Fritz Hœnig a beaucoup d'ennemis, « moins chez nous que dans l'empire voisin. Car la vérité « est rarement agréable — n'en déplaise à Boileau — et « nombreux sont ceux qui, ayant soi-disant fait quelque « chose, veulent en tirer profit, tranquillement, en se « drapant dans leur paresse. — Il a évidemment ses « défauts, d'homme et d'écrivain, — ce qui blesse, c'est « son sérieux imperturbable, son ardeur à porter partout « le flambeau de la vérité : il la recherche constamment, « presque malgré lui, et c'est par là qu'il s'élève bien au-« dessus du commun des jeunes auteurs militaires. Les « anciens cherchaient aussi et trouvaient la vérité ; mais « ce que fait Fritz Hœnig, pour l'exemple des générations « futures, c'est de ne tenir compte que des témoignages « oculaires, de se passionner pour les descriptions scrupu-« leusement exactes, *quoi qu'il en coûte*. Puisse-t-on « se recueillir dans ses œuvres, s'enthousiasmer pour sa « vocation, si réaliste qu'il soit ! La tactique doit devenir « psychologique, c'est-à-dire personnelle — dit Hœnig. « La valeur de l'auteur imposera ses idées. Leur même « caractère se retrouve dans le 1er volume du dernier « ouvrage qu'il vient de faire paraître : *Gefechtsbilder* (1). « Cette relation est une vraie photographie, tant la « manière d'être, la plastique du terrain où se sont ren-« contrés les partis, sont exactement décrites, tant les « personnages de premier plan sont fortement tracés. En « rapprochant ce qu'on lit de l'expérience personnelle de « la guerre que l'on peut avoir, on demeure convaincu « que, telle est la description, tel a dû être le combat ; c'est « une photographie de la réalité, sans retouches, sans « suppressions, ni embellissements, sans formules supplé-« mentaires de politesse — en un mot : c'est la vérité. »

(1) C'est de ce livre que parle Wehren.

Regenspursky est une des lumières de l'armée autrichienne; ce qu'il dit sonne autrement que les calomnies de la *Kreuzzeitung*.

Je ne serais pas embarrassé pour citer quantité d'autres témoignages du même genre, si j'écrivais mon autobiographie, et non l'histoire militaire.

Schwartzkoppen démoli comme chef, par le 25e fascicule.

Ce que je prévoyais est arrivé : Ce ne sont pas les *Untersuchungen*, que le 25e fascicule a réduites à rien, mais bien le chef : Schwartzkoppen. Laissant de côté les considérations qui ont trait aux opérations stratégiques, comme la marche sur Saint-Hilaire, et la halte en cet endroit, je rappelle seulement les points suivants : Le général se colle à la colonne depuis Saint-Hilaire jusqu'au champ de bataille; il omet de s'entendre, le plus tôt possible, avec le général de Voigts-Rhetz; il emploie à faux sa cavalerie; il prend sa formation de combat (n'importe l'endroit : que ce soit auprès de Suzemont ou de Mars-la-Tour) sans s'assurer du seul point d'appui tactique qui se trouvait libre à sa portée; il ne prend aucune précaution pour sa sûreté, depuis le commencement du rassemblement jusqu'au moment de l'attaque; il a même l'intention d'attaquer Ville-sur-Yron, pendant le rassemblement; il ne se rencontre que par hasard avec le commandant de corps d'armée, cinq heures après avoir reçu l'ordre de 11 h. 1/2 du général de Voigts-Rhetz; il se trompe grossièrement sur l'étendue du front ennemi, et laisse mal défini le point (ou les points) choisi pour la direction de l'attaque. Or, tandis que sur la foi du croquis (page 607 et le plan 5 B) de l'état-major général, je commis l'erreur — erreur peu grave — de placer 4 bataillons ennemis seulement à la ferme *Greyère* (il a été démontré qu'il y avait là 5 bataillons de la brigade Pradier), Schwartzkoppen, lui, n'en avait aucune connaissance. Son attaque avait donc une direction oblique par rapport au front ennemi, qui dépassait, d'environ 1600 mètres vers l'Ouest, la ligne de combat allemande. Je me souviens encore, que la brigade Pradier a été contenue par les 5e et 6e compagnies du 16e, non grâce à Schwartzkoppen, mais grâce à l'initiative personnelle du colonel de Brixen; que Schwartzkoppen, non seulement se trompait sur l'étendue du front français, mais encore n'a pas pourvu à la sécurité de son propre flanc gauche pendant l'attaque; je me rappelle *l'ordre de retraite* sur Thiaucourt, puis tous ces changements subits dans la transmission des ordres; je me rappelle que, quand il ordonna à Schaumann de se porter au nord-est de Mars-la-Tour, il ne savait pas encore si ce village était occupé par sa propre infanterie, etc..... Et tout cela, à une aile où l'action pouvait être décisive, aussi bien au point de vue stratégique qu'au point de vue tactique!!

Le résultat obtenu par l'attaque de la 38e brigade allemande.

Je suis loin de disconvenir que la brigade Bellecourt ait été repoussée. Entre les *Untersuchungen* et l'apparition du 25e fascicule, cinq années écoulées ont permis de découvrir des documents. En tout cas, dans la relation du Grand État-Major, on ne trouve pas un mot sur la défaillance de la brigade Bellecourt; et je nie formellement que « *l'attaque de la 38e brigade ait, à elle seule, complètement paralysé la puissance offensive de l'ennemi.* » Cette attaque l'a *ébranlé*, pendant le déploiement et la marche en avant; mais, quand Ladmirault a vu à ses pieds la 38e brigade en déroute, elle ne pouvait plus lui faire aucun mal; un ennemi battu n'est plus un ennemi. A ce moment, Ladmirault aurait dû avoir la conscience de sa victoire. Si malgré cela il se tint sur la défensive, c'est que le général français pensait avoir à craindre l'entrée en ligne de nouvelles forces allemandes, venant de la même direction (Suzemont) que la 38e brigade. Il ne pouvait pas admettre qu'il eut affaire à une brigade isolée, et il se prépara, d'après la doctrine de la défensive passive alors en honneur en France, à attendre cet ennemi imaginaire, sur une position qu'il jugeait excellente. Les renseignements qu'il tira des prisonniers allemands, après sa victoire tactique, accrurent sa conviction que de Suzemont arrivaient des troupes fraîches, et, par suite aussi, ses idées de défensive. Enfin, l'issue du grand combat de cavalerie de Ville-sur-Yron fut encore cause de l'espèce de fascination qui amenait Ladmirault à n'avoir de craintes que vers l'Ouest, et de soucis que pour son flanc droit. L'attaque de la 38e brigade n'a donc pas été sans résultat au point de vue matériel et moral, mais n'a pas, à elle seule, complètement *paralysé la puissance offensive de l'ennemi.* C'est bien plutôt, l'offensive *générale* prise du côté allemand, qui, par son audace, a fait croire à Ladmirault que nos troupes avaient derrière elles des masses imposantes. C'est cette erreur de Ladmirault qui a fait perdre la bataille aux Français.

Au reste, je pourrais finir en citant ces paroles du prince Frédéric-Charles : « C'est une habitude infâme que de mesurer le succès aux pertes. Celui qui perd proportionnellement le plus, le doit, en général, autant à quelque maladresse qu'à un malheur.. » (Instruction du 24 mai 1866.)

Pas de doute : Vionville—Mars-la-Tour est la plus haute expression de l'esprit offensif. Mais, rien n'affranchit le commandement du devoir supérieur de faire tout, pour assurer, le mieux possible, le succès de l'offensive. C'est ce que le général de Schwartzkoppen n'a pas fait. Je ne peux pas rayer un mot de ce jugement.

Le succès des « Zwei Brigaden » et des « Untersuchungen ».

Les *Zwei Brigaden*, puis les *Untersuchungen*, sont mes premières œuvres de tactique et d'histoire militaire, et certainement, elles ne sont pas exemptes des lacunes qui ornent si souvent ce genre de travaux. Mais ce n'est pas aux *Zwei Brigaden* que je dois ma réputation d'écrivain militaire. La notoriété ne s'acquiert que par le travail. Nous autres mortels, nous ne pouvons prétendre à la renommée que par un travail incessant. Et je l'ai éprouvé assez durement. Quand on ne parlera plus des *Zwei Brigaden*, la tactique de l'avenir profitera du moins des controverses qu'elles auront soulevées, et la vraie voie sera trouvée; c'est là ce qui les fait apprécier dans les armées étrangères. (Voir la préface de la 2e édition, 1890). Elles ont, depuis, fait le tour du monde avec quatre nouvelles éditions et des traductions, et sont lues avec le même enthousiasme dans l'armée et dans les cercles non militaires. Aucune force ne pourra effacer l'impression qu'elles ont faite. Il se peut qu'un examen ultérieur, plus approfondi, révèle ici ou là une inexactitude de description, une faute de composition, cela n'a d'importance que pour les spécialistes en histoire militaire, nullement pour le public.

Sans les *Zwei Brigaden*, l'attaque de la 38e brigade n'aurait pas eu le même retentissement; sans elles, l'histoire militaire ne se serait pas enrichie de travaux de valeur dont elles ont été la cause ou l'occasion; sans elles le 25e fascicule n'aurait probablement pas existé! Les *Zwei Brigaden*, ont en particulier servi de thème pour démontrer comment, dans l'avenir, des attaques en rase campagne, que les circonstances rendent absolument inévitables, doivent être comprises et exécutées; quels que soient les moyens employés, s'il faut faire un sacrifice, que ce soit avec les plus grandes chances possibles de réussite. C'est indiscutable. Du reste, tout livre d'histoire a son temps et son sort; je suis très satisfait de la carrière et du succès des *Zwei Brigaden.*

J'ai répété souvent que je regrettais d'être, si tôt, entré en scène avec ce livre : aujourd'hui, je ne le regrette plus. Quand le colonel du 57e régiment, le général d'infanterie de Cranach, mort depuis, accepta, le 4 avril 1890, la dédicace des *Untersuchungen*, ce fut pour moi une grande satisfaction morale. Car c'était un témoin oculaire, et un des chefs les plus en vue, le 16 août 1870. En m'écrivant pour accepter ma dédicace, il m'assura que, comme il me l'avait dit maintes fois verbalement, les événements lui paraissaient exposés d'une façon absolument exacte et tels qu'il les avait jugés. Je lui racontai que le lieutenant-colonel de Leszczynski m'avait plusieurs fois prié d'épargner, autant que possible, le général de Schwartzkoppen, dans ma prochaine édition, ne fut-ce que par humanité. Le capitaine de Schwartzkoppen, actuellement aide de camp de l'Empereur, aurait été très peiné de ma publication. C'est pourquoi, je priais Cranach de me donner de nouveaux renseignements sur les ordres de Schwartzkoppen, pensant par là trouver un moyen de défendre facilement le général. « Des ordres, répondit Cranach, je n'en ai pas reçu. C'était la plus grande.......... »

Qu'on ne se trompe pas, d'ailleurs, sur l'influence des *Untersuchungen*, tant sur l'armée que sur le public. De toutes parts, — savants, officiers, vétérans de la 38e brigade, élèves des écoles militaires, touristes, — j'ai reçu une collection de lettres, de souvenirs, de fleurs séchées du champ de bataille, dont mon livre est le prétexte. Les *Untersuchungen*, ont fait leur chemin dans les sphères les plus éloignées, et c'est la raison pour laquelle j'ai changé le moins possible le texte primitif dans les éditions suivantes.

J'ai répondu, autant que possible, aux provocations de

Scherff, en exhibant mes documents. La publication de mes sources d'information, quoique maintenue dans les limites convenables, est-elle particulièrement agréable à Scherff? Il est permis d'en douter. En tout cas, le fameux *ordre de retraite* sur Thiaucourt, qu'il a discuté avec tant d'acharnement, reste désormais lié au nom de Schwartzkoppen. Tel sera le jugement définitif que l'histoire portera sur ce chef! D'autres documents, qu'on ne semble guère soupçonner en certains milieux, sommeillent encore : leur temps viendra. Serai-je encore vivant? L'avenir ne m'appartient pas.

APPENDICE N° 1

Le cas Draëger.

On lit, page 49 du 25e fascicule : « Les 3e et 4e/57e attei-« gnirent la pente du ravin, au moment où la ligne des « tirailleurs du 1er bataillon revenait vers elles, forcées de « reculer par un feu de flanc. » J'ai déjà expliqué que les 3e et 4e/57e n'arrivèrent pas au bord du ravin. Schimmelmann dit à ce sujet : « Nous pouvions être à environ 400 pas des Français..... quand le porte-drapeau du bataillon, le sergent Draëger, s'élança brandissant son drapeau, et criant : Hurrah ! — En avant !..... »

Le lecteur se rappelle probablement, ce que disait von der Mülde ; Schimmelmann, était à la 4e/57e, le drapeau à la 3e/57e, Schimmelmann ne pouvait donc pas entendre le hurrah de Draëger, et tous les autres détails qui suivent sont inventés (voir page 105). Le capitaine Bernewitz et le lieutenant Soënke étaient blessés, et le commandement de la 3e/57e passa au lieutenant von der Mülde.

Le fameux sergent Draëger était, en temps de paix, un vrai bourreau de soldats, d'une platitude répugnante avec ses supérieurs. Il passait pourtant pour un excellent sous-officier, c'est pourquoi il était porte-drapeau. Dans les circonstances difficiles, il était absolument perdu ; à l'alerte de nuit du 15 août, il s'élança dans la rue à peine vêtu et sans son drapeau. Le lieutenant-colonel de Roëll avait déjà résolu de lui retirer ses fonctions; le 16 août lui en donna l'occasion. Voici la vérité. Bernewitz se plaignit amèrement à moi de Draëger : il n'avait pas réussi à le faire rester debout; aussitôt qu'il avait le dos tourné, Draëger se couchait par terre, avec le drapeau, et finalement il avait — complètement affolé — laissé le drapeau par terre. J'ai raconté ce fait dans mes *Untersuchungen* (p. 123-124); si donc, sur je ne sais quels faux renseignements, on fait de Draëger un héros, je suis forcé de protester énergiquement. Draëger a abandonné le drapeau; Hilken me l'a maintes fois répété et raconté dans les termes les plus violents; il pourrait d'ailleurs donner encore bien des détails à ce sujet. D'après ce que j'ai entendu dire, ce sont les hommes du régiment, qui ont ramassé le drapeau abandonné sur le sol. Plus tard, Draëger l'a repris à ces hommes, et ensuite il s'est tenu quelque temps à côté du lieutenant de Streit. Le colonel de Cranach reprit ensuite le drapeau, jugeant que Draëger était indigne de le porter. Ce fut le lieutenant Hilken qui le reçut des mains de Cranach.

Le général de Cranach, ne voulait jamais qu'on lui rappelât cet épisode, car cela lui gâtait le souvenir de son brave régiment; une fois, l'indignation fut la plus forte; il s'écria que j'avais appris cela trop tard et que j'aurais à me reprocher de lui avoir laissé porter seul sa croix (1).

---

(1) Ce récit est basé sur des confidences qui m'ont été faites, personnellement, par Bernewitz, Streit, et surtout Hilken.

APPENDICE N° 2

Rapport d'Opderbeck du 20 juin 1895.

Au sujet de notre entretien sur certains passages des *Zwei Brigaden*, j'ai émis, page 55, 2e alinéa, l'avis suivant : qu'on ne pouvait s'expliquer pourquoi le général de Ladmirault, après avoir dépassé le ravin, s'était arrêté dans la poursuite des débris de la 38e brigade, laissant ainsi échapper la victoire des mains des Français. Il n'y a pas d'autre explication à donner que celle-ci : Le commandant du parti français, avait été amené par notre marche sur Verdun à croire que de nouvelles forces allaient arriver de cette direction, et, par suite, à ne pas exposer ses troupes au danger d'être prises entre deux feux. J'ai à raconter un petit épisode à l'appui de mon opinion. J'y ai joué mon rôle. C'était le soir même de la bataille.

J'étais à la 12e compagnie du 57e, comme volontaire pour la guerre. Au moment de franchir le bord Sud du ravin, je fus frappé de deux balles : l'une à l'épaule, l'autre au bas de la cuisse gauche, et je tombai entre les mains des Français qui suivaient de près. Chose bizarre, c'étaient des hommes du 57e de ligne français, ils me dépassèrent, aigles déployées. C'était à peu près à l'endroit où le chemin de Mars-la-Tour, qui vient de l'Ouest du bois de Tronville, coupe le ravin. Quand les Français furent arrivés au versant sud du ravin, ils s'arrêtèrent, rompirent les rangs, et se répandirent sur le champ de bataille; puis, comme des pies, se mirent à râfler tout ce qui brillait, surtout sur les officiers tombés qu'ils apercevaient. Je fus bientôt pris et soutenu par deux Français, transporté dans le ravin où tous les blessés étaient rassemblés. Arrivé là, je vis à ma grande douleur que les Français nous avaient pris un drapeau. Il était enroulé, et placé dans une voiture dont l'inscription portait : « Général Montaudon » ; la pointe dépassait par derrière, de sorte que la cravate pendait. Je ne pouvais naturellement pas distinguer à quel régiment était ce drapeau, et je crus d'abord que c'était celui de mon bataillon, car j'avais vu tomber celui qui le portait. J'ai su plus tard, que c'était la portion supérieure du drapeau du 2e bataillon du 16e régiment. — Le drapeau du 2e bataillon et celui des fusiliers avaient été changés à Saint-Hilaire, de sorte que, le bataillon de fusiliers mena à l'assaut le drapeau du 2e bataillon (1). Après quelque repos, je fus transporté plus loin, vers Bruville, où nous rencontrâmes un état-major, à la tête duquel mon voisin me dit qu'était le général de Ladmirault.

Bruville était plein de blessés des deux armées ; bandé tant bien que mal, je me traînai dans une auberge voisine dont la salle était bondée de soldats français et de blessés. Dans le fond, étaient assis, autour d'une table ronde, plusieurs officiers français causant de la bataille qui venait d'avoir lieu, ils festoyaient à l'occasion de leur victoire. Dans l'auberge on ne trouvait plus rien : ni pain, ni vin. On ne cessait d'entendre au dehors des troupes passer; de temps en temps, un soldat entrait avec fracas, réclamant en vain de quoi se rafraîchir. Il n'y avait que du tabac, sous forme de cigares. Pour apaiser ma souf-

(1) C'est une erreur. Voir plus loin.

france, je demandai à l'aubergiste pour un franc de cigares. Elle en mit quatre sur la table, devant moi, et je lui tendis un thaler en argent. — « Oh ! monsieur, ce n'est pas d'argent, » (1) répondit-elle, et j'eus beau la prier de me laisser les cigares et de prendre le thaler tout entier, elle me rendit la pièce, et se disposa à reprendre les cigares. Heureusement, un secours inespéré m'arriva. Un simple soldat du 13e de ligne français avait entendu notre discussion, et il prit mon parti. Il essaya de faire comprendre à la dame que, malgré tout, le thaler avait plus de valeur que le prix des cigares. Ce fut en vain. Quand ce soldat vit qu'il n'arriverait à rien, il ne dissimula pas son indignation d'un tel procédé, et venant très poliment à moi, il me dit : « Permettez-moi de vous acheter un cigare. » J'acceptai son aimable proposition avec reconnaissance, et je n'oubliai pas plus tard, de la reporter sur ses camarades de régiment, que j'eus sous mes ordres, comme commandant de la compagnie de prisonniers à l'île de Wesel. Je n'ai pu malheureusement le retrouver lui-même. Peut-être est-il tombé à Saint-Privat ; en tout cas, jamais ma gratitude pour lui ne s'éteindra, car il est intervenu, avec humanité, pour me secourir et améliorer mon sort dans une heure de détresse.

La conversation s'établit ensuite avec la table d'officiers voisine, et j'y pris part de mon mieux en français. Au bout de quelques instants, un officier français entra et me pria de le suivre. Un soldat me conduisit dans une ignoble chambre, où se trouvait un grand lit à baldaquin, probablement celui de ma désagréable hôtesse ; cette chambre n'était éclairée que par une bougie fumeuse. Ensuite, l'officier dont je viens de parler entra, accompagné d'un autre plus âgé. D'après sa façon de se présenter, d'après la différence d'âge et les insignes du grade, je compris

(1) En français dans le texte.

que j'avais devant moi un général et son aide de camp L'officier le plus âgé m'adressa les questions suivantes :

D. — D'où venez-vous ?
R. — Je n'en sais rien.
D. — Combien de temps avez-vous marché aujourd'hui?
R. — Sept à huit heures.
D. — Combien d'hommes avec vous?
R. — Environ 5,000.
Alors le général : Oh non, au moins 50,000.
D. — De quel corps d'armée êtes-vous?
R. — Du 5e. (à dessein).

Puis le général dit quelques mots à son officier d'ordonnance, en se rapprochant de la bougie qui éclairait fort mal, et se mit à consulter des papiers. Ils échangèrent seulement quelques paroles que je ne compris pas, puis enfin, le plus jeune dit ces mots : « Mon général (?) ce sont sans doute les têtes de colonne du prince royal. » — L'entretien se termina là, et on me reconduisit dans la salle de l'auberge.

Je n'ai pas su le nom de cet officier. Au petit jour, les blessés transportables, furent chargés sur des voitures à ridelles, et emmenés à Doncourt.

Derrière la voiture sur laquelle j'étais, marchaient des dragons de l'impératrice; ils conduisaient en main une trentaine de chevaux qui tous portaient le fer « I. G. D. » A mi-chemin entre Bruville et Doncourt, campait une masse de cavalerie française; d'après la variété des uniformes, je l'estimai à une division; à Bruville, nous avions été traités par l'infanterie française, aussi bien que le permettaient les circonstances; là, au contraire, nous fûmes accueillis par des injures ignobles, un misérable ouvrier alla jusqu'à nous jeter du crottin; à Doncourt, on eut pour nous quelques égards. J'étais dans une grange, avec une vingtaine d'hommes, dont six Français. Tous les soins qu'on nous donna consistèrent en un bol de bouillon et du biscuit de mer durci. Le soir, nous eûmes un peu de café. Pendant la matinée, des troupes de toutes armes traversèrent le village; puis, l'après-midi, il y en eût moins, et le soir, il ne restait que les blessés. Les sabres-baïonnettes des infirmiers furent emportés par les dernières troupes qui passèrent. Bientôt la grange devint intenable. Un blessé du 16e dragons et moi nous sortîmes, et nous nous couchâmes à quelque distance dans un champ, sous une voiture à viande française, renversée. Il pouvait être 5 h. 1/2 du matin, quand mon compagnon me fit remarquer que l'on voyait au loin, à l'horizon, des patrouilles de cavalerie. Nous restâmes quelques minutes dans l'anxiété, ne pouvant distinguer si nous avions devant nous des amis ou des ennemis. Enfin, quand un cavalier s'approcha, nous étions tous deux convaincus que c'étaient des Français; par bonheur, nous nous étions trompés : c'étaient des cavaliers saxons ; notre erreur avait été causée par le casque à chenille. Nous fîmes signe aux cavaliers; quand nous leur eûmes expliqué en peu de mots la situation du village, la nouvelle courut vivement en arrière; nous vîmes arriver une masse de troupes en marche. Nous voyions s'avancer à notre gauche, les troupes de la Garde, surtout les fusiliers. Le colonel du régiment, de Erkert, nous parla. Il fit rassembler les lettres en toute hâte, et nous promît de les expédier aussitôt que possible. Les fusiliers de la Garde s'éloignèrent bientôt. Une vache, qu'ils avaient abattue, et qu'ils durent abandonner, fit bien l'affaire des blessés de Doncourt.

Le canon tonna toute la journée suivante.

Un grand nombre de blessés, surtout des Hessois et de la Garde, vint nous retrouver, presque tous avec de mauvaises nouvelles.

Enfin le soir, vers 9 h. 1/2, un sous-officier du régiment de la reine Augusta, nous apprit que nous étions vainqueurs; ce nous fut une grande joie.

Le jour suivant, je m'arrangeai pour partir, car, à Doncourt, on n'était plus en sûreté, toutes les maisons regorgaient de blessés.

Notre itinéraire, nous fit passer par le champ de bataille de la brigade Bredow, Gorze, et la vallée de la Moselle jusqu'à Pont-à-Mousson.

En ce qui concerne la marche du régiment, et en particulier du demi-bataillon Tubsen (10e et 12e/57e), je puis affirmer ce qui suit : Le déploiement, (ou bien, si on veut, la marche en avant) se fit en bon ordre, les troupes restèrent en main jusqu'à environ 300 à 400 mètres de la crête Sud. Les tirailleurs ne furent pas envoyés en avant, sans cela j'y eusse été : j'en étais. On continua à s'avancer, et quand le feu ennemi devint plus intense, on donna l'ordre de *se coucher*; puis on remarcha environ 100 mètres, et de nouveau arriva l'ordre : *couchez-vous*. Quand nous nous relevâmes, nous étions peut-être encore à 150 mètres du bord du ravin. Le feu de mousqueterie ennemi devenait toujours plus violent et nous causait des pertes énormes. L'ordre tactique fut rompu, et il n'y eut qu'un petit groupe qui dépassa le bord Sud du ravin. J'en étais. Environ 50 mètres plus loin, je suis tombé. J'avais reçu, comme je l'ai déjà dit, une balle dans l'épaule gauche et une dans le bas de la cuisse gauche. Je tombai après quelques pas. Tout près de moi, tomba le lieutenant Schrœder, grièvement blessé, et à côté, le capitaine (ou lieutenant en 1er) von Arnim, quelques pas devant nous, le porte-épée baron de Borch, du 16e. Ces deux derniers étaient morts.

Ainsi donc, ma rencontre avec le lieutenant Hœnig, racontée dans la *Tactique de l'avenir*, doit provenir d'une confusion. Le dernier officier que j'ai vu était le lieutenant de Rège. Je n'ai pas tiré un seul coup de feu.

OPDERBECK,

Lieutenant de réserve et employé.

APPENDICE N° 3

La perte du drapeau du 16e régiment.

Le drapeau, dont il est question dans le rapport d'Opderbeck, appartenait au IIe bataillon du 16e. Par suite d'un échange, il se trouvait au Ier bataillon; et, au combat, à la 4e compagnie. Le 25e fascicule dit, page 52, que le drapeau était *resté dans le ravin sous un monceau de cadavres*, et que sa partie supérieure fut la proie du vainqueur. Dans une note, on renvoie à l'Historique du 16e, pages 275, 276. On y lit simplement, que la partie inférieure du drapeau fut trouvée le lendemain matin *sur le champ de bataille*, mais que personne n'a pu donner de détails précis sur les circonstances de cet événement. Est-ce exact ? Je ne peux pas encore faire parler mes auteurs. Aussi je ne transcris ici que quelques lignes : « Il me semble..... que la légende..... elle fait si bien !..... est en tout plus conforme à ce qu'on désire, qu'à la vérité historique. Au reste..... et alors..... enfin..... » La vérité, c'est qu'au 16e, sinon partout, on considère la version actuelle comme une légende.

On s'aperçut, le soir même, que le drapeau manquait, mais, on ne put visiter le champ de bataille que le lendemain matin. C'est alors, qu'on trouva la partie inférieure du drapeau. Ainsi tout était perdu, et il fallait ce hasard que les Français eussent évacué le champ de bataille, pour qu'on ait pu le visiter. Il fallait nettement avouer, au sens propre, la perte d'un drapeau. Mais, on ne fit pas tout d'abord de compte rendu de cette perte, et c'est seulement quand elle fut connue en haut lieu, que l'on fit un rapport. Pendant ce temps, on avait assujetti à la partie inférieure de la hampe un autre morceau de bois, puis on mit sur le tout un étui ; de la sorte on donna le change ; supercherie que l'on peut excuser par son influence morale sur la troupe. La description (*Histoire des drapeaux*, p. 274) des drapeaux qui ont souffert du feu de l'ennemi dit : « La pique, la cravate et l'étoffe manquent. La partie inférieure de la hampe, du talon jusqu'à l'anneau inclus, est intacte ; enfin, la partie supérieure de la hampe est d'une authenticité douteuse. » Ce qui n'est pas excusable, c'est le compte rendu, et l'envoi au ministre de cette partie supérieure au bout *douteux*, car tout cela devait venir à la connaissance de Guillaume Ier. Et quoique ce compte rendu lui-même dorme dans les dossiers, on trouve, sur les certificats de remise des nouveaux drapeaux du 24 septembre 1872, qu'il est question simplement d'un drapeau « fortement endommagé » ou même « endommagé » (Historique du 16e, p. 359).

Guillaume Ier put se convaincre, le 23 septembre 1872, en voyant « les restes » du drapeau, que la partie supérieure était factice et qu'il n'était pas seulement « endommagé », puisqu'il ne restait que la partie inférieure de la hampe.

Aussi, est-il extraordinaire de voir Scherff écrire dans l'ouvrage de l'état-major : « Du drapeau du IIe bataillon « du 16e, on ne put sauver que la hampe, coupée en mor- « ceaux par les balles. La pique et la cravate furent vrai- « semblablement enlevées par un éclat d'obus, et empor- « tées à Metz par les Français. » Or, en 1880, c'est-à-dire bien plus tard, l'Historique du 16e, page 275, se pose la question suivante : « La partie manquante avait-elle été séparée par les coups de feu et emportée par les Français ? » Plus loin, d'après le même historique, on trouva la partie inférieure « entourée *de cadavres* ». D'après le 25e fascicule, « le drapeau, brisé par les balles, était resté sous un mon- « ceau de cadavres. » En résumé, « la hampe, *brisée en « morceaux, n'a pu être sauvée, et le drapeau n'a pas été « criblé par les balles* ».

D'après J. Ledeuil d'Enquin, *Les drapeaux prussiens* (Paris, 1891, p. 16), le sous-lieutenant Chabal, quand les Français eurent dépassé le bord sud du ravin, vit, à quelques mètres devant lui, un Prussien qui portait le drapeau de son régiment. Le porte-drapeau se baissa pour protéger le drapeau, mais il tomba frappé par une balle. Le sous-lieutenant Chabal se serait, en deux bonds, élancé sur lui, et aurait saisi le drapeau pour s'en emparer. Mais comme le Prussien ne le lâchait pas, Chabal lui mit un pied sur la poitrine, de sorte que la hampe du drapeau se cassa, et que le bout resta dans les mains de l'Allemand. L'auteur continue(1) : « La mêlée était telle, et il y avait à ce moment « de la lutte si peu d'ardeur chez ces malheureux Prus- « siens...., qu'ils se rendaient aux nôtres en toute confiance. « On voyait, spectacle incroyable, les antagonistes changer « de coiffure et s'en aller ensemble. Le sous-lieutenant « Chabal avait lui-même deux prisonniers, dont il ne prit « pas les armes, et fait plus singulier encore, ce fut l'un « d'eux, un grand Wurtembergeois (?), qu'il chargea de « porter le drapeau. »

Ce récit n'a rien d'impossible. Peut-être, la lutte pour le drapeau est-elle un peu embellie. Encore n'a-t-elle rien d'extraordinaire, étant données les circonstances. C'est seulement dommage que le porte-drapeau, qui n'était que légèrement blessé, ne se soit pas fait connaître, et que, le 16, dans les investigations, on ne soit pas parvenu à le découvrir. Peut-être se révélera-t-il un de ces jours.

Mais ce qui me semble plus important que d'établir

(1) Citation textuelle en français.

l'identité du porte-drapeau, c'est que le drapeau a été perdu au sud du ravin, pendant *la retraite*, non comme le dit le 25e fascicule *dans* le ravin, et aussi que les Français n'ont pas plus remarqué les *monceaux de cadavres* que l'historique du 16e. Enfin, cet extrait ne semble pas prouver qu'il y eut beaucoup d'ardeur au combat du ravin, et encore moins la résistance de la 38e brigade pendant la retraite.

L'anneau d'argent du nouveau drapeau porta, jusqu'en 1887, l'inscription : « Sont morts avec ce drapeau à la main, le 16 août 1870, le capitaine Scholten, le lieutenant en second Heidsick et le sous-officier Frœlich. » Cette inscription résultant d'un ordre ministériel, il faudrait supposer qu'elle a été empruntée à une donnée exacte du compte rendu du 16, base du certificat de remise du nouveau drapeau, le 24 septembre 1872.

Or personne n'ignorait, au 16e, que l'inscription de l'anneau était fausse, et qu'aucun des trois personnages mentionnés n'avait eu, un seul instant, le drapeau en main; c'est ce que confirme l'Historique du 16e, aux pages 275, 276, auxquelles le 25e fascicule renvoie pour comparaison avec son exposé. On y lit : « Le porte-drapeau, sous-officier « Frœlich, tomba presque tout de suite; le commandant de « compagnie, capitaine Scholten, le saisit alors; puis, « quand il tomba aussi frappé, ce fut le lieutenant en « second Heidsick qui le prit. Brandissant le glorieux « étendard, on le vit se porter en avant, mais il tomba « aussi en héros, et le lieutenant en premier de Haeften, « seul restant a la 8e compagnie, retira le drapeau de « dessous son cadavre pour ne plus le lâcher. »

Des méprises bizarres n'ont cessé de se mêler au sort des drapeaux des Ier et IIe bataillons du 16e : le Ier bataillon marcha au feu avec le drapeau du IIe et le perdit, tandis que, le IIe bataillon rapporta celui du Ier. C'est là toute l'erreur, excusable d'ailleurs. Pour les autres inexactitudes du compte rendu, on cherche en vain une explication plausible. D'après le texte de l'Historique du 16e régiment, c'est d'abord le sergent Andrès qui portait le drapeau perdu; après sa mort, ce fut le lieutenant Schwartz, et, celui-ci tombé, le sous-officier porte-drapeau Rahe le prit, jusqu'à ce qu'il reçût sa blessure à la main. Mais tout cela ne prouve pas que le sous-lieutenant Chabal ait arraché le drapeau des mains de Rahe.

Par suite d'une entente supérieure, le 27 octobre 1887, l'échange des anneaux des drapeaux a été fait entre les Ier et IIe bataillons du 16e. (*Histoire des drapeaux et étendards*, IIe liv., p. 359). Mais malgré cela, l'inscription actuelle est encore fausse, car les officiers qui y sont nommés ne sont pas tombés avec ce drapeau à la main. Celui-ci se trouve au dôme des Invalides, à Paris; il n'y a qu'une partie de la hampe que nous avons pu sauver. Quand on voit des inexactitudes aussi énormes trouver place dans un rapport destiné à Guillaume Ier, on se demande malgré soi, avec anxiété, quelles erreurs, pour des faits moins graves, on doit trouver dans l'Historique du 16e.

Comme conclusion, l'attaque de la 38e brigade peut servir d'exemple pour montrer les dangers qui menaceront les drapeaux dans l'avenir : le drapeau du II/16 fut perdu; celui du F/57 sauvé, comme par miracle, par le lieutenant de Streitt; celui du I/57 a failli aussi être pris. Si les Français avaient poursuivi la 38e brigade, ces trois drapeaux seraient tombés entre leurs mains, et probablement bien d'autres encore, si un seul escadron eût chargé.

APPENDICE N° 4

Le cas Weinhagen.

C'était à Landroff, le 12 août 1870. Je rencontrai l'après-midi, dans la grande rue du village, le lieutenant Weinhagen. Je ne pouvais en croire mes yeux. Quand je lui demandai : « Mais Ernest, d'où viens-tu donc? » Il me raconta qu'il n'avait pas pu supporter sa captivité à Gräfrath et qu'il s'était échappé, à l'insu du commandant de l'enceinte. Il avait le projet de prendre part à un combat, puis de retourner. « Pourquoi ne t'es-tu pas fait donner un congé? » lui demandai-je. — « Je n'en aurais pas ob-« tenu. Et puis, ne fais pas le policier. Où est le vieux (Cra-« nach), est-il de bonne humeur? Je veux aller le trouver « de suite. » Nous nous arrêtâmes ensemble au projet de voir l'adjudant-major du régiment, pour qu'il préparât le colonel de Cranach. Impossible de trouver le lieutenant Hummel. Pressé par Weinhagen, un autre aide de camp se chargea de la commission. Le colonel de Cranach se fit conter la chose, et fut d'abord très contrarié; puis il se mit à rire franchement et dit : « Comment un officier ancien « peut-il faire de pareils coups de sous-lieutenant? » L'aide de camp pensait, qu'après tout, c'était bien pardonnable; Weinhagen était une nature emballée. Là-dessus, on le fit appeler. Le colonel le reçut très sévèrement, puis, quand Weinhagen lui eut tout raconté très ouvertement, non sans une pointe d'espièglerie, il lui dit à peu près : « Je « ne dois pas savoir que vous êtes ici, sans quoi je devrais « vous renvoyer. Je ne peux donc pas vous donner régu- « lièrement une compagnie : restez comme vous êtes, je « fermerai les yeux, mais, après le premier combat, vous « repartirez ». Weinhagen remercia et demanda à servir au bataillon de fusiliers. Il se présenta au lieutenant-colonel de Medem, qui, au début, ne voulut pas le recevoir; par suite, Weinhagen marcha toute la soirée avec le Ier bataillon. Nous passâmes ensemble la halte de la nuit. C'est seulement le matin du 13 août, qu'il passa aux fusiliers, quand Cranach et Medem se furent entendus. Il y resta comme *irrégulier*. Je ne le revis qu'au départ de Saint-Hilaire; comme le I/57 marchait derrière le F/57, il fut constamment à mes côtés et toujours joyeux. Il me pria pendant la marche, si quelque chose lui arrivait, d'en avertir sa mère à Clèves.

Maintenant Weinhagen était-il, pendant le combat, avec la 11e, ou la 12e compagnie, je n'en sais rien. Opderbeck (12/57) m'a encore récemment déclaré que Weinhagen n'avait pas paru le jour de la bataille à la 12e compagnie.

APPENDICE N° 5

Relation Hilken (printemps 1881).

Je vis un demi-bataillon à gauche des 9 et 11/57, couché le long d'une haie. Le lendemain matin, quand nous enterrâmes nos morts, je vis bien exactement, d'après la place des corps, que la 9/16 était à droite et la 12/16 à gauche. Le demi-bataillon a dû arriver très près du bord sud du ravin, car ses morts étaient en monceaux à cet endroit; il fut entouré, c'était visible d'après la position des cadavres. Quand nous marchions au feu, j'avais vu le drapeau des 12 et 9/16, et, à côté, un officier à cheval que je ne reconnus pas (probablement le capitaine Ohly). Le demi-bataillon devait être soutien des 10 et 11/16 et, par conséquent, ne tirait pas, sans quoi, il aurait atteint ces deux dernières par derrière. Nous (11-9/57), nous prolongions la ligne 9 et 12/16 à droite. Notre aile gauche a dû presque toucher leur aile droite. Je pus à peine reconnaître Sannow à notre gauche ; je ne vis pas Hövel, car je ne pouvais pas me douter alors qu'il était aplati par terre. Je ne savais, à ce moment, où était resté le demi-bataillon du 16e, car plus le 57e s'approchait du 16e, moins on y voyait nettement devant soi. Du reste, je n'aurais pas eu le temps d'observer, car dès que l'arbre Sud fut dépassé, nous fûmes en plein combat, et j'avais autre chose à faire.

D'après les positions des corps, j'ai pu me rendre compte, le lendemain 17, que ce demi-bataillon était resté sur le bord sud du ravin. Et, comme Sannow est resté jusqu'à la fin de l'attaque à cette haie, j'en conclus que tout le demi-bataillon était avec lui. Il ne serait pas resté tout seul.

. . . .

Personne des 11 et 9/57 n'est parvenu au nord du ravin. Je l'aurais bien su. D'ailleurs, après l'ouverture du feu rapide — pour moi (Hœnig), ce sont des salves qui ont dégénéré en feu rapide. — Nous n'avons que très peu tiré, à la hauteur de l'arbre Sud. Pourquoi avons-nous reculé ? Je ne le comprends pas encore aujourd'hui. Au dernier moment, la fumée de la poudre empêchait de voir en avant. Nous avons reculé parce que nous comprenions l'énorme supériorité numérique des Français, *à leur feu et à leur marche*. Dans la marche en avant, nous dépassâmes (11 et 9/57), la 4e du 57e, qui était en rangs serrés, les hommes couchés ou à genoux. A notre droite était le bataillon Tuebben, également en formation serrée ; il commença son feu plus tard que nous. Les 9 et 11/57 n'avaient pas envoyé de tirailleurs.

. . . .

Après l'échec de l'attaque, nous étions tellement épuisés, que la cavalerie française, si elle nous eût chargés, nous aurait cueillis à volonté. Je n'ai jamais su si les Français étaient loin ou sur nos talons. Nous nous traînions péniblement. Personne, autour de moi, ne tirait plus, mais le feu ennemi nous accompagna tout le long du chemin jusqu'à la route de Vionville. C'est là seulement que nous pûmes nous rassembler et que je revis Cranach. Les fusiliers comptaient au plus, le soir, 120 hommes. Ils bivouaquèrent auprès de Puxieux. Cela résultait de l'ordre de retraite sur Thiaucourt. Ce sont Bernuth et Eggeling qui l'ont transmis. Je les ai moi-même entendus crier cet ordre de retraite. Au fond, notre retraite aurait dû être complètement inexécutable. Un seul escadron nous aurait tous anéantis. Mais dans le désastre, nous eûmes du bonheur : l'escadron ne vint pas (1).

---

(1) Cette relation est du 31 mai 1881. Hilken était venu me voir à Clèves; les *Zwei Brigaden* étaient écrites. Je discutai avec lui les points douteux.

APPENDICE N° 6

Conversation avec le lieutenant de Hövel avant le 12 octobre 1870, à Bonn (1)

Moi. — Que vous est-il arrivé, après que j'ai été ramené?

Hövel. — Peu après arrivèrent, en criant et s'appelant, des pelotons français, sans aucun ordre, mélangés les uns aux autres, chasseurs et infanterie de ligne. Ils se jetèrent comme des corbeaux sur nos blessés. Souvent ils dirigèrent leurs fusils contre ces derniers, dépouillant les morts et les blessés de leurs tuniques et fouillant leurs poches. Les Français paraissaient ne nous menacer que pour prendre de l'argent et faire du butin.

Moi. — Que vous arriva-t-il?

Hövel. — La même chose qu'à tout le monde. Je donnai ma montre et mon porte-monnaie, et ne fus plus importuné. Mais on me ramassa et on m'emporta. C'est seulement alors que je m'aperçus que j'étais couché au bord d'un ravin profond. En bas, dans le fond, tout grouillait, ainsi qu'au sud du ravin. Nos nombreux prisonniers furent rassemblés là et emmenés. Les blessés qui étaient transportables, à la rigueur, furent faits prisonniers : j'en étais. Comme moyens de transport, il y avait surtout des mulets.

(1) Voir les *Untersuchungen*, pages 136-137.

Une selle et un harnachement, pris sur un cheval d'officier, causèrent beaucoup de joie aux Français. Ils portaient les selles sur la tête ou sur l'épaule. C'était un vrai marché. Le transport me fit beaucoup souffrir. Aux environs de Bruville, je fus présenté à un général français (Ladmirault). Il fut très poli, ainsi que les officiers de son état-major, qui m'offrirent de me rafraîchir et me posèrent sans façons différentes questions sur nos forces et sur qui nous commandait. Je ne dis rien de nos forces, je ne les connaissais même pas. Mais, quand je dis que nous venions de Nancy, et que c'était le Prince royal qui nous commandait, les officiers français prirent tous des figures étonnées, comme s'ils ne me croyaient pas, et se mirent à parler tous ensemble ; seul, le général continua d'écouter mon français raboteux. Quand on me demanda : D'où êtes-vous venus aujourd'hui, je répondis : De *Pont-à-Mousson*. Alors ils parurent me croire. Quand ils remarquèrent que la perte de mon sang allait me faire perdre connaissance, on me laissa en repos.

Moi. — Où êtes-vous resté alors ?

Hövel. — Entre temps, on avait amené un grand nombre de blessés et d'hommes valides ; à la fin aussi quelques dragons de la Garde. Je ne sais pas ce qu'ils ont dit. Il y avait auprès de nous une ambulance. Les médecins français n'arrêtaient pas. Je vis en plein champ pratiquer des amputations de bras ou de jambes. Puis nous fûmes ramenés au delà de Bruville, c'est-à-dire du côté de l'intérieur de la France. Je ne connaissais pas les noms des villages que nous rencontrions. J'arrivai à Briey, et fus placé dans une tour, assez mal soigné et pansé, mais sans inimitié. On disait partout que les Français avaient remporté une grande victoire. Je fus délivré de captivité à Briey, le 20. Les autres, que l'on pouvait transporter plus facilement que moi, furent emmenés de Briey en captivité et plus ou moins mal pansés. Je ne sais pas où étaient nos prisonniers valides.

Moi. — Aviez-vous vu, en route, des troupes françaises ?

Hövel. — Je fus effrayé de la force des Français. L'artillerie et la cavalerie s'étendaient au loin, en réserve, vers l'Est ; il y avait aussi, en réserve, des masses d'infanterie ; au crépuscule, il arriva encore des renforts de toutes armes, que j'évaluai à un nouveau corps d'armée (1).

Moi. — Les Français faisaient-ils bonne impression ? Y avait-il de l'ordre ? Avez-vous remarqué qu'ils eussent subi de grandes pertes ?

Hövel. — Les Français étaient en aussi bon ordre que des troupes fraîches ; en particulier, l'artillerie et la longue ligne de cavalerie. J'ai bien pensé alors qu'ils poursuivraient leur avantage le 17 août. Ils ne paraissaient pas avoir perdu beaucoup de monde. A l'ambulance, tout était en désarroi. Il y avait surtout des Français, qui étaient d'ailleurs pansés les premiers. Entre le ravin et Bruville, on ne pouvait rien voir à cause des troupes. Je ne crois pourtant pas que leurs pertes fussent considérables.

Moi. — Avez-vous perdu connaissance ?

Hövel. — Non ; seulement quand j'eus perdu beaucoup de sang par mes blessures, je ne gardai des choses qu'une impression confuse.

Moi. — C'est dommage que Sannow ne vous ait pas fait ramener, on aurait eu le temps.

Hövel. — Évidemment, mais il n'a pris aucune mesure pour cela. Il était déjà loin, et je ne sais où il était quand il commanda : *demi-tour*. J'étais d'ailleurs assez bien protégé, étendu derrière un pli du terrain qui formait comme une butte, et puis, il aurait été difficile de m'emporter sous un pareil feu.

Moi. — Vous souvenez-vous que je vous demandai si vous aviez été blessé ?

---

(1) Ce devait être la division Lorencez. (*Note de l'auteur.*)

Hövel. — Parfaitement, mais je ne sais plus ce que j'ai répondu. Du reste, le vacarme était trop grand pour pouvoir se comprendre.

Moi. — Avez-vous vu Wolzogen parler à Sannow?

Hövel. — Non.

Moi. — Il vint pourtant de gauche, vous auriez donc dû le voir.

Hövel — Je n'en sais rien.

Moi. — Saviez-vous que Wolzogen a été la cause de l'ordre de retraite de Sannow?

Hövel. — Non.....

. . . .

Moi. — M'avez-vous entendu dire que j'étais blessé? Et à plusieurs reprises?

Hövel. — Oui, mais je ne pouvais voir Roëll, il était derrière moi, et j'étais étendu tout de mon long. Je ne sais pas non plus comment vous avez pu revenir en arrière.

. . . .

Moi. — . . . .

. . . .

. . . . . Roëll pensait que le feu, qui augmentait toujours sur notre flanc, venait de la route de Bruville, et que nous étions entourés de ce côté. Le feu de flanc durait déjà depuis quelques minutes.

. . . .

. . . . . Combien croyez-vous que nous soyons restés de temps sur l'épaulement de terrain?

Hövel. — Je ne sais pas, après ma blessure je ne pus rien estimer.

Moi. — 20 à 25 minutes, je pense.

Hövel. — Possible.

. . . .

Moi. — D'où vinrent les Français?

Hövel. — De gauche, sur un large front, l'aile droite avançant fortement. Ce front pouvait avoir 250 à 300 pas. Ils marchaient dans une direction oblique, vers le Sud-Est, nous débordant notablement à l'Ouest. Aussi, la brigade changea sa direction dans le sens opposé au Sud-Est. J'ai pu très bien observer cette marche oblique des Français venant de l'Ouest, car j'avais le visage tourné de ce côté. Ce n'est que plus tard qu'il arriva des troupes de la direction exactement opposée, dans mon dos. Je ne sais pas ce qui s'est passé par là. Au Sud, les Français arrivèrent de tous côtés, de droite et de gauche. Je me trouvais au milieu des tireurs et des colonnes. Cet état de choses ne dura pas longtemps; quelques minutes à peine. Assez pourtant, pour que l'on m'emportât. Si je m'étais trouvé seulement 200 pas plus au Sud, ils n'auraient pas eu le temps de m'emporter, car bientôt ils s'enfuirent, retournant au ravin. . . . .

. . . .

. . . .

. . . . (1).

(1) La reproduction a été faite textuellement sans aucun changement d'expression, jusqu'à la fin du fragment cité. La conversation avait été transcrite le 13 octobre 1870.

APPENDICE N° 7

Où est tombé le colonel de Brixen.

L'Historique du 16e dit, page 271 : « En descendant dans le ravin, son cheval fut tué ; il se rendit, à pied, à la ligne de feu du 1er bataillon, longea le bataillon de fusiliers, revint aussitôt, et alla à l'aile gauche vers le 2e bataillon... Là, il donna au clairon Westphal, de la 7e compagnie, qui était blessé, l'ordre de sonner « en avant ». Cet ordre fut le dernier, le colonel de Brixen, frappé de plusieurs balles à la tête et à la poitrine, tomba mort sur le sol ». (Conforme à la page 440.)

D'après cela, le colonel de Brixen serait tombé pendant la marche en avant, et au nord du ravin. La narration de ses derniers moments ne peut provenir d'une seule personne, elle doit être le résultat de plusieurs témoignages oculaires, probablement pris dans les trois bataillons. Autrement, l'exposé ne serait pas aussi précis. On ne sait pas très bien l'origine du récit contenu dans cet Historique du 16e.

D'après le 25e fascicule, page 53, et l'appendice page 100, il ne faut pas ajouter foi à la relation précédente. Il y a peu de temps, on a cité deux témoins oculaires (Frieg et Schmieding), qui ont vu Brixen pendant la retraite, et l'un des deux (Schmieding) affirme que tout s'est passé au sud du ravin. Ce qui est tout à fait d'accord avec la version française, d'après laquelle Brixen était encore à cheval au sud du ravin. On lit, dans J. Ledeuil d'Enquin, le passage suivant, page 16 : « Des milliers de Français gra- « vissent, en courant, la pente opposée du ravin, pour « apaiser les feux qui venaient de la crête. Le sous-lieu- « tenant Chabal court dans cette direction : au sommet, « un colonel prussien, à cheval, cherchait à rallier ses « troupes ; mille canons s'abaissent sur lui et l'abattent. » Il est facile d'accorder ceci avec la version de Schmieding ; mais il est invraisemblable que Brixen, rencontré déjà à pied par Schmieding, au sud du ravin, se soit encore reporté en avant, puis soit tombé presque aussitôt. Car Brixen pouvait, tout d'abord, avoir été renversé de cheval, puis avoir été frappé étant à pied.

Mais la version française est complètement incompatible avec le renseignement de Frieg ; j'en conclus que les Français ont raison. Encore une fois, je suis édifié sur l'exactitude des renseignements, quant à cette question, dans l'Historique du 16e. J'ai déjà donné mon avis sur ce qu'on y trouve, de même qu'à l'appendice III, j'ai montré ce que valent les comptes rendus officiels du 16e.

APPENDICE N° 8

Souvenirs du docteur Wolf

Au moment où l'impression de cet ouvrage allait être terminée, il parut dans le n° 10 du *M.-W.* de 1899, un article du docteur Wolf, du service de santé, sous le titre : « *Mes souvenirs sur le 16 août 1870;* » on y lit : « Sur le « bord sud du ravin, et dans le fond, il y avait beaucoup « de morts et de blessés du 16ᵉ, mais peu de Français. « Au contraire, sur le versant nord, je trouvai bien des « hommes du 16ᵉ en grand nombre, mais encore plus de « morts et de blessés français. Ceux-ci gisaient en telle « quantité, que je me dis en moi-même : notre fusil à « aiguille a fait ici de terribles ravages, car seul, il avait « pu causer les blessures que j'ai remarquées chez les « Français ».

Cette relation concorde très bien avec mon exposé (chapitre VIII). Le docteur Wolf ne dit pas s'il s'est avancé loin au nord du ravin. Il a dû se maintenir, à ce qu'il semble, à une distance d'environ 150 pas au nord. En tout cas, il démontre que pendant notre retraite le feu n'a pas été continué et n'était pas efficace.

TABLE DES MATIÈRES

CHAPITRE IV.

Bivouac à Saint-Hilaire et marche au champ de bataille.

CHAPITRE V.

CHAPITRE VI.

CHAPITRE VII.

L'attaque de la 38e brigade.

CHAPITRE VIII.

Le combat dans le ravin et la retraite.

CHAPITRE IX.

Le plan des tombes du 25e fascicule et la mort du lieutenant-colonel de Roëll.

CHAPITRE X.

La retraite sur Thiaucourt.

CHAPITRE XI.

La recherche des renseignements, leur critique, leur emploi dans le 25ᵉ fascicule.

CHAPITRE XII.

Conclusion.

APPENDICES.

Paris. — Imprimerie R. Chapelot et Cie, 2, rue Christine.

I.

Croquis 5 B de l'ouvrage du Grand État-Major allemand
(1872)

II.

Croquis de l'historique du 16e. Régiment d'Infanterie
(1880)

Jarny
Greyère Fme
Bruville
(736)
(834)
277
260
16e Régt
(788)
250
257
265
265
57e
Lavoir
Cimetière
(255)
(775)
Mars-la-Tour
Bois de Tronville
Vionville
Échelle = 1 : 25.000.
250 500 750 1000 Mètres

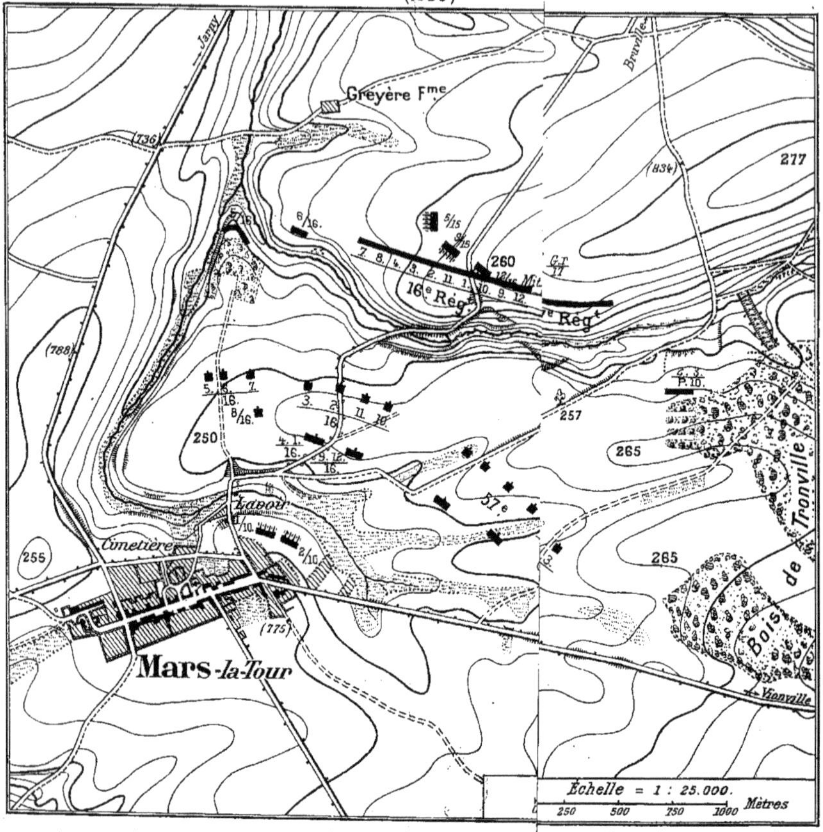

III Croquis des Zwei Brigaden (1881)

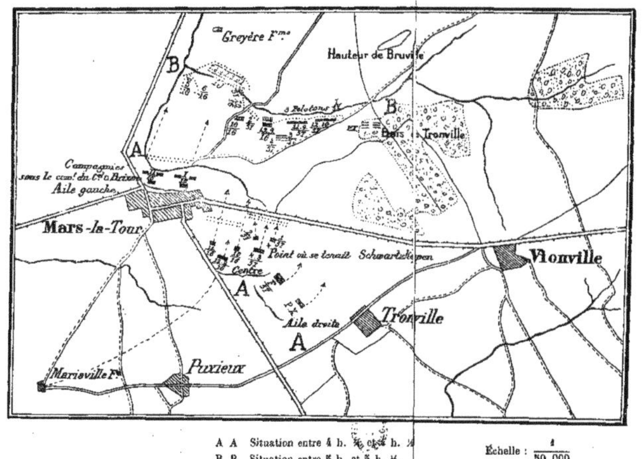

A A Situation entre 4 h. ¼ et 4 h. ½

B B Situation entre 5 h. et 5 h. ¼.

Échelle : $\frac{1}{50.000}$

IV.

Croquis de l'historique du 57e Régiment d'Infanterie
(1883)

Greyère Fme.

Jarny

Bruville

Mars-la-Tour

Cimetière

Lavoir

Bois de Tronville

Vionville

250

255

257

260

265

265

277

(736)

(788)

(775)

(834)

Échelle = 1 : 25.000.

250 500 750 1000 Mètres

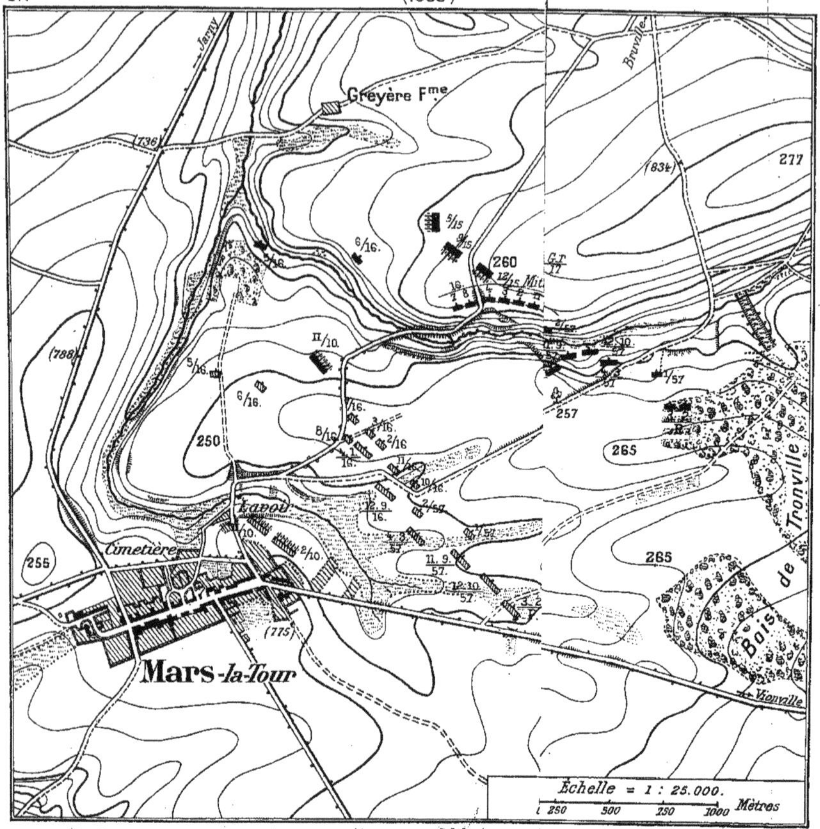

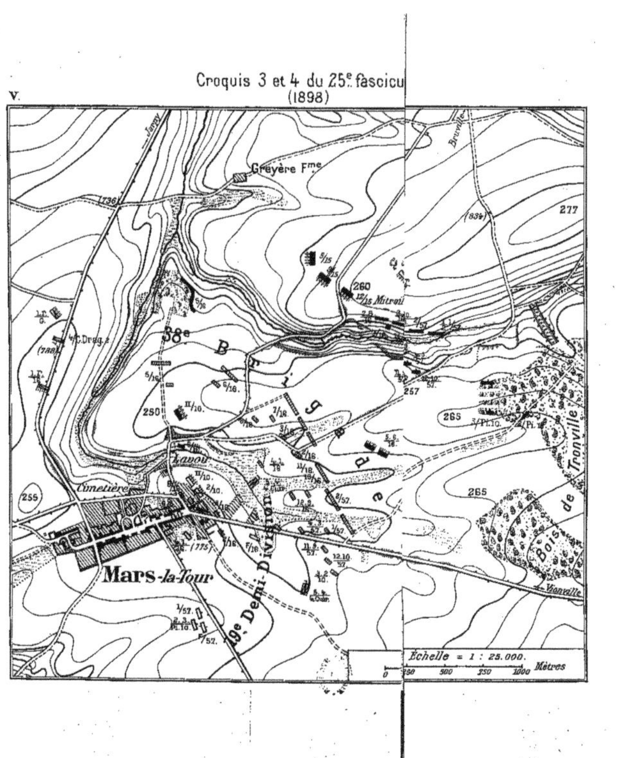
V.
Croquis 3 et 4 du 25e fascicu
(1898)
Greyère Fme
Jarny
Bruville
277
260
Mitreil
38e
B r i g a d e
250
265
257
255
Cimetière
Mars-la-Tour
19e Demi-Division
Bois de Tronville
Vionville
Échelle = 1 : 25.000.
Mètres

VI Croquis des emplacements des tombes

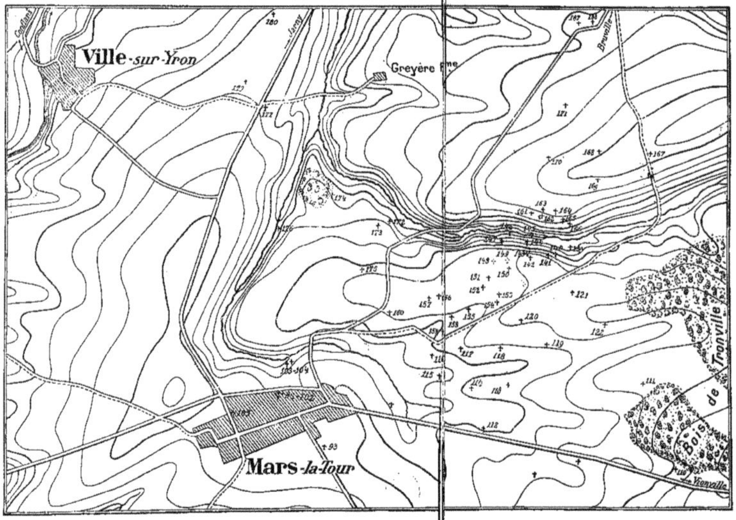

Ville-sur-Yron

Greyère Fme

Mars-la-Tour

Bois de Tronville

Échelle : $\frac{1}{25.000}$

A LA MÊME LIBRAIRIE

Paris. — Imprimerie R. Chapelot et Ce, 2, rue Christine.

www.ingramcontent.com/pod-product-compliance
Ingram Content Group UK Ltd.
Pitfield, Milton Keynes, MK11 3LW, UK
UKHW021055220726
13924UKWH00005B/2112

9 782019 939274